世界不平坦

——来自上海的教训——

Fast Boat to China:
Corporate Flight and the Consequences of Free Trade;
Lessons from Shanghai

［美］安德鲁·罗斯 著
张 萍 王福兴 译

九州出版社
JIUZHOUPRESS

图书在版编目（CIP）数据

世界不平坦：来自上海的教训/(美) 罗斯著；张萍，王福兴译.—北京：九州出版社，2007.12（2008.10 重印）

书名原文：Fast Boat to China: Corporate Flight and the Consequences of Free Trade; Lessons from Shanghai

ISBN 978-7-80195-734-4

I.世… II.①罗…②张…③王… III.①国际经济关系-经济一体化-研究②经济一体化-影响-地区经济-经济发展-研究-上海市 IV.F114.41 F127.51

中国版本图书馆 CIP 数据核字（2007）第 160459 号

著作权合同登记号：图字 01-2007-5486

世界不平坦：来自上海的教训

作　者	[美] 安德鲁·罗斯
译　者	张萍　王福兴
出版发行	九州出版社
出 版 人	徐尚定
地　址	北京市西城区阜外大街甲 35 号（100037）
发行电话	（010）68992190/2/3/5/6
网　址	www.jiuzhoupress.com
电子信箱	jiuzhou@jiuzhoupress.com
印　刷	三河市东方印刷厂
开　本	720×1020 毫米　16 开
印　张	18
字　数	180 千字
版　次	2008 年 1 月第 1 版
印　次	2008 年 10 月第 3 次印刷
书　号	ISBN 978-7-80195-734-4/F·129
定　价	32.80 元

说明与致谢

在撰写本书的过程中，我尽可能在受访者所在地采访他们，而不假定我已知道他们如何以及为何去的那里。尽管我已经观察中国多年，然而我并不是一个中国问题专家，因此在任何情况下都不容易受成见的影响。我采访的人可能有不同的说法，但我并不怕以更具分析性的方法来解释我听到的信息。中国的经济转型在经济文明历史中是如此迷人的篇章，以至于记录其中的任何一部分，都将会让人觉得做了许多，不管是好是坏。

如不另作说明，所有引述都来源于我与受访者的私人交谈。为保护受访者的隐私，书中更改了许多受访者的姓名及部分人的身份。在引用中国人的姓名时，我尊重了受访者的意见——如有时使用其英文名，对居住在西方国家的人士，则将姓氏放在后面。

在撰写本书的过程中，我有幸得到许多朋友和同事的帮助。上海大学的王小明（音）和王月华（音）给予了我很多的帮助，我们促膝交谈了许多。对于他们在我携家人居住在汾阳路期间提供的慷慨帮助，我只能期待来日回报。上海社会科学院的李义华（音）在写作上给了我很大的启发，还有中国社会科学院的王丰震（音）等人，以及台湾新竹“清华大学”的陈宽兴（音）等人。

感谢我女儿所在幼儿园的老师；上海的玛丽·加勒、罗布·克利弗、理查德·麦格雷戈、凯斯·卡明等也都是我要感谢的人。我同时还要感谢上海美国商会的官员和员工们。

我非常感谢长期饱受我折磨的语言老师，他们是纽约的肖小娇（音）、田田（音）和上海的张老师。

中国留学基金委员会提供的津贴帮助我支付了部分研究费用。艾利森·雷迪克、马塞洛·彭哈、西比尔·库克西在研究上提供了重要的帮助，纽约大学美国研究计划的阿莉莎·赫伯恩和马达拉·希莱尔给予了我坚实的支持。

我在纽约大学的同事张旭东（音）、哈里·奥若特、安杰拉·齐托和道格·格恩里提供了重要的建议和帮助。

本书的终稿采纳了3位杰出的区域专家李静君、翁爱华、白露的大量意见，他们在百忙之中热心地审阅了全文。人类学大师米切尔·丹尼尔也慷慨地仔细审阅了初稿。

最大的功劳应该归功于我的合作伙伴玛格丽特·格雷。在我们共同待在上海的期间，她经常被我的文章弄得云山雾罩，在通读所有手稿之后才得以理清来龙去脉。事实证明，她比我理解得更透彻，本书终稿在很大程度上应归功于她的仔细编辑。

本书的最终出版应当感谢我的编辑维基·威尔逊，是她指导我如何完成任务；感谢我的文稿代理人埃莉丝·切尼，她已经知道怎么督促我。

我在上海进行研究时，我的母亲琼在苏格兰去世了。特以本书纪念她对我的养育之恩和她对生活的热爱。

CONTENTS

目　录

CONTENTS

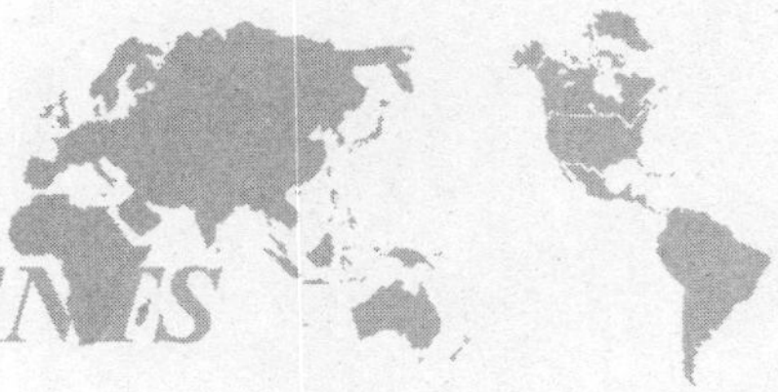

CONTENTS

CONTENTS

最近的技术外包爆炸既不是一种商业潮流，也不是一种适应经济全球化的临时调整计划。它正快速成为一种生活方式——一种社会和经济习惯。尽管在短期内有利于一些投资者，但从长远看，它将威胁每个人的利益。如果听之任之，它将剥夺团体和国家保护生活标准的权利，腐蚀对雇主和组织的任何持久的忠诚感，并将不可避免地减少所有员工在今日来、明日去的赌博中获胜的机会。那些没有意识到这一点并且将潜在的自由贸易原则当成自然力量的政府官员和国家决策人也是这种历史性错误的当事人。

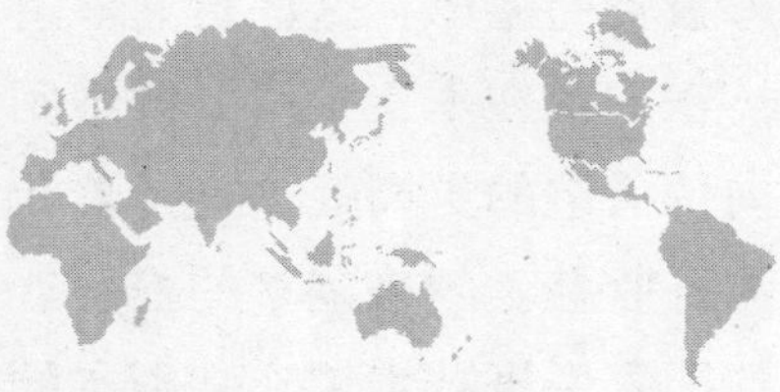

前　言

现在人人都在谈论中国的快速发展，而东方威胁论也再次成为坊间议论的话题。对美国鹰派政治家来说，这是一种军事威胁；对环保主义者来说，这将对全球能源供给和其他自然资源造成高昂代价；对国家决策者来说，这种威胁则表现为中国与发达国家之间的贸易失衡，或意味着中国开始接管其他国家资产；而对于那些在工业或服务业领域从业的人员来说，则意味着就业机会流向海外，他们的生计问题已经拉响了警报。一个多世纪以来，危言耸听者一直在制造“黄色威胁”之类的恐慌，而最近这种思潮的复苏则表明反华情结的残余还远未消散。尽管他们通常是杞人忧天，但对中国经济发展的广泛关注却并非毫无意义。中国经济和社会的快速转型造成的直接影响，不仅仅表现在对零售商品和汽油的价格、工作场所的工作保障、房屋抵押贷款的利率，以及孩子们的事业前景等方面。

但是，如果说这种惊人的增长速度是一种威胁的话，却并不是因为中国政府对其工业扩张心存邪恶野心。正如本书所述，问题的实质在于，中国正在形成全球自由贸易经济中最大且最具侵蚀力的海外劳工市场。

十余年来，它充当了繁育低薪出口行业海外投资的温床，这些行业只追求原利润而忽视了任何与利润无关的原则。正如我在本文中所要详细阐述的，在过去几年里，投资者已将目标转向价值链的更高处，期待着从技术驱动的生产和白领服务中获取相当的海外收益。越来越多的投资者是从制订有更严格的劳工和环境标准的发达国家引进技术工作和资本的跨国公司。由于中国暂时缺乏有技术的工人，这些公司发现已难以招募到胜任这些新的高价值工作的员工。公司管理人员无法留住经验丰富的工程师、项目经理和其他专业人才，因此工资暴涨和跳槽现象已经成为一种地方病。但是，尽管工作条件毫无疑问要好于那些低工资水平的出口行业，但劳资关系并没有些许区别。无论是技术还是非技术类的工作场所，均存在这样一种风气：即雇员和雇主之间相互不信任和不忠诚。员工队伍长期处于不断更迭的不稳定状态，他们面临企业搬迁到更廉价地方的危机所带来的高强度的压力，以及投资者工厂所在地区的经济和社会缺乏安全保障等问题。

其他发展中国家的自由贸易区同样有非常类似的情况。那为什么中国问题却这么令人担忧呢？答案不仅仅在于其庞大的经营规模，还在于其全方位的辐射效应。中国正在技术领域实现跨越式发展，它吸引着行业领军企业最高层次的投资——如产品设计和革新。这种发展最显著的表现就是，仅在2002~2004年两年间，在中国的国外投资的研发中心就从200家增加到600家。在像通用电气公司（GE）、微软公司（Microsoft）、霍尼韦尔公司（Honeywell）、国际商用机器公司（IBM）、爱立信（Ericsson）、拜耳公司（Bayer）或通用汽车公司（GM）等全球领先公司的带领下，全球各行业公司纷纷向中国进行投资。[①]

没有任何一个正在走向工业化的国家像中国一样，能够在吸纳生产链低端工作的同时跻身高端领域。发达国家的决策者们担心高端工作和资本的流失，但问题远大于此。控制整个范围——从最底层的组装平台工作到触到工业与服务领域的更高层次，这使制定任何国家都从未能实现的员工标准的全球规范成为可能。鉴于中国外资私营企业长期以来无视职业安全和工作场所权利的事实，这种规范无疑将危及各个地方的生计稳定。

让我们再次确认这并不是中国政府有意造成的威胁。如果中国不提供集统一领导、廉价和充裕的劳动力资源以及投资优惠政策等于一体的当前最有利可图的综合环境，其他国家也会这样做。尽管这种环境没有政府的配合就不可能存在，但主要受益者却是跨国公司。他们在环境逐步正常化的过程中受益，而在这种环境中，就业机会与资本可随时转移且不受任何惩罚。如果公司不受一致标准和责任的约束——并且海外自由贸易的工作实际也不要求其中任何一项，则世界任何角落的普通民众将会丧失其对自身及其群体未来的控制权。

我们只是刚刚开始意识到中国和印度经济的复兴将如何影响我们的生活。对于这种相互交织的命运的意识，完全可归因于在自由贸易旗号下发展的历程中所受到的经济全球化的冲击。但是我们能够完全分清孰得孰失吗？我们是应当根据世界各国已发生的事实（通常是灾难性的）来评估现在的自由贸易政策，还是应当按照其推崇者所坚持的，经过长期等待之后再做判断呢？对于这些问题，许多纸上谈兵的批评家都有他们自己的看法。而进行实地考察研究却没那么容易，尤其是在中国这个即将通过国外投资和贸易自由化实现跨越式发展的世界上最大的国民经济实体中。

本书正是关于此类研究的。其基础是对长江三角洲尤其是上海（中国发展最快的区域），台湾地区以及中国大陆其他地区的外资企业管理人员及其技术员工进行实地采访。我访问过其工厂设施的那些公司都是负责从其本土引进技术并进行转移的公司。我发现，中国的员工对他们在东亚、欧盟和美国的同行们所遭遇的命运感到害怕，而且其中大多数人都认为当投资者继续寻求更廉价和更弱势的劳动力时，他们也将面临同样的命运。他们没有理由相信他们目前的雇主，那些雇主都是仿效其外国老板到处流动的方式，而没有人会考虑如何去解决当下的问题。

在这些工厂和办公室，我发现这些熟练的员工能够透彻地分析全球生产链的运作方式。他们明白自身所处的地位，但并不总是了解老板是如何管理他们，使其与其他地区的同行们相互竞争的。由于他们之间缺乏有效的沟通渠道，也从不注意与其他地区同行进行团结协作，因此在任何情况下，他们都无法有效改变这种状况。在中国的私营企业领域，这些工作场所仍然是一种新鲜事物，因此在上海看到类似台北、新加坡、伦敦、圣保罗和圣何塞等地所面临的同样高强度的工作压力和焦虑，真可谓是一种悲剧。所有地方、所有人的工作时间都变得越来越长并且强度变得越来越大。

我的调查结论不同于托马斯·弗里德曼（Thomas Friedman）的结论，他或许是提倡完全自由贸易的最著名的记者。他最近的著作《世界是平的》（*The World is Flat*）同时分析了离岸外包[②]对中国和印度经济振兴的贡献。他曾数次访问上述国家。在弗里德曼看来，对跨国公司放宽限制的行为是合理的，除了让新兴经济发展国家的工人与发达国家工人之间展开你死我活的竞争外，别无选择。正如他对他的女儿们所说："我给她们的忠告非常简单。女儿们，小时候我的父母常对我说：'汤姆，好好吃饭。中国和印度的人们还在挨饿呢。'我对我的女儿们说：'女儿们，好好完成家庭作业。中国和印度的人们正渴望抢夺你们的工作呢。'"[③]弗里德曼希望我们深入思考他和他父母的评论之间的差别。但是更引人注目的是变化竟然如此之少。在两种情况下，都是关于北半球的富人们为何必须垄断资源（食物或知识），以免南半球那些更不幸的人们将其抢走。

弗里德曼的"平坦的世界"为你死我活的竞争所主宰。如果发展中国家的工人获胜，则他的女儿及其同伴们就将失败。唯一的选择是适应自由贸易规则。这些规则被明文书写出来以充分利用两个半球人们之间的相互不信任的关系。这种规则被视为不变的法则，每一个人都是其潜在的牺牲品。然而接受这种被巧妙掩饰的进化论的代价却过于高昂。正如本书中对中国人看法的引述，他们的工作压力一点都不比美国国内员工所承受的少。从长远来看，几乎每个人都注定要失败。我们切不可忘记，在自由贸易角逐中，在全球另有选择。它们表现为公平贸易、可持续发展和国际公认的劳工权益。但是，到目前为止，中国的劳动力却仍未获准拥有这些选择。如果人们可以拥有这些选择，则信任、合作和团结将取代零和竞争④，将成为中美共处的指路明灯。

打开中国贸易的大门

中美贸易关系是本书的关键部分。为便于读者了解关于这一主题的历史背景，我将详细地介绍《对拓展中美贸易感兴趣的400多家公司的指南》（*A Guide to Nearly 400 Companies Interested in Developing Trade Between China and the U.S.A.*）一书的内容。这是我在某著名美籍上海人士的私人书房里偶然看到的。该书介绍的公司大到著名的国有公司，小到规模不大的乡镇企业，所列近2 000种产品和服务的清单涉及60余种行业。出版者——中美工商委员会的目标是消除贸易壁垒，鼓励私营企业和“向中国转让美国工业技术”。该目录宣布，美国公司将联合起来以便于开启中美贸易大门，但他们也不是免费这样做的。实际上，该委员会要求为美国贸易相应提供下列条件：非歧视性关税和贸易协议，“完善的”商业立法以及商标、版权和专利保护，“公平合理”的税率，建立“商务仲裁机制”，以及“以发展对中国的出口为基础，扩大其进口”。⑤

仅凭这些信息，读者可能会将这份陈腐的促进性指南误认为是最近的出版物。但是封面上的出版日期是1946年，指南序言中提到的对外贸易“锁国”并非指这个社会主义国家的指令性计划时期，而是指长达8年之久的抗日战争时期。纽约Glemby公司（最大的头发和发网进口商）是许多个戏剧性地自称为“中国最忠实的朋友”的公司中的一个，其令人吃惊的广告词哀叹“中国无情的敌人阻碍了她的进步和工业发展”，并进一步承诺“我们正回来重建新局面，并真诚希望我们的发展将有助于‘大中华’的发展”。作为一个进口商，Glemby公司在本书中是一个独特的少数派。大多数公司都在努力将美国生产的产品投放中国市场，或倾向于签订关于重建中国城市和工厂的协议。但是，投标合同的机会仅持续了数年。对外国公司来说，随着朝鲜战争的爆发，开启的大门又被关闭了30年。

指南名册上列举的400家公司能让我们清醒地感受在美国公司的黄金时期，美国制造业明显的区域差别。60年过后，其中许多公司已经成为历史。今天，Glemby发网已成为旧货跳蚤市场上的收藏品。饱受争议的自由贸易政策的结果是，使许多更知名的公司转向国外，从其驻中国的分厂向美国出口赢利商品。美国很多曾经依靠这些公司为其提供长期稳定就业机会的城镇，因此陷入了困境。这些公司以前的员工也同样如此，那些因为丧失了当初薪酬尚可的制造业职位的员工，不得不在一些新服务行业谋取职位，致使薪资大幅减少。对他们来说，情况尤其糟糕，而这是一种最普遍的现象。⑥除20世纪90年代末境况较好的几年外，自1973年越战后，即离岸外包开始兴起的大致时间以来，美国普通工人的实际薪资一直在持续下降。其他受害者包括那些无力向国外投资、而又必须越来越向进口商品的“中国价格”靠拢的小型国内生产商。在许多情况下，“中国价格”都低于其材料成本。

1946年，中国对美国的出口仅限于指南中所列的商品：香料、茶叶、竹制品、藤制品、瓷器、丝绸、马海毛和桐油。今天的各种商品中，仅有少数几种中国不生产，并且再过几年，中国将能够生产任何商品。相比之下，除航空产品、医疗器械和用于建造工厂的车间设备之外，美国出口中国的主要商品是化肥、油籽、木质纸浆、棉花、油脂、蜡、谷物和野生兽皮之类的东西。两国在有序互换贸易的道路上已经走得很远了，美国跨国公司在很大程度上对这种倒退情形负有责任。实际上，如果现在要找新的公司名称，最好查阅上海、北京或广州等地的美国商会不断补充的目录。每个新增条目都是有关从某一较高成本国家转移过来的某

一家从事离岸业务的 IT 公司（本书所有图片为原英文版所配——编者注。）

一新业务、新工厂或新办事处的记录。新增加的名称反映出公司转移项目在价值链上的稳步上升，这是最近新一轮对华离岸投资的特征，它们越来越多地代表高精技术生产、生物医学、IT、电讯领域和金融及其他专业服务。

任何地方的技术工人都有理由关注中国这种快速挺进高价值领域的趋势。总体来说，不能输送到中国的就业机会越来越少了。就业机会的流失并非是我们唯一要担心的。中国发展的规模和速度要求进口大量的原材料，这将对全球自然资源造成难以承受的压力。2004 年，全球日用品和能源价格暴涨，原因是中国的发展消耗了超过全球 8% 的石油、10% 的电力、19% 的铝、20% 的铜、31% 的煤炭和 33% 的钢材。[7] 在中国国内，几乎每座城市都面临空气质量迅速下降、水资源和能源持续短缺等问题。同样难以承受的是，美国自身的严重负债经济非常脆弱，需要依赖中国每年以美国长期国债之类的控股形式大量购买美元资产（2004 年价值 2 000 亿美元，2005 年价值约 3 000 亿美元）。[8] 在一种现代最危险的贸易状况下，全球的“兜底消费者”(consumers of last resort) 正在依靠中国的外汇收入所提供的低息贷款来继续购买中国出口的商品。即使是最坚定的自由贸易经济学家也不认为这种利益的一致性（并非共同利益的结果）是稳定全球经济的长远规则。同时，中国最近对国外投资的垄断对任何其他发展中国家的前景已经造成根本性的压制影响。

此类关注已为大量媒体所跟进，目前已演变成对中国势力急剧上升的关注，习惯性地被称为“威胁”。二十几年前，当日本上升为工业超级大国时，其中部分媒体也煽起了同样的敌对宣传。最近，中国收购美国公司的努力进一步激化了这种忧虑：联想公司收购 IBM 的 PC 部门，海尔公司竞购美泰公司（Maytag)，最为敏感的是，中国海洋石油总公司（CNOOC）试图购买尤尼科（Unocal）石油公司。不同于 20 世纪 80 年代的日本，今天的中国被美国强硬路线者视为战略对手，公众对新的亚洲巨人的惧怕会太轻易地被寻找替罪羊的那些人所操纵。结果，中美关系周期性地恶化，只能靠两国之间日益增长的商业与金融之间的相互依赖性而得到缓解。但是，这两个亚洲国家的复兴之间还有另外一个重要区别：日本的振兴主要是靠国内增长；而在中国最近的增长中，国外公司投资者的作用太过明显，且已激起这些公司原来所在国的强烈反应。

中国成为美国政治游戏的替罪羊

让我们看一下卢·道布斯（Lou Dobbs）事件。卢·道布斯是美国有线新闻网（CNN）的头号商务评论员。2003 年初，他作出广受欢迎的决定，将其晚间电视节目完全转向对美国外包公司的敌视性报道。对这个一贯忠实于自由企业事业的“终身共和党人”而言，不爱国的美国公司纷纷将其工作机会转移到国外的现象促使他热衷于抨击公司的贪婪。同时也激起了他与强大的有组织商业团体之间的敌对状态。道布斯的CNN 网页开始跟踪一千余家“要么将美国工作机会输送到国外，要么雇佣国外廉价劳动力而不是美国工人”的美国公司（非政府机构已经记录或收集所有此类信息）。作为该网站的补充，《出口美国》（*Exporting America*）一书则更加尖锐，它明显带有民族主义特征，痛惜国家知识宝库、技术及其中产阶级生计的丧失，谴责“三十多年来失败的美国贸易政策”，旁敲侧击地警告“政府与大企业”之间的“紧密勾结”。[9]

与道布斯的2004 选举年著作一起问世的另一本书是《权力错向哪里》（*Where the Right Went Wrong*），这是帕特·布坎南（Pat Buchanan）对自由贸易决策者“经济叛国罪”的最新指控。[10] 这位最著名的右派人物转而痛斥跨国公司，布坎南的“美国第一”倾向还包括散布美国历史上时常伴随经济民族主义的反移民和排外情绪。[11] 沙文主义（“打击中国”是其最顽固、最可恶的表现形式）并非布坎南之类的保守的基督教原教旨主义者的唯一专利。比如，美国劳工联盟在保护其成员就业机会的努力中并不反对利用排外情绪，而劳联产联（AFL-CIO）内部仍在使用“打击中国”一词，恰似于民主党与共和党机构之间的派系争斗，结果是不幸的。如何明察公司对资本流失和就业机会转移的负面影响所应负的责任？这一问题过多地让步于指责游戏。在这场游戏中，中国往往成为用于满足某些现成的政治议程的需要或缓解普遍性的个人伤害感受的替罪羊。

在全球一体化经济中，几乎没有任何产品是百分之百由一个国家生产的，跨越国界的高度流动性已成为经济生活的现实，任何形式的提倡“我们”反对“他们”的讨伐都不会有好的结果。损失最严重的注定是那些与其海外同行竞争的工人，不管是非熟练工人还是经过高级培训的员工。因为这是一场跨国公司业已玩了数十年的纯粹的逐利游戏——经济学家们称之为“全球劳工套利”。

尽管公众已越来越多地意识到自由贸易原教旨主义是如何损害美国

国内人员生计的，却很少有人意识到被想当然地认为是美国就业机会转移受益者的国外员工也面临着非常类似的挑战。信息缺乏使人们更倾向于指责那些“获得”工作的不知名的外国人，而这些人通常被越来越多地认定为中国人。这些中国员工的生活和态度被大众想当然地认为或形容为大众想像中最难以忍受的部分。比如，当美国人专注于国内就业损失的时候，大多数人都没有意识到，过去十多年间，中国因国有企业的关闭、重组或出售（预计未来几年，还会再有 1/3 的国企员工将下岗），或最近因世界贸易组织（WTO）对农民的要求所造成的压力等原因，中国的就业机会的损失高于美国数百万之多。[12] 事实上，受公司全球化和新自由主义私有化的影响，中国的就业损失与美国的就业损失一样严重。另外，流动失业大军的产生——大约为 1 500 万人，其中大多数是民工——对试图保住工作的中国人构成的威胁，与美国公司离岸外包对美国员工所带来的威胁是同样的。因为他们的前途目前已经紧密相连，美国人的面包和牛奶不仅受中国沿海发达城市工人的就业机会的影响，同时还受中国内地和西部省份失业农民渴望就业问题的影响。这些地区已经成为国外公司的下一个投资前沿阵地。

撰写本书的动机之一就是给工作岗位转移赋予人性化特征，它们通常是以中美贸易统计或最新就业数据为表现形式的。人们对中国转型经济中的工人尤其是对本书重点讨论的在外国公司的中国员工的渴望、恐惧和信念知之甚少。在我对这些中国员工的采访摘录中，读者将碰到一些新类型职业人员——爱国的工程师、白领小姐、自由职业者和灰领工人，他们都供职于来自台湾地区、新加坡、印度、马来西亚、日本、美国和欧盟的经理手下。正如我的研究所提示的，所有这些大陆员工通常被前来寻求顺从的劳动力和快速利润的外国经理们简单归类。其结果是，经理们往往将多数工作场所的冲突归咎于文化差异。在他们心目中，中国人尚未成为“现代人”，仍然沿袭数千年形成的集体思维方式。换句话说，他们成为理想的公司人才的潜力受到了当地文化特性的制约。

确实存在这种差异，但是我发现，由于尚未建立工作规章的新工业环境的不可预知性，冲突原因远非如此简单。经理期待什么和员工愿意做什么并不是个已经解决的问题，结果也不纯属当地政府关注的问题，也不仅仅与那些对该区域劳工市场有兴趣的人员相关。中国在全球经济中的关键地位意味着每个人都将与该非正式契约的结果存在利害关系。

为收集材料，我一年内大部分时间都在采访长江三角洲地区的外资企业员工。其中大多数公司都位于从上海东海岸新兴城市中心——浦东至古老的上游城市苏州和无锡之间的工业走廊内。[13]就高新技术公司——我的主要采访对象——而言，该走廊几乎具备完整的供给链。长江下游地区正在快速取代珠江三角洲成为中国的主要经济支柱，国外的直接投资资金正在流向比在南方占统治地位的劳动密集型工厂价值更高的产业。实际上，长江三角洲经济正日益成为中国争当“世界工厂”的高技术中心。尽管不是特别有说服力的，但是上海自身快速发展的服务部门也正使中国挑战印度以成为“世界办公室”，因为所有这些发展都是以在亚洲的整体相对优势为基础的。为进行本书的研究，我还访问了中国西部地区、台湾地区以及在华的印度公司，希望在这些相对于美国成本差异更小的地区探寻公司是如何管理工人并使他们相互竞争的。

东亚地区的工作与商业被日渐打上公司自由贸易的烙印，在像上海这样正准备成为下一个亚太地区金融中心的复兴城市显得尤为明显。在上海，我试图与作为自由贸易往来的主要前哨的美国商业团体取得联系。通过对美国商会官员和成员的正式采访以及数小时社交式的聊天，我了解了当时那些在总统竞选人约翰·克里（John Kerry）将离岸外包的首席执行官们贬称为“本尼狄克·阿诺德”[14]们的动荡时期，该城市公司外籍人员的心理状态。通过商会，我能够追寻到这些远居他乡的美国人是如何从战略上影响至关重要的美国对华贸易政策的。

中国缺少民工?

上海的国外投资者正渴望尽其所能将高端生产业务——如产品工程、设计和研发快速转移到长江三角洲。完成这些转移的主要障碍并非广为人知的窃取知识产权的问题。我发现，真正的障碍在于很难以合理的价格找到足够的劳动力资源。从我开始与上海外籍商务人员打交道的那一刻起，我就听到了经理们关于当地工资成本高、合格员工数量少或不守信用的抱怨。这否定了投资者聚集中国的目的只是为了其廉价、充足的劳动力资源。几乎每份危言耸听的关于外包的新闻报道都提到中国大学每年输出 40 万名工程系列专业毕业生。报道暗示，诚实的美国人怎么能与这支庞大的技术工人产业大军进行竞争呢？答案似乎并非那么简单。

熟练工人缺乏的部分原因是技术性的，这可能适用于任何受供求关系影响的地方劳动力市场。其他原因则与“中国特色”有关：如独生子女文化造成的出生率下降，当地习惯对公司标准产生影响，新曝光的经济压力和就业机会所滋生的无限制利己主义。但是我听到的关于员工缺乏对公司忠诚度的事越来越表明另有原因。经济全球化似乎开始让工人作出一些无法预料的事。

由于中国目前是全球最大的国外投资接受地（2003 年超过美国，2004 年净投资超过 600 亿美元），她通常被视为以公司为牵引的全球化的主要得益者。然而国际资本的流动性已不再是秘密，即使是对那些目睹每月数百万美元投资流向他们城市的普通中国人来说也不是什么秘密。通过观察这些公司在其他国家如何到来、随后又离去的现象，他们已经有自己的判断。我所采访的许多员工都认为没有理由忠诚于其经理，因为他们认为这些经理不大可能是他们长期的老板。私营企业日益加剧

1.5 亿中国流动工人中的几名，摄于苏州火车站前

的人员更替——我发现某些高技术领域的更替率高达 40%，也许是这种态度最明显的表现。在他们不断追求最廉价的劳动力的过程中，跨国公司已明确显示无意承诺任何形式的就业保障。中国转型经济中的工人沉迷于习惯性跳槽，他们似乎正在以牙还牙。与他们和雇主之间的脆弱关系截然相反的是，他们对国家的忠诚和发展国力以摆脱对国外技术的依赖的远大目标，是维持本文中所述的技术工人对公司保有忠诚的更普遍的动力。

在劳动力低端市场，远离家乡从内地来到沿海地区工作的流动工人，与所在工厂的关系尤其脆弱。在所有发达国家，低薪出口区都产生了较高的人员更替率。但是在中国，任何雇佣模式的重大变动都将被其庞大的劳动力队伍所放大，因而变得更为明显。2004 年春节长假后，超过 200 万名流动工人（约占广东省劳动力总数的 10%）未能重返珠江三角洲的出口加工厂。每年这个时候人员更替率都很高，但这次这个数字却是史无前例的。从其净影响来说，这是近期最大规模的无组织劳动力撤离岗位的案例之一。从性质上来说，它与始于1997年的国有企业工人大规模下岗后“像一阵狂风似的”工人反对浪潮很不一样。[15]

中国的评论员们纷纷对这种放弃预定职业现象作出解释，原因在于民工们对10年不变的工资水平的深深不满、沿海地区生活费用的上涨、法律保障的缺乏和众所周知的有损工人健康的不达标工厂环境。[16]部分干部借机赞扬政府最近实行的农业税减免政策，该政策使农民觉得面朝黄土背朝天的选择比广东和福建等地的血汗工厂更有希望。[17]劳动和社会保障部表示这是共同抵制非法工厂环境的结果，并公开呼吁中国南方雇主遵守国家劳动法。该地区的出口承包商大多数都在争夺微薄的利润，并且不得不以可怜的口号——“及时支付工资”为招牌进行招工。[18]这种措施针对的是中国最大的劳动纠纷问题：拖欠流动工人工资。[19]看到雇主们处于不利地位，工人们于是放胆继续走出工厂，非组织罢工四处蔓延，受害者涌向法律援助中心。作为中国向法治化社会艰难转型的一部分，这些中心越来越多地受理劳动纠纷。[20]尽管政府努力缓解劳动力不足的情况，并且将最低工资标准提高了30%，但2005年劳动力不足的情况依然如故，甚至进一步扩大，导致许多工人纷纷拥向东部上海及近邻城市，以寻求更好的待遇。[21]由于中国南方许多小公司陷入人力缺乏的危机状态，国际商业舆论界已发出警告。《商业周刊》（*Business Week*）忠实地问道：“中国是否缺少民工？”[22]

在一个拥有巨大的劳工资源以及如此之多的失业人员和寻找工作的“流动大军”的国家，怎么可能发生这种事？部分人口统计学家将出生率下降视为可能的原因，[23]而最直接的原因是劳动密集型出口部门的国外投资者仅愿意雇佣十几岁的女孩（打工妹）——最廉价、最温顺和最可消耗的劳动力。因此，较高技能的岗位，也只有那些刚毕业或有一定国际商业和工作经验者有资格申请。数百万懂技术但在国有企业工作过的工人被视不合格的员工，不能接受再培训以适应符合资本主义职业道德规范的更严格的纪律。劳动力短缺是由持有偏见的管理需要造成的，倾向于最大限度地利用年轻人和弱势群体。但是即使在视为可接受的劳动群体范围内，以及在那些符合他们挑剔性标准的工人中，公司经理也面临着员工的不可靠性问题，而不是他们愿意看到的“灵活性”。

本书的读者可能会发现证据（尽管不一定是最终的证据），即资本持有人所欣赏的便捷的国际流动性可能正在带来具有流动性的劳动力：不会保证长久留下的员工。他们是工作可在一夜之间被转移或外包出去的可消耗工人的另一面，他们纯粹是全球经济的产物。实际上，全书突出介绍的高校毕业生能够与工资较高的西方人及其他东亚地区的同行们相比较，仔细权衡他们的技能在全球工业链中的适用之处。因此，他们很清楚他们当前对其雇主的价值。其中许多人也明白他们在恰当的时间处在恰当的位置,这种意识起到了某种程度的平衡作用。某些情况下——比如具有多年工作经验的工程师——将导致工资呈螺旋式的上升，这种情形正在使其雇主感到烦恼。

另一方面，中央和地方政府官员正在利用一切可用的权力杠杆来解决瓶颈问题，以求满足国外投资者的需要：充裕、廉价的熟练劳动力。这是一长串优惠项目中最新的一项。作为所谓的“自由贸易”的一部分，这些优惠项目是发展中国家的官员所不得不提供的。投资者前来投资是期望能够永久享受免税假期和税务减免、实际上免费的大片土地、现代化的基础设施和电讯、公共事业费和其他运营成本折扣以及没有被认真执行劳动法和环保条例的软保证等一系列优惠政策。为阻止公司流向中国，公司所在地官员不得不进行类似妥协，进一步削弱了许多经济合作与发展组织（OECD）成员国城市和地区的税收基础。直到最近，诸如此类的优惠政策一直在迎合寻求低成本生产的公司。现在，这种模式已经升级为满足价值链高端投资者的需求。

如果能够实现人才过剩，且当前的工资暴涨现象得到控制，则外国公司向中国转移越来越多的高技术业务和空前数量的高价值投资资金的渠道将变得顺畅。与即将到来的大规模迁移相比，过去几年深受痛惜的美国工作和资本流失只不过是涓涓细流。“没有任何人或任何事能够阻止它，”某美国跨国公司区域主管向我保证，并随意引用了一段他最近听到的上海笑话：“很快，美国就只有律师才有工作了。”鉴于目前律师助手之类的低级工作对外输出的速度，即使这样一种说法也可能只是一种乐观的估计罢了。

探求工作外包背后的秘密

除了强化/顺应离岸外包这种不可抗力的意识外，类似这种评论将营造一种恐慌气氛，使那些害怕失去工作的人变得愈加脆弱。自认为敲响警钟的外包评论家们经常制造一种恐慌气氛，迫使员工接受削减工资和作出其他让步，以使其工作保持在红色警戒线之上。我反复听到员工们谈起经理们如何利用这种威胁（即使是在中国内地），以榨取员工更长的工作时间或额外的工作热情。尤其在那些必须与印度、台湾地区、新加坡、韩国、马来西亚等地同行们比较前途的员工所在的工厂，这种情形更加明显。反之亦然。

本书讲述的故事无意耸人听闻，但确实是鼓励大家作出明智的选择。自由贸易的公司支持者曾经广泛宣扬外包的整体利益远远大于代价。在这场游戏中无疑存在短期得利者，但自由贸易者关于丧失就业机会和投资的工人群体将获得长远利益的观点却毫无事实根据。而且，我们将不是在就业与美元损失的实际数据中，而是在工资下降的压力以及就业不安全感长久氛围的确立中，看到离岸外包的最持久的影响。外包并非一种短期的经济发展趋势，它正快速成为一种生活方式，被越来越多地视为一种社会和经济标准，并将不可避免地改变我们对职业本身的看法。在后工业化社会中，不确定性和风险日益成为个人——而不是雇主或国家必须承受的负担，工作越来越没有标准，工作不再决定个人的身份。[24]由于外包正快速跟随这些变化，职业的定义正在发生突变，更接近于其词源的意思——只在其履行过程中存在的各自分离的“一块”或“一份”工作。

自由贸易理论家同时坚持认为，类似美国这样的发达经济将自动产生新的高价值工作以替代流向国外的工作。但是过去所有的事实都表明，在绝大多数情况下，新产生的工作质量更差、工资更低并且利润更少。此外，东亚经济目前都处于同一场角逐战中，热切追求技术类工作。这些工作历来是美国、欧洲和日本员工与生俱来的权利。[25]

关于外包的争论实际上仅仅是对公司行为背信弃义记录最近所表达的普遍反感。30 年来的资本流失使世界各地的社团变得支离破碎，陷入困境。面对脱缰野马似的公司外包的现实，每个国家、都市和城镇确实有权采取任何措施来保留就业机会，以便工人能维持生计，当选的官员有义务作出反应。美国各地都已经对此逐项制定了大量法律条文，对自由贸易政策的普遍反对对 2005 年法国和荷兰的全民投票结果产生了重要影响，抵制了旨在进一步放开劳工和资本市场的欧洲宪法。

但是意在限制破坏的国家立法也有其局限性。要使公司对任何人而不仅仅对其最大的股东负责，必须制定新型的社会契约。在应当具备区域性约束力的同时，任何此类合同的适用范围必须是国际性的。它跟那些通常被无论是双方自行达成还是通过世界贸易组织（WTO）达成的自由贸易协议所忽视的人权和环境标准一样。认可这些标准的压力来自于工会、非政府组织（NGO）和另类全球化运动下属的众多激进团体。[26]但是确保实现这些标准的愿望只能来源于跨越国界分享知识、策略和目标的工人和员工内心深处的友爱之情。只有当他们能与其雇主以同样的轻松、信任和信念进行相互沟通时，才能实现这一点。

本书无意提供关于建立上述全球标准和友爱的实用规则。但是本人关于对中国工作岗位转移的描绘确实强调急需此类措施。比如，我的主要目的之一就是发掘隐藏在“知识转移”——公司的委婉说法是白领外包——背后的秘密。从某一地点向另一地点转移商业资产已不再像转移工厂或办公室那么简单。它越来越多地代表着从体面地享用高薪员工思维的一种技巧，并在世界上更廉价的地区推广这种做法（使用另一个公司委婉说法）。相对于通过下一班船将车间设备海运出去，这是一种更加复杂和令人担忧的过程。它同时也是一种更加阴险的过程，尤其是对那些被期待与雇主共谋的人，这些人努力发挥自身的才智，积极培训他们可能的替代者。

想像未来什么样的技术将被开发出来以更有效地利用大脑中是科幻小说要实现的那些令人胆战心惊的任务。但是，这些基本步骤已经成为多数跨国公司的日常工作，并且正在竞相开发更高级的运作模式。知识转移也不是最近的发明。知识工作者正在经历的去职业化实际上只是19世纪手工工匠所经历的去技术化的翻版。当时的企业家使用新的工厂技术和其他行政手段来削弱工匠们对其自身工作节奏和计划的控制。同样，必须利用他们身上他们的行业知识。

今天，知识转移的人文和经济范围跨越了广阔的地域，但其结果并非一成不变，特别是长期以来西方国家对中国命运的错误预言提醒我们，不能轻易推测是中国政府纵容市场资本主义的结果。历史并未奖励那种自信。[27]自1949年新中国成立以来，中国走了一条独具特色的现代化道路，最近的改革阶段也不例外。但是如果说预言还像以前一样那么躲躲闪闪的话，那么中国观察这个古老的引人注目的游戏却改变了很多。西方人为那片遥远、古老的土地上最近所发生的伟大演变所震惊，我们再也不能袖手旁观了。今天，我们的生活以及很多想法和事物都与中国紧密相连，这迫使我们再也不能无动于衷了。

世界不平坦

一、走向上海

这座城市快速发展的背后的历史却鲜为人知，人们更为熟悉的是反复讲述的关于奢华、恶习和榨取的故事，这些故事仍然会勾起人们对旧上海狂欢生活的怀旧情绪。是哪些因素促使上海成为世界经济轴心的呢？

自20世纪60年代后期以来，美国公司一直在将其工作岗位和资本转移出美国。但是在大众心目中，中国只是最近才成为其最有可能的目的地。人们似乎在一夜之间意识到，如果中国继续快速增长，其无穷无尽的劳动力资源、崭露头角的高科技能力以及投资机会将轻易剥夺世界各地工人和专业人士的生计。另一种不断增加的担心是这种增长将如何耗尽全球的资源，但这种担心尚无法与全球普遍关注的工业与资本流失相提并论：在墨西哥，其建立在北美自由贸易协定之上的制造业工作大量流到亚洲；在日本、韩国以及中国的台湾地区其领先技术工业必须依赖中国大陆的制造业；在美国和西欧，其离岸工作转移正在全速冲向价值链的专业服务领域；在东欧和北非的离岸工厂，其盈利能力日渐低于亚洲工厂；即使在柬埔寨、泰国、越南、缅甸和印度之类的国家，其低劳动力成本优势也被巨大的中国市场中心区域的相对生产优势所削弱。

所有地方的工人都倾向于将中国经济的迅猛增长视为一种威胁。相比之下，大多数流动资本持有人却只看到投资者的财运。这种差异并不出人意料，但在这么大的范围内分歧如此突出，并带来如此广泛深远的影响却是罕见的。本书的总体目标之一就是解释这些相互矛盾的观点是怎么得来的，它们是否合理，以及什么样的条件可能改变它们。中国的发展是有助稳定世界经济的及时雨，还是公司全球化造成的利益失衡的典型案例？离岸员工——工作转移后假定的受益人之一——在这个过程中的作用是什么？以及其岸内同行——假定的受害者之一——如何与他们共同弥补出现的任何失衡状态？在以追逐利润为目标的自由贸易世界里，无论西方还是北京、上海之类的重要城市的官员，在平衡利益分配、补偿环境破坏等方面的责任是什么？

为调查这些问题，我去过快速发展的长江三角洲的周边城市和台湾地区以及中国大陆其他地区和在华的印度的工厂和办公室，但首先让我们简要回顾一下中美贸易往来的发展历程。

外包的昨天与今天

在20世纪90年代初以前，大量的就业机会和资本流向中国，但这被蔓延整个东亚地区的复杂的合同承包链所掩盖。80年代在中国南部首次建立出口加工区时，美国、欧洲生产商和零售商的多数供应商都是台湾、澳门或香港拥有（在开曼或维尔京群岛注册）的小规模运营的加工厂。多数情况下，与美国国内公司唯一的联络是通过一家香港中介公司，通常不公开其母公司生产商的身份。实际上，这一体系的目的就是不透明化，使人们难以追踪链条首尾之间的关系。因为美国服饰工业是首次见证离岸劳动密集型业务的领域，服装业工会在追踪向亚洲的流失方面记录最早，时间可追溯到20世纪60年代。[①] 该行业的劳工倡导者反对主要服饰公司供货商工厂内不达标准的劳动条件的历史也最长——首先是在日本，然后是在中国香港和台湾地区。因此，大众早就形成了亚洲血汗工厂为西方消费者生产的想像。当低端组装业务涌进中国大陆时，这一事实就呈现出更为不祥的征兆，工厂和车间差不多是对国际调查进行隐瞒。

在1989年之后，向出口区的首次工作转移浪潮随之平息。国际制裁对大多数对华贸易关系造成伤害。当时的总统比尔·克林顿在选举中曾首次将通过中国的贸易最惠国待遇与改善中国的人权记录相挂钩。但是在强大的中美贸易游说团的压力之下，其挑衅性语言很快就消失得无影无踪。当时的政府无视对缓和中美摩擦的抱怨，于1994年通过了中国的贸易最惠国待遇。

外包公司与美国政府达成了关于共同促进贸易与投资全球自由化的牢固共识。金融与政治精英之间的这种相互谅解是“华盛顿共识”[②]的一部分，其倡导者宣扬自由贸易政策将给各方带来财富。财富流向了那些贸易违规和私有化的受益者，但更多的“全球化失败者”很难看到成功的曙光。所有解除贸易和投资壁垒的贫穷国家均开始出现不公平在扩大的现象。在公司引领的自由贸易留下不公平足迹的每一片土地上，均出现了内部抗议。进入90年代末，四处蔓延的抗议网——全球公平运动——开始从人类需要和可持续发展的角度而不是从公司短期利益角度，揭穿全球化的底细。[③]由于中国国内缺乏自由和有限的国际交流（尽管对商务人士来说并非如此），中国是该网络中最薄弱的环节，也是全球劳工和环境标准合作中最大的障碍。

部分因为针对自由贸易政策的全球抵制业已高涨，在2000年美国国会通过中国永久正常贸易关系（PNTR）待遇之前[④]，曾发生更激烈的保护工人和人权的运动。赋予永久正常贸易关系待遇是中国于2001年加入世界贸易组织（WTO）的前奏，并由此打开了美国向中国大陆转移生产的大门，从此开始了真正意义上的大量外流现象。随后几年，中国大多数飞速发展的出口都是依靠国外投资，并且多数产品销往美国市场。结果，中美贸易赤字剧增（仅2004年就增加了30%，达到1 620亿美元），美国国内关于丧失生计的担忧也同时在高涨。

2000年通过对华永久正常贸易关系以后，国会成立了一个两党联合委员会（中美经济与安全审议委员会，负责评估日益恶化的对华贸易赤字的经济与安全影响）。关于美国国内就业影响的首项研究指出，通过对华永久正常贸易关系待遇之后的 6 个月内，美国对华生产转移急剧增加。在这短短的半年内，超过 80 家公司宣布计划将其生产转移到中国。根据这份调查可知，这些都是大型知名的高赢利企业，其中大多数并不向中国市场销售产品。另外，其对华投资方式明显从技术含量低的轻工业行业转向更复杂、更高附加值的行业，如电子、化学、机械、金属和金融服务等。相对于劳动密集型行业，从这些行业所流失的工作岗位更有可能是那些一直带有更高薪资和福利措施的岗位。

该委员会的报告进一步指出，每家大厂的关闭都会“由于降低薪资要求，限制工会的组织和谈判权，降低税收基础，以及减少或消除公司和企业内相关承包、运输、批发交易、专业和服务部门成百上千的就业机会，从而波及相关行业和工人群体内每位工人的薪资收入。”⑤

该研究报告的作者估计，自 1992 年以来的 8 年间，因为中美贸易损失了 76 万份工作，并预计在中国加入世界贸易组织后，该比率（目前每年约损失 7 万 ~10 万份工作）还将快速上升。同时有证据证明，特定行业的公司对华投资与国内同行业的就业损失直接相关。该研究的结论强烈指责民主党和共和党政府为了各自政党商业派系和美国对华投资的跨国公司的利益所推行的自由贸易政策：“我们的研究表明，美国及其他国家推行了以错误的论点和不完整的信息为基础的贸易政策和全球经济一体化政策。”⑥

对 2004 年 1~3 月份这一时期的后续研究表明，生产转移及其涉及的行业数量确实在大幅增加。报告指出,公司已经建立了向多个近岸（即墨西哥）和离岸（中国）低薪目的地同时转移的模式。⑦没有任何一个政府机构曾收集关于海外贸易政策对国内影响的相关数据。报告有力地驳斥了许多经济学家坚持的关于自由贸易“良性循环”将给美国创造利益的观点。美国经济政策研究所为该委员会进行的一项后续研究发现，中美贸易赤字对 1989~2003 年间美国丧失 150 万份工作负有责任。根据这份 2005 年公布的调查，自中国加入世界贸易组织以来，因外包而获的工作职位翻了一番，其中在高度熟练和技术先进领域的增长最快，如电子、计算机和电信行业等。实际上，中国占美国在“先进技术产品”方面的贸易赤字（320亿美元）的全部。[8]

该委员会通过在南卡罗莱纳州的哥伦比亚（2003年9月）、加利福尼亚州的圣地亚哥（2004年2月）、俄亥俄州的阿克伦（2004年9月）和华盛顿州的西雅图（2005年1月）等地进行的实地采访，从政治家、经济学家、生产商、员工和贸易联盟成员等人那里取得了大量证言，证明了对华工作转移和资本流失对美国工业和社区造成的负面影响。接受调查的行业领域涵盖了从南卡罗莱纳州的纺织品、服饰和家具，到俄亥俄州的钢铁、汽车和机床，加利福尼亚州的高科技，再到华盛顿州的航空航天与软件等众多行业。每次采访后，该委员会的结论都是对自由贸易促进政策实际上在积极鼓励，有时（涉及进出口银行）甚至资助制造、服务和研发业务的海外转移行为的严厉批评。据某位委员会成员称：“我们似乎处在这种争夺公司赢利和消费价格之短期利益的历史性角逐中，不断地抵押各种资产和国家经济的未来。”[9]

经济衰退开始后的几年，对美国其他诸多行业国内工作损失的评估是数量大、增长快。至2003年底，最常被引用的数字是自2000年以来损失了300万个工作岗位，但所有此类估计数字都必须在经济正常恢复过程中所产生的就业机会数量的基础上加以理解。根据此类报告之一，在经济衰退的实际恢复过程中（2001年11月至2003年11月），仅在制造业就损失了130万份工作，外加信息服务行业的27.2万和技术服务行业的9.3万份工作。所有这些都来自平均薪资以上的行业。在这一期间获得的工作主要集中在平均薪资以下部门。[10]到2004年，只有65.9%的劳动力——最低年龄为16岁——在职或在谋职。尽管大量流失的工作集中在制造业，并且被假定主要转移到了中国，但高达30%的流向海外的损失估计在白领和IT创造的服务行业，这些主要外流到了印度。即使那些失业者能够找到全职工作，到目前为止大多数人收入也比其以前的收入更低。总体来说，自20世纪90年代以来收入损失一直在增加。[11]

劳工部分析就业低迷时期的数字显示，对年长者和更有经验的工人产生了持续影响，这种结果与外包趋势是相一致的。[12]

大多数占据美国新闻报道头版位置的关于工作转移损失的数据和未来流失的估计都来自于私营咨询服务公司，如弗莱斯特调查公司（Forrester Research)、甘特公司（Gartner Group)、技术合作国际股份有限公司（TPI)、波士顿顾问公司（Boston Consulting Group）和麦肯锡全球研究所（McKinsey Global Institute）等。他们的调查分析具有两面性。他们建议其客户公司将所有能够转移的资产尽快转移到国外，同时还发表引人注目的报道，这些报道足以使那些在脆弱部门就业的美国人觉得前景黯淡。主流媒体思想也同样矛盾。一惊一乍地将关于工作损失的带有人情味的故事与各种安慰交织在一起，这些关于外包的“长远”有利影响的保证通常由经济学家亲口讲述。[13]

分析家们最富警告意味的报告阐述了白领服务和熟练 IT 工作史无前例的工作转移损失估计。弗莱斯特调查公司于 2002 年 11 月发布的广为流传的报告称，到 2015 年，美国将损失此类工作 330 万份。2003 年 7 月，甘特公司估计到 2004 年底，美国 IT 公司 1/10 的技术工作和非 IT 公司 1/20 的工作被转移到国外。此外，只有 40% 的失业人员能够被接受调查的公司再训练和再录用。[14] 有些估计数字甚至更高。费舍尔房地产和城市经济学中心的研究员预测，高达 140 万的白领服务员工或全国 11% 的工作易受离岸外包业务的冲击。[15]

即使到 2003~2004 年冬季美国经济开始创造新的就业机会以后，估计工作流失的数字仍在上升。市场调查公司 TPI 称，2004 年第二季度，IT 外包合同价值比去年同期增加了 35%，这说明公司越来越致力于将其所有的 IT 业务输出到国外。[16]2004 年 3 月，麦肯锡报告，跨国公司仅在 2002 年一年就将 350 亿美元的投资转移到了国外，并预言至少在 2008 年以前，离岸率将每年增长 30%~40%。[17] 外包在服务行业不再是一种选择：它被视为呼叫中心、贷款手续办理和内勤会计商业程序工作的一个必须项目；它像金融分析等服务部门一样，成为许多工程发展不可缺少的一部分，并且正稳步挺进法律和医疗行业。2004 年 7 月，波士顿顾问公司以更具世界末日的口吻警告公司，如果他们不转移到国外，将面临灭顶之灾："坐等机会的公司将陷入无竞争力成本、丢失业务、未充分利用的能力和不可逆价值破坏的恶性循环之中。"[18]

波士顿公司的报告最直言不讳地驳斥了自由贸易者的观点，即出口低端和中端的工作有利于公司解放资源，在国内研发等领域创造更高价值的工作职位。通过调查业已在低成本国家（LCC）建立大型研发业务的公司,其报告表示"我们看到的最令人感兴趣的优势之一就是更快(并且成本更低）的研发规划。因为在低成本国家的成立的公司已经免除了许多自动控制和精加工需求,他们更能满足研发的要求。"该报告总结说，公司利用与美国国内同等的资金可进行高于国内内 3~5 倍的研究。加利福尼亚大学史汀生研究中心（Stimson Center）的一份研究报告称，超过 200 家国外公司——如通用电气、通用汽车、阿尔卡特、微软、IBM、拜耳、爱立信和杜邦等于 2002 年以前已经在中国建立研发中心，[19] 仅在此后两年，这一数字增长到 600 家。每个月都有一家拥有数百名员工的新研发中心在上海某一高科技工业园开业。公司现在可以在中国独立运营，而无需以合资企业形式与当地中国公司合作，因此在知识产权保护方面的安全措施也更加有力了。当地工程技术人员成本低、质量高，再加上邻近其不断扩大的生产中心，这些优势构成了促使不同规模公司将其部分最先进业务转移到国外的不可抗拒的力量。

这是硅谷故事的翻版，只不过结束之处另有波折。在过去三十多年间，美国经济曾经将此地区的高科技工业区视为创造创新工作的摇篮。实际上，硅谷容纳了仅在 1996~2000 年间创造的美国新工作的 13%。到 2003 年对新技术启动公司的投资业务恢复后，事实证明风险投资商主要对支持"小型跨国公司"或在其商业模式中包含离岸业务的公司感兴趣。著名风险投资公司 Accel 总裁詹姆斯·布莱尔（James Breyer）建议所有接受 Accel 启动基金的公司应当很快有一半员工在国外。"如果某一家公司不积极向中国和印度投资，"他宣布，"他们必须向董事会成员提供很有说服力的理由，说明为什么不这样做。”[20]

美国公众与跨国公司的博弈

在过去十多年间，不管是褒是贬，“外包”这个词逐渐为大众所接受，成为工作岗位向海外流失的默认术语。从技术上来说，外包有多种形式：离岸外包、业务流程外包、多方外包和联合外包。通常情况下，该术语表示从外部供应商或生产商处获得服务或产品，以便降低成本和摆脱效益负担。原则上，外包与离岸行为有所不同，尽管并非完全不同。离岸是指涉及的公司以其原有的名称在国外建了一家工厂。但是，“外包”这一术语在大众使用中日益延伸至包括所有离岸转移。在本书中，这两个术语即使不完全等同，我至少认为其含意可交叉使用。

不管其用法有多么灵活，它仅仅是其词源的新近替代词，是对将其工作转移到其他地方以逃避规章制度的公司的更生动的称谓。在20世纪50年代的美国，此类公司被称为“外逃工厂”，他们跨越州边界以逃避劳工和工厂卫生法，或削弱其员工的终身职位权。最初的外逃事件始于第二次世界大战之后。为逃避工会的压力，纽约的服装业外逃到新泽西，而新英格兰的纺织厂主则外逃到南部各州。事实上，20世纪所谓的服装工业血汗系统和当前全球公司的外包是一脉相承的。服装厂主将已裁剪好的服装面料“送到”散工小作坊或工人家中进行加工的做法是20世纪70年代公司转包浪潮的雏形。公司转包是离岸外包的先驱，它是一种摆脱较高工资和较高福利负担的策略，而这些高工资和高福利是工会数十年艰苦努力的成果。

除运营规模和地理范围大幅扩大之外，过去与现在没有太大的区别。将工作转移到国外或转包给外部承包商都为了创造或利用一种以工人的不安全感和不稳定性为代价的临时工作环境。损失的工作通常是带有工会性质的，而创造的新工作几乎都不是带有工会性质的，因此是以工人的权利为代价创造的。实际上，雇主经常表示过度的工会权力是促使他们订购转包的原因。因此无论是在岸内国家还是在岸外国家，转移工作和资本被经常用来威胁那些要求成立工会的员工。与此同时，欠发达国家处在好位置上的官员们通过接触外汇可以获得短期利益，更不用说回扣了。但通常情况下接受国无法控制接纳的资本或遣返的收益，它不得不通过艰难的且经常是不道德的谈判，以保证技术转移所获得的利益。接受国惯例性地向外国投资者提供的慷慨的税务优惠，也进一步降低了其国家税收，快速削弱了其公共部门提供公共物资、利益和就业保障的能力。工人的薪资显然是这些接受国最主要的财政收益。

至于岸内国家，它必须承担公司外包决定的大部分代价。工作损失是影响了当地税收的基础，它将抬高保障失业人员利益和政府再教育计划的代价。此外，就业机会减少造成的社会代价也是不可估量的。如果公司转移造成对当地经济起重要作用的某项业务的关闭，则整个社区将被彻底破坏，并且确保任何社会公平的公共债券的信用将受到损害。被背叛的感觉的影响是深远的，不管背叛的指责是指向公司（通常与蓝领工人失业有关），指向自身（传统上白领雇员倾向于此），还是指向受自由贸易意识支配的政客。受廉价出口威胁的工业岗位，尤其是制造业工作的薪资和福利通常高于出口工业或服务行业的薪资。大多数转业工人都将经历薪资、安全感和福利的长期下降，特别是在外包对象是低成本国家的情况下。一些经济学家认为，当外包转移涉足高端领域时，岸内国家整体经济都将遭受损失，除非它进行有力的竞争。[21]最后，外包将损害国家主权意识、对国家工业成就的自豪感和对国家未来的信心，同时削弱政府的经济调控能力。

相反，输出工作的雇主们对他们的决定却不必承担任何代价，只享受其带来的利益。这些利益包括巨额的薪资节约、工会的消失以及社会保险、医疗和养老金成本的大幅下降，更宽松的环保和工厂规章制度，一系列的税务回报（包括对国外利润的税收免除），更高的公司利润和股票价格，以及对经理主管人员和投资者红利和回报的增加。按普遍认可的条件进入新的国际市场将不可避免地损害外包公司对其国家的责任感。但从长远来看，对投资者来说价值最高的收获在于全球商业环境下永不消逝的毫无保障工作风气。在这种环境下，只要业务转移到别处，就能获得更大的利益。转移工作的威胁能确保员工的顺从，短在公司逗留期间，长至公司转移之时。

这至少是评估资产负债表的一种理论方法。在普通民众当中，对外包产生的影响存在一种更有力、更富感情色彩的看法。一次典型的民意测验（劳资法联盟于 2004 年进行的）发现，参与调查将近 60% 的美国人认为，美国政府应当惩罚那些将美国人可以从事的工作外包出去的公司。[22] 与华尔街毫不掩饰的外包狂热截然相反的是，根据 2004 年 4 月的一次盖洛普（Gallup）民意调查，将近 66% 的投资者认为它“对经济有害”，约 1/4 的人非常担心他们或其某位家庭成员可能会因为业务外包而丧失生计。[23] 诸如此类的强烈公众情绪在立法者、舆论制造者、政治说客和宣传机构中间引发了一场关于此项商业实践的政治大辩论。

对于那些感到工作受威胁的人来说，引发关注的不仅仅是关于工作损失的统计数字或警告。公司负责人实施转移的方式招致了广泛的憎恶，委婉的说法随处可见。消失的工作大多被通称为“知识转移”，另外还有一长串正式建议经理使用的中性替代词的相关术语。公司总是在任何可能的情况下企图掩饰转移行为，对可能被诱使向媒体透露外包计划的员工下达了严厉的封口令。

由于 IBM 处于国家工业霸主的地位，其数千份高层次工作转移到海外的提议的泄露受到了媒体特别广泛的关注。2003 年 7 月，《纽约时报》（*New York Times*）泄露了该公司加速工程和其他白领工作外包的秘密计划。[24] 在这份报道中，《纽约时报》引用了记录 IMB 内部会议的一盘磁带。这盘磁带是一名对此事感到负疚的员工向华盛顿州技术工人联合会提供的。与会官员们——全球人力资源经理峰会警告说，工作转移可能会对失业员工造成“尊严方面的问题”，并且“未来几个月，工会组织会变得更加咄咄逼人。”[25]

最受公众关注的泄露事件涉及另一批IBM内部文件。这批文件是《华尔街日报》（*The Wall Street Journal*）于2004年1月得到的，它详细记载了关于另外数千份工作和费用节约（每年1.68亿美元）现行规划的外包计划。这份备忘录包括IBM上海办事处关于中国和美国程序员、项目经理和高级分析员之间劳动和福利相对成本的估计（尽管其1比4的成本比率远低于我在上海看到的任何薪资结构）。该备忘录还包括一份对经理的“建议文稿”草稿，以便经理们在向受到影响的员工宣布此事时使用。类似“资源整合行动”——IBM对解雇的说法——之类术语应当避免使用，“岸内”和“离岸”也一样。鼓励比较委婉的言辞：“这次行动是针对这个要求苛刻的行业发生的转变的速度和步伐的。这并非是否定您多年来出色工作。”[26]

在某些情况下，泄漏即将实行的计划促使公司律师采取压制行动。2003年11月，一家反外包网站“美国冠军”（American Champions）业主被要求删除其网页上一家公司的文件。这份文件简述了将美国电话电报公司（AT&T）70%的移动通信方面的工作从华盛顿州转移到国外的计划。“对那些曾经为公司走向成功而努力工作的员工竟然一点也不尊重。我对此非常反感。”受该计划影响的一名美国电话电报公司员工说。“有些人干脆就是大怒。你某天来上班，看到有人倾着身子站在你的办公桌前，讨论如何去做你的工作。我们花了许多年学习如何做这件事，以便胜任工作。我们对我们的工作感到自豪，经常无偿推迟下班时间以便做好工作。现在公司却对我们说，‘我们并不在乎’。”[27] 事实上，这种情况在许多公司都是很常见的，美国电话电报公司计划解雇的员工被迫培训其海外替代者，直接帮助知识转移，否则将丧失解雇费，并面临可能的法律诉讼。该公司经理们曾将这种过程曲意解释为“试验计划”，员工被邀参加。“这种感觉仿佛是你在与你的刽子手交谈，”一位不幸的参与者说。[28] 类似的故事成为工作场所的谈资，甚至促使一些政治家试图指控这种行为是一种不人道的犯罪行为。

20世纪90年代所有关于转变和回避风险行为的新经济讨论都没有使其高科技推崇者们预料到职业迁移会变得如此之快。另外，繁荣时期曾经发挥杰出作用的先进技术竟然成为通过轻按路由器开关即可将其工作输送到海外的手段。白领们已经习惯于享受人道主义的工作氛围，在那里他们对工作的尽责能受到诸多尊重。当与蓝领工人遭受同样的待遇时，他们感到非常震惊。长期以来，他们将蓝领工人所处的充满倒闭工厂和福利救济支票的世界视为是属于另一种人的领地。类似制造业工人，他们也没有能为他们与管理层在收缩和撤资方面进行斗争的工会。相反，他们效仿了技术工人——他们创建了抵制IT外包浪潮的网站。这些类似上述“美国冠军”的网站剧增至百家以上（包括拯救美国工作基金会、国家主权与经济爱国联合会、美国信息技术专业人士协会和美国劳工权利组织等），其中每家网站都为受屈人士提供了关于采取法律手段以保留他们工作的大量资料。因为白领们的专业性较强，相对于组装线工人，主流记者更容易判明他们的动机，因而这场运动及其抗议得到特别好的报道。

到2003年，计算机行业人员失业率达到5.2%，电子工程师失业率则达到6.2%。在过去的二十几年里，这种失业率是不可想像的，因为当时此类专业被誉为创造美国就业机会的先锋。[29] 2004年第一季度，劳动统计局表示，计算机程序员的失业率为9.5%。对熟练技术工人的需求急剧下降，劳工市场的萎缩影响到了美国经济中一些最高价值的工作岗位和行业。2001~2004年间，软件行业的工作损失百分比（16%）超过了制造业（15%）。[30]

在这些统计数字面前，20世纪90年代新经济高峰期最广为流传的神话很快就破灭了。低价值制造业工作曾被宣告将继续流向发展中国家，而高价值工作，特别是那些在技术工业中的工作将保留下来。服务行业的持续增长将继续为那些自愿接收再培训以脱离老式工业的蓝领失业工人创造就业机会。到2004选举年之初，这些观点已不可能再为制造业工人所接受了。同样的逻辑也不再可能适用于高科技或生产服务领域的失业工人了。简而言之，在价值链高端——金融、工业研发、高科技或专业服务领域，员工们能期待在稳定的职业中得到提升的地方越来越少了。另外，许多这些高价值工作与每个其他技术饱和国家，尤其是那些东亚国家所热切追求的是一样的。这个新兴国际劳工市场完全成熟之时，美国中产阶级的父母们可能会希望他们的孩子们长大后能够成为管道工——的确这类工作不可能输送到海外。

在有些商业部门遭受经济衰退的严重冲击之时，外包带来的大量节约和丰厚利润甚至超出损失补偿。1990~2003 年间，总体公司利润增加了 128%，首席执行官薪资增加了 313%，而平均工人薪资仅增加了 49%。[31] 衰退结束后的 3 年间，公司利润增长速度创第二次世界大战以来历史新高，除去通货膨胀的因素年均增长率达到 14.5%。[32] 相反，劳工补偿占国民增长的比率跌至战后历次恢复期的最低点。至于那些因通过命令解雇和转移的决策创造“股东价值”而获利的首席执行官们，终于于 2003 年最终突破了其平均薪资与工人平均薪资之间 300 比 1 的壁垒。[33] 2003 年，50 家外包其大部分服务工作的公司首席执行官平均薪资增长 46%，而所有首席执行官的平均薪资只增加了 9%。[34]

但国内工人的劣势不仅仅限于薪水。2002~2004 年间，生产率每年增长 4%，促使商业评论家提出美国工人（已经比任何其他发达国家工人工作时间长得多并且努力得多）能够轻易承受国内失业同胞造成的额外工作负担。

经公司化数十年锤炼的美国公共关系部门试图谋求公众接受这样一种观点，即如果有更廉价和更具竞争力的选择，公司除了抛弃即使是对它们最有价值和最忠诚的员工之外，别无选择。在全球范围内使工人互相竞争的日益提高的能力加剧了竞争的底线［摩根斯坦利的资深经济学家斯蒂芬·罗奇（Stephen Roach）委婉地称之为“全球劳工套利”］。在这场竞争中，雇主们正寻遍发展中国家，以便获得最低薪资场所和最佳的投资优惠。同样的公共关系也适应用于下列观点，即员工必须努力保住他们的工作，防止被世界上其他地区的对手们“夺走”。怪不得有些转业工人发现，指责不知名的外国人抢夺了他们的工作，比指责那些应为支付第三世界薪资却寻求第一世界价格负责的公司更容易。

上海的两种城市景象

如果这是美国国内的气氛，那么国外的感觉又如何呢？在海外，那些众所周知的被约翰·克里称之为“本尼狄克·阿诺德”的公司经理和官员们是如何谈论外包的呢？那些被普遍认定的转移受益者的中国员工对其自身的工作保障前景又是怎么看的呢？上海或许是寻找这些问题答案的最佳去处。这是最近利用大量涌入的外资的力量重建繁荣的亚洲新兴都市，并在不久前获得全球经济的枢纽地位的称号。为全面了解它的枢纽作用，我们有必要回顾其部分历史，以及其20世纪90年代流光溢彩的发展历程。

第一次来到上海的游客难免直奔著名的外滩。这个具有印度式英语色彩的称谓（意为“堤防”）使人们想起了该码头对鸦片贸易的作用，其新古典主义风格的华丽建筑勾起我们对曾经控制上海经济的外贸建筑和银行，以及殖民时期上海社会和文化生活的追忆。毋庸置言，这个1.5公里长的码头的象征意义是广受争议的。这条街名叫“中山一路”，以纪念孙中山这位伟人。他那受西方影响的民族独立主义思想，发起了一场长期的革命运动，中国人终于于1949年后将外国人赶出了他们最衷情的亚洲立足之地。新中国成立后，外滩最壮观的建筑大楼立刻变成了政府的总部。这座建筑原是为香港上海汇丰银行建造的，它曾是东亚最大的金融机构。

50年后，令中国观察家最感兴趣的活动之一就是记录哪家外国利益集团被获准返回上海租用外滩地界。美国国际集团（AIG）、花旗银行（Citibank）和荷兰银行（ABN AMRO）是首批进驻者，紧接着是肯德基（KFC），而阿玛尼（Armani）、卡地亚（Cartier）、古姿（Gucci）、路易·威登（Louis Vuitton）和埃美尼吉尔多·杰尼亚（Ermenegildo Zegna）等品牌商店在2004年的开张，标志着重建外滩时尚购物区的历程顺利结束。但最令人喜乐参半的是预计当初令人憎恶的鸦片贸易垄断者怡和洋行（Jardine Matheson）将重返中国，接管爵士时代宫（Jazz Era），即和平饭店。负责这项交易中介的当地零售代理以职业性的公司冷漠态度对上海媒体评论说："因为外滩曾经建有怡和洋行的办公室，这一地区对该集团有特殊的意义。"[35]

自20世纪90年代以来，在推进中国快速复兴的改革中，外滩提供了一个另类窗口。现在，越过黄浦江可以看到浦东新城的景象，那里夸张地集结了世界上最高大、最醒目和最奇特的一群建筑。巨大的玻璃球与刺眼的粉红的装饰品在高空中竞相辉映，在令人惊讶与兴奋的同时，

浦东新城远景，摄于外滩

也同样令人恐惧。1911年孙中山亲口预言了“浦东大港”的发展，但直到1990年中国政府才予以批准。仿佛在一夜之间创造的浦东城市风光好像是一个国家展示窗，使人相信在中国经济中几乎任何事情都是可能的。正是这种勇往向前的精神，使那些在浦东陆家嘴金融区开设了业务的跨国公司感到陶醉。更进一步的是5.7万公顷面积的扩展——从黄浦江东岸华丽的东方明珠电视塔和国际会议中心，到张江高科技园区大面积的耀眼的新微芯片工厂，甚至进一步扩展到中国东海岸科幻般的浦东国际机场。

中国政府给予浦东新区（官方称谓）更多的优惠政策，超过了过去任何一个出口定向型的经济特区。自由贸易区的快速发展、高档住宅区、高尔夫球场、奢华的商业街和宾馆以及证券交易所的目的就在于恢复上海以前亚太地区首要贸易和金融中心的地位。同时计划将其发展成为绝对的全球资本汇集的城市，作为对此好客行为的回报，政府期望外币支付许多账单，特别是日本投资者出资兴建商业大厦。那些已经率先向中国南部原始出口加工区投资的海外华人，因为与中国大陆的血缘关系有利其保持在海外投资者中高层地位，这次被再次要求开发大多数剩余的房地产。[36]财富500强企业及其员工预计将占据市区办公室、科技园和高档住宅。然而，不管国外直接投资（FDI）有多么庞大，有些评论家仍然只看到国家的重拳行为。私有化权威米尔顿·费里德曼（Milton Friedman）在访问中国后，将整个事业斥之为“和为法老而建的金字塔一样水准的政府的纪念碑。”

当初过度开发的一级办公楼和豪华公寓造成了较低的入住率，使这座新兴都市显得有些空虚、阴郁。私有化权威米尔顿·弗里德曼带有偏见（他是一个顽固的反共产主义者），他信口开河地评论经济学家关于中国独特的改革道路的观点确实混乱。那么国家与新兴私营经济之间究竟是一种什么样的关系呢？[37]对国外直接投资的热切追求是否仅仅是中国资助亏损国有企业的一种方法，或者最近许多国有企业的复苏是否证明渐进式改革或持续的公有制是走向新型经济的过渡的桥梁？[38]

中国政府成功躲避了国际货币基金组织（IMF）和世界银行之类的新自由主义机构强加给华沙条约集团经济的灾难性的休克疗法。[39] 中国在集权制度指导下走向市场经济的更缓慢、更渐次发展的道路似乎与东亚四小龙等“发展国家与地区”有更多的共同点。亚洲四小龙是：台湾地区、韩国、新加坡和香港地区，但它们之间也有重要差别。即使在1978年改革伊始，中国日常生活中的所有权和控制权已经非常分散。20世纪60年代和70年代间开展的大规模农村工业化运动，使省、县和乡级的城市干部手中握有一定的权利。他们在收到中央政府的明确信号之前就开始试行改革。实际上，有些分析家认为，中国面向市场的改革始于20世纪70年代早期的农村地区，到70年代末才被邓小平等中央领导人给予官方政策上的认可。[40]

根据这个修正的时间表，改革的脚步几乎经历了20年才到达上海。当上海于20世纪90年代初开始改革时，这座城市被中央政府长时间压制的相对优势产生了失控性的经济增长。出租土地使用权（无需成本的大量收益）所得租金迅速取代对国有企业的税收，成为政府收入的主要来源。[41] 从1992年开始，该城市国内生产总值增长率连续12年高达两位数（2004年增长率为13.6%，国内生产总值达890亿美元），远远超过了本身就被资本主义世界视为奇迹的全国增长率。上海人口仅占中国国总人口的1%，但却占中国国国内生产总值的5%、签约国外直接投资的10%、进口总额的13%和出口总额的11%。世界银行因其良好的投资环境将上海评为“A”级城市，这丝毫不令人奇怪。超过半数的投资流向制造业，而其中很大一部分又是对发达国家的出口加工业。[42] 但有大量增长中的份额正在瞄准面向中国市场的生产。到2003年，中国进口总额的46%用于国内经济中的“一般贸易”，并且跨国公司正在发展瞄准中国国内销售以及出口贸易的混合生产战略。[43] 商业分析家们开始讨论中国有别于潜在市场的“现实”市场。在上海，至少有1/10的员工就职于外资企业，[44] 引进版的公司管理类图书很火爆。人们轻易地就能发现外国资本的影响是如何将出口区这座隔离的避难所甩在身后，并渗

上海的苏式展览中心，曾是进入中国市场的大门

透到人们的日常生活中的。[45]

为更深入地考察中国国外资金和国内商业的关系，我们必须透过外滩和浦东壮观的表象，深入到城市内部——从南京路密集的购物区（每天客流量高达百万）到其更高档的西区。在此，国外商业群体的大本营——上海中心与带有金色尖塔的上海展览中心主楼相对而立。这两座大楼的建筑反差不亚于沿河地区的景观，它们所代表的团体之间的关系也同样复杂。

上海对历史建筑风格的选择范围是有名的，它最近的建筑繁荣景象仿佛化装舞会一样吸引了全世界的建筑设计师。结果是，曾经代表该城市特殊时期苏联建筑风格典范的展览中心退出了在高空中争奇斗艳的竞争舞台。作为慷慨的“苏联人民的礼物”，这座建筑建于 1959 年，最初用做中苏友谊大厅（Hall of Sino-Soviet Friendship），以纪念中华人民共和国成立 10 周年。直到 20 世纪 80 年代，它一直是该城市最高的建筑，使曾经是上海国际租界最高建筑的国际饭店（Park Hotel，建于 1934 年）黯然失色。为使人们真正拥有胜利的信心，它被建在当时租界最富有的居民赛拉斯·哈同（Silas Hardoon）的 25 亩地产的原址上。哈同是从上海周期性的房地产繁荣中聚敛了大量财富的巴格达犹太人之一。这座富丽堂皇、略显夸张、装饰过度的建筑现在用于每周一次的贸易展览，展示所有类型的工业成果。其中有许多是国际性展会和展览，但重点仍放在国内市场上。门口站立的警卫和保持干净整洁的地面和内部装饰表明这是高级别的政府领地。

从其象征意义上来说，警卫保卫的远不止是这座建筑物的尊严。至少在西方人看来，除了中国无尽的廉价劳动力资源，永远难以捉摸到其财富的中国市场就是其最宝贵的资产。对其无穷财富的追求是每一次国外投资者浪潮的永恒动力。确实，向 13 亿消费者销售产品的前景是促使公司团队频繁光顾路对面的上海中心建筑群的首要重心。在他们看来，政府官员已经学会如何进行谈判，以部分市场准入条件换取中国最需要

外国商业世界总部——波特曼中心

的东西：外汇、先进技术和知识技能。

上海中心建筑群（当地人按其建筑师的名字称为“波特曼中心”）建于1990年，有三座引以为豪的突出的高塔，呈中国的“山”字形。它没有警卫，但球茎状的水泥屏障使它与街道隔离。屏障可出租，用于张贴广告，也许不一定准确，但恐怕是该城市不那么令人赏心悦目的广告。在里面，巨穴状的场地被波特曼丽嘉酒店（Portman Ritz-Carlton）占用，并布满了全球公司文化的熟悉标志：星巴克和哈根达斯、萨尔瓦多·佛莱格默（Sal-vatore Ferragamo）、保罗与鲨鱼（Paul & Shark）和斯提芬劳·尼治（Stefano Ricci），美国运通以及一连串国际航空公司、旅行社和咨询办公室。美国国际中心的办公室名单包括美林证券（Merrill Lynch）、摩根斯坦利（Morgan Stanley）、《纽约时报》和《金融时报》、美国贸易与商业部门、美国商会和一系列高端法律和银行服务公司。除此之外，上海没有任何一个其他地方可以在咫尺之内聚齐商业交易所需的所有部门。

该中心的城市超市位于一楼，用来满足外国人的烹饪需求，使他们可以享受全世界最好的厨艺，那些离了邓肯·辛尼斯（Duncan Hines）巧克力蛋糕混合配料、顶好花生酱（Skippy Peanut Butter）等食品就无法活下去的外国人也会聚集在这里。除了那本介绍如何与佣人进行有效沟通的很受欢迎的《阿姨生存指南》（*Ayi Survival Guide*）之外，我还没有看到任何一本提到当地风味的书籍（尽管读者不会在该书中找到如何引导他们的阿姨使用贝蒂·克罗克的汉堡帮手进行烹饪的章节）。购物者可选取的赠品之一是《中国概况》（*China Brief*），这是一家私营咨询公司向临时投资者介绍在中国创建商业的技巧的业务通讯，其中一篇文章详细介绍了“在中国南方创建工厂的实际预算”的所有成本。就每位员工每天的早、中、晚三餐共计12元的情况，它建议读者“请注意这个数字，因为它将累计产生很高的月支出！”关于工人的住宿问题，该咨询机构指南（并在减价出售）的作者指出：“尽管我曾经看到多达16个人挤住在一个小房间里，但最好公平对待您的员工，这样人员更换率更低、员工的工作态度更好，您可从中获益。”[46] 自 1994 年中国通过首部劳动法以后，规章制度至少在书面上严格多了。该文章进一步详述，解雇员工必须支付可观的解雇费，毕竟我们不是在可以随意关闭工厂和解雇工人的堪萨斯州。

要么本地化，要么灭亡

2005 年，上海公司外籍侨民群体的人数达到 12 万（全国外籍侨民总数为 60 万），[47] 而那些纳了税的人的税金占全市个人所得税收入总额的 14%。[48] 像他们以前的前辈们一样，他们的生活质量远远超过了他们在自己国家所能负担得起的水平。[49] 同样对他们中的许多人来说，他们的好日子也不会太长。这一轮是他们自己的公司，而不是中国政府要让他们卷起包裹走人。在丽嘉酒店的茶园吃早餐时，美国商会执行总裁汤姆·古特（Tom Gougarty）解释了原因。他说首先，1 亿美元以下的国外直接投资无需再取得中国政府的批准，因此不必再为谈判交易或沟通政府关系而雇请高价代理人。因为现在多数国外直接投资都流向独资外资企业而不是合资企业，因此也无需雇佣照看与国有企业合资的关系的经理们了。20 世纪 80~90 年代的中国合资企业时期多数国外投资者都没能从中赢利。[50] 古特承认，许多人都曾一败涂地，但考虑到能够控制自己业务的前景，正如他们现在所能做的，又使他们成群结队地返回中国。可是他们更多考虑当地的运营成本，并在压力下尽可能使用当地员工。外国人在上海的生活费比在东京和纽约的还高。如果当地人能够以其中小部分成本有效完成这些工作，则不再可能证明外国侨民的平均待遇是合理的——通常包括月均租金为 9 400 美元的最佳地段别墅、同样高昂的孩子教育费率、休养与旅行、国外服务津贴，在某些情况下，还包括旅居中国的特殊艰苦补贴。[51] 每位居住在上海的外国人士都承受着压力培训他自已的继任者。现在，将美国人从公司薪资表上删除不仅是一个从岸内至离岸的过程，同样的情形，也正在上海发生。

但因为在该城市，有成千上万家外国公司在寻求有限的熟悉国际商业惯例的合格的中国经理人力资源，本地化并非一个简单的问题。意识到这种空缺后，当地工程师在抓紧时机获得工商管理硕士学位之后，纷纷谋取管理职位，这造成那些对生产至关重要的、大量的技术岗位人员不足。受到人员快速更换和工资膨胀的影响，古特解释说，结果是成本变得过高的不仅仅是上海外籍人士的薪资，同样当地技术工人的工资成本也变高了。他认为，“教育系统培育人才的速度还不够快”，因此劳动力供应紧张，对其商会的许多成员来说似乎显得过于紧张。

他的这些话是我首次听到的关于中国薪资过高和缺少技术工人的抱怨，但不久我就发现这种抱怨几乎充斥我所访问的每家外资公司的办公室和工厂。中国的低薪资是其主要卖点，更别提是发达国家工人的祸根，人力资源部是我期待能从外国经理嘴里听到这些哀叹的最后一个地方。然而在上海，这种抱怨是常见的。这个紧张的劳动力市场意味着什么？美国、欧洲和东亚等地多种行业的员工们的生计很可能处于不定状态。如果中国能以某种方式提供价格合理的剩余技术工人，则跨国公司将在期待有保证的节约的前提下转移更多的高级业务，那对新的岸内弱势员工的影响将是惊人的。

在我拜见的许多商业人士中，古特也是第一个认为美国公司不应为政治上很敏感的中美贸易失衡负任何责任的人。他是一个具有军人风度的性格活泼的中西部人。作为一名商人，他于20世纪80年代，通过将日本产品销售到那些很快使好钢变成锈铁的地区的钢铁公司，他从中得到过许多经验，获得了今天的成功。他回忆说，他因这样做而定期遭受“非议”，因此他亲身经历过针对流向亚洲的工作损失的美国式怨恨。显然是首次看到波特曼丽嘉酒店餐厅（Portman Ritz-Carlton）的服务人员胸牌上印有 P.R.C. 缩写，他强压住顽皮的微笑，并解释说多数在中国的美国公司——他估计有75%，都是前来抢夺本地市场份额的。出口部门的多数国外投资者都是东亚人，因此是他们对美国的出口应为贸易失衡负主要责任。他补充说，中国大陆人已经开始在香港或英国维尔京群岛、开曼群岛、西萨摩亚和百慕大等离岸税务天堂，创建和注册他们自己的公司，以享受面向国外投资者的优惠待遇。曾是多数东亚投资者的注册地的香港转口商品自然包含在内。

换句话说，面对美国日益高涨的贸易赤字应该负责任的是亚洲投资者而不是美国公司。这是中美贸易游说团内部的通用观点，但它掩盖了支配海岸出口贸易的供应链的现实。实际上，多数亚洲投资者都在为美国和欧洲公司生产。大公司依赖香港代理，或越来越多地依赖大陆买主来选择供应商——台湾地区、韩国、澳门和香港地区的中间人，这些人能够从组装他们产品的中国南部工厂挤压出利润。这些亚洲投资者通晓中国语言和文化，具备在残酷的价格压力和狭窄的利润空间下运营的能力，这意味着他们能够比西方经理们更无情、更残酷地管理工人。[52]当西方人想到现代中国血汗工厂时，浮现在脑海中的正是这些生产诸如耐克、Gap、迪士尼和沃尔玛之类的家喻户晓的零售品牌的无名工厂。

在新中国成立前，上海的外国资本主义大老板以非常相似的方式依靠当地买办从其工厂工人身上榨取更多的时间和劳动。描述这种做法的词语是“压榨”，经过30年的停歇，当20世纪80年代建立广东和福建出口加工厂时，这种做法再次兴起。正如一名台湾制鞋商所说：“大陆像一块吸足水分的海绵。你必须用力挤压，直到挤出最后一滴水。”[53]像他一样的工厂业主，在免税采购进口材料到发送成品之间的利润空间很小。订购合同的跨国公司从使用其商标名称而变得可能的零售涨价中分割了巨大份额利润。总而言之，后者对进口商品大量涌入美国几乎不负责任的说法是不坦诚的。在2002年，仅沃尔玛品牌的对美出口额就达到120亿美元，或几乎占中国对美国出口总额的10%，而这些商品没有一件是由标记沃尔玛的工厂生产的。[54]

而古特的主要观点是关于如何为中国市场生产的。他暗示，公司正在创造那些在其他地方可能不存在的工作，至少在美国是这样。但这一点也同样难以得到证明。公司向那些预期有更高回报的新兴市场投资的决定，通常建立在他们有能力从其他地方撤资的基础之上。如果某些工作在中国比在俄亥俄州能产生更高的利润，则雇主将裁减美国国内工作以便扩大海外工作。虽然这并不意味着转移实际工作，但将产生同样的影响。对跨国公司来说，在某个国家解雇员工而在另一个国家招聘员工是其不断调整和重新安排的全球利润评估图中的一部分。即使工厂或业务并非从某一地点直接转移到另一地点，这种全球投资平衡表仍然将胜利者和失败者联系在一起。

至于中国市场本身，它从什么时候开始吸引西方人？又有多少头脑发热者为之着魔？其实将其众多的人口转变成西方产品的忠实消费者的幻想已经存在了几个世纪。[55] 当乔治三世的大使马嘎尔尼勋爵率领一支大型商业代表团来到北京寻求贸易时，对这些商人来说，乾隆皇帝1793年书写的著名亲笔信使他们感到失落："我们天朝大国物产丰富，国内不缺少任何东西。因此没有必要进口国外蛮人的产品来交换我们自己的产物。"[56] 即使因为鸦片战争和屈辱的条约特许权迫使中国接受国外贸易以后，国内市场仍然几乎处于完全自给状态，并强烈抵制西方商品。尽管《南京条约》创造了对外贸易的各种有利条件，在它施行后的前6年，英国对华出口实际上在下降。[57] 只有煤油和后来的雪茄对大众消费产生了很大影响。[58] 当中国国产纺织品作坊兴起并导致棉花价格下降后，即使是当初取得了一些进展的曼彻斯特棉花贸易也输得一败涂地。半个世纪以来，在上海的一些强大的英国商人利用围绕驰名的中国贸易潜力的民间传说，劝说英国外交部向中国政府索要更多的让步。在世纪之交成立了诸如强大的"中国协会"之类的贸易游说团，以寻求在长江流域建立英国保护地。因为英国政府对游说团过分夸张的主张表示怀疑，低迷的贸易数字使他们清醒，并担心承担更多的帝国责任，政府屡次回绝了商人的要求，坚持其对华有限责任政策。[59] 美国对华出口商有他们自己的问题。1905年，当美国政府拒绝撤销"排华法案"后，美制商品受到了广泛抵制的冲击，这种抵制产生了长久的影响。

在作为转口贸易港口的百年贸易生涯中，上海见证了大批的贸易物流发展，但仅有少数销往内陆省份。最大的回报来自于房地产——特别是为那些为了逃避在农村的军阀、苛捐杂税和战乱而来到上海寻找天堂的成千上万的中国人建造廉价住房的行业。尽管国外商业群体享受的奢靡生活外表奢华，商业利润却从来都不高，即使是在房地产市场从 1925 年的工人大罢工、1927 年国民党掌权和 1929 年华尔街破产[60] 的连续打击中恢复过来以后也是如此。

美国广告主管卡尔·克罗（Carl Crow）在他 1937 年出版的《四亿顾客》（*Four Hundred Million Customers*）自传中，回顾了他 25 年来目睹西方生产商徒劳无益地挖掘财富的经历，他从没想到他当年的上海经历不会是一种永久的境况。“只要某一国家的人民制造销往他国的商品，只要越洋船只和国际贸易存在一天，向中国勤劳的数百万人民销售产品的金色幻想将永远是个迷人的梦。不管你在销售什么，如果那些应当购

美宝莲产品促销现场

买你的商品的中国人确实购买的话，你在中国的商业必须非常庞大。”[61] 对于那些在中国度过 20 世纪 80 年代中期至 90 年代中期合资企业的艰难岁月的外国人来说，克罗的书是首选读物。一位上海美国商会前总裁特意向我推荐了这本书。“我在每一页中都能找到自己的影子，”他带着憔悴的微笑说。

自 20 世纪 90 年代中期，国外风险家开始大批返回上海，但除出口加工贸易之外，他们的投资回报非常缓慢，特别是在这样一个高风险的新兴市场。美国商会的调查发现，到 1999 年只有“12% 的受访者认为他们在中国的业务回报高于公司对华投资的成本。半数以上投资者的投资回报低于他们的投资成本，约有 1/3 则远低于成本。”[62]

中国于 2001 年 12 月加入世界贸易组织给了国外投资者另一个值得相信的理由。如果政府能够遵守世界领头势力和他们的公司制定的规则，则整个本地市场都将融入全球资本主义经济体系之中。新一轮的国外直接投资涌入中国，远远超过历次投资记录。据北京和上海商会报告，2003 年，其多数商会成员公司终于扭亏为盈，其中部分公司盈利丰厚。而其中大多数（62%）仍然未能获得超过全球平均值的利润空间。[63] 利润最高的行业仍然是采购用于出口的廉价商品行业和类似快餐业之类的公司。在这些行业，麦当劳和肯德基尚未遇到有力的本地竞争对手。诸如摩托罗拉和通用汽车之类业已在新市场取得进展的商业巨头，在美国国内遭遇竞争之后，其利润空间也在缩小。[64] 追随中国市场的主要原因并没有改变多少，公司来到这里主要是为了建立品牌知名度，或者害怕在地球的另一端获取利润时落后于人，承担不了不来这里投资的代价。

如果说西方商人的贸易心态并未改变的话，上海经济自身却已有了难以估量的变化。到 2004 年，它已成了长江三角洲区域性经济动力的龙头老大。在当年第一季度，该地区终于超过珠江三角洲成为中国经济发展的中心。在出口增长 56% 以后，其对外贸易总额已达到 830 亿美元，而珠江三角洲则为 693 亿美元。[65] 更重要的是，这一振兴中的地区骄傲地向世人展示了其正在走向价值链历史新高的经济。“大上海”工业走廊从浦东扩展到上游城市苏州和无锡，范围超过了120公里。对其技术定向型公司而言，该走廊的供应链几近完备，使它成为中国首个十分先进的生产基地。

然而，这座快速发展的城市背后的历史却鲜为人知，人们更为熟悉的是反复讲述的关于奢华、恶习和榨取的故事，这些故事仍然会勾起人们对旧上海狂欢生活的怀旧情绪。[66] 是哪些因素促使上海成为世界经济轴心的呢？

上海：从工业中心到金融中心的变身

1949年，当陈毅将军率领人民解放军第三野战军穿过法租界林荫大道进入上海时，这座城市代表外国堕落与贪婪之极致的名声已经长时间扎根于中国人的心中。实际上，陈毅市长的首届政府曾慎重考虑过拆除上海工厂和遣散那些与帝国主义方式联系紧密的被腐化人口的建议。[67] 提出该计划的部分原因是作为惩治这座城市过去的寄生生活的方法之一。关于重新分配上海工业厂房和熟练劳动力的建议目的在于发展内地等被忽视的省份。不知是因为这项任务的艰苦繁杂，还是因为更迫切的朝鲜战争的需要，这项全面遣散计划并没有付诸实施。不过，自1956~1976年的20年间，多达600家工厂、大学和医院以及大约200万上海居民——包括多达50万工程师和技术人员被迁移到安徽、四川和陕西等欠发达省份。[68] 该城市的本地资本家逃到香港或台湾地区，遗留的工业设备被转化为超高效的生产基础，成为国家决策层最主要的收入来源。

20世纪50年代早期，上海工厂的工人的人口数仅占全国人口的1%，却承担着全国工业生产总量的20%，以后的发展要求更进一步提高生产效率。相互竞争的公司被合并为大型国有企业，以最大限度地提高现有纺织品和基本消费品工业的产量。另外，还引进了石化、机械、钢铁和其他重工业。产量急剧上升，在随后的40年间，上海像奶牛一样为整个国家提供供给。中央政府有条不紊地抽取其税收以扶持、发展其他地区。在第一个五年计划期间，上海税收支撑了整整64%的全部基础性国家投资计划。[69] 从1953~1978年，抽取的税收额年均增长17.5%。[70] 在为国家支付账单的同时，上海还要按预期实现工业的快速增长。仅有少数税收以国家投资的方式返回上海，但从20世纪20~30年代继承下来的工业基础设施被证明效能足够良好，因此在整个毛泽东时代得以促进这种增长态势。

到20世纪80年代，人才流失、新投资缺乏和工业库存老化等诸多问题终于突出显现出来。相邻的江苏、浙江等省份开始超过上海，而广东出口加工的繁荣在对外贸易开放的新海岸战略中占据了支配地位。工业产量下降，上海品牌失去了昔日的光彩。为填补学生“下乡”支援农村造成的空白，成千上万受过教育的外省人被获准更改户籍登记并在上海落户。[71] 而这些新居民以及其他形式的迁入者帮助上海恢复了原来的人口数量。这一人口数量曾经受到严格控制，以免它成为威胁到北京的另一个权力城市。

在1992年政府高效地启动浦东发展计划后，上海最终迎来了快速发展的机会。它不再是中国制造业的支柱，这一次它将在促进国民经济中担当不同的角色。作为不仅是中国而且也是亚太地区选定的金融中心，上海政府官员决定开发技术定向型和技术密集型支柱产业，同时加强第三服务产业的建设——银行、宾馆、广告、文化、设计、娱乐和房地产。IT和高科技企业的发展受到重点扶持和支持，吸引全球研发中心的方案被快速启动。中央政府放宽了基础设施的贷款和信用方面的政策，以便快速实现这些发展。

不同于劳动密集型出口占支配地位的中国南方经济，上海所有的新工业都将具备技术学习的特征。这些增值部门的增长将更快，吸收技术和技能的机会将明显更多。因此，政府官员在集中精力吸引美国、日本和欧洲投资者。与南方企业曾经依靠亚洲中间供应商的情况相反，跨国公司要求，并且总的来说，需要能够更多地直接控制其高端业务的知识。然而，相对于向工厂工人传授如何缝制和粘接运动鞋来说，向当地员工传授熟练技术和分析能力的技巧是一个更棘手的过程。

到2003年底，超过200家财富500强公司在上海创建公司，他们的设施遍布长江工业走廊。浦东发展的十年繁荣期见证了疯狂的投机和破碎的泡沫经济，但人均收入的增长却是真实的。2003年平均可支配收入比上一年度增长了12%，达到约1.5万元人民币，与高中收入国家持平，尽管多数薪资都是以现金支付的。南京路和淮海路上的知名品牌商店排成行，城市开发者似乎在向世人昭示邓小平的“小康社会”景象正在黄浦江沿岸走向现实。上海人平均收入是安徽省农村贫困地区的7倍。而根据世界银行以基尼系数（计算同一国家贫富差距的公式）衡量的关于整体收入差距的评估，其差距从1978年的0.15（世界上最低的国家之一）剧增至2003年的0.48，使中国踏入了发展不均衡的国家行列。[72]上海人生活在全球化都市里，平均每6个月更换一部手机，而内地农民却只能勉强糊口。

即使这样，城市开发者对都市人享受上流社会生活的想像也不完全准确。因为其作为全国工业中心的历史，除东北之外，上海的国有公司遭受停工的打击比其他地区的都严重得多。[73]那些被视为在转型经济中“不具备竞争力的”国有公司关闭和重组后，全国共有2 700万工人被解雇。其中上海被解雇的人数相当多，并且大多数被解雇的工人都下岗或“脱岗”了，这意味着他们每月从公司或公共福利部门领取数百元的生活保障费，期待着有一天能够恢复工作。问题是他们并不包括在失业统计数字之内。如果他们是中年人并且技能低下，那就再没有人雇佣他们了。民营企业和外资企业甚至因为他们懒散的工作状态而不愿雇佣那些还有技术的人。不像其处于同种状态的西方同行可从事低薪的服务员工作，他们还没有这个机会。上海的民工（通常估计为 300~400 万之间）是适应这些工作的首选廉价劳动力资源，并且在其建筑高峰期，也为上海的重建和修复提供了劳动力。[74] 考虑到这些民工微薄和非正式的薪资以及下岗补贴等因素，该城市乐观的人均收入数字将大打折扣。

尽管他们遭受所有苛刻和不公平的对待，但是民工们要比他们在农村过得好些。相反，下岗工人的生活水平却明显下降，从工作保障的最顶端直落到非正规经济的阴暗缝隙里。在社会主义福利的全盛时期，他们曾经完全享有“铁饭碗”特权，那使他们可以享受住房、食品、教育、医疗服务和国家养老金。[75] 他们的劳动不体现其商品属性，因此他们不受劳动价格以及来自其他劳动力供应的竞争的影响。在非市场经济下，劳动纪律宽松，来自经理的压力很小。而现在一旦面临解雇，那些有幸在合资企业找到一份工作的人，不得不在其工作生涯中首次担心他们的价值是被如何估算的。但绝大多数人仍然陷于下岗困境之中，尽管政府雄心勃勃地承诺将通过新的失业福利系统彻底解决这个问题。[76]

看到他们丧失了原有的工作和福利，并了解到他们的经理和当地官员从腐败的低价出售中获利就已经够糟糕了。[77] 并且当整个市区附近的所有弄堂小巷和里弄（被居民们视为集体财富）被夷为平地，以便建造新的宾馆和豪华公寓时，许多人为此又失去了城市中心的住所。[78] 这些被撤离者被重新安置到城市边缘的高层建筑内。10 年间，上海城市的工人群体从满载盛誉的城市经济中心模范市民沦落为城市边缘的人，他们再也无法在城市中心待下去了。

能在新上海经济中找到工作的年轻一代则是另外一种感觉，不过同样面临强大的压力。不熟悉薪资劳动市场的行为规则，住房价格暴涨到全国平均水平的两倍，竞争日益激烈。2003 年官方统计数字显示，上海的失业率为 4.9%，而全国失业率为 4.3%，但没有人太相信这些数字。世界银行和中国社会科学院的估计约为 12%，而有些非官方统计数字则高达 23%。[79] 对政府来说，如此高的失业率是对社会稳定的威胁因素，但买方劳动力市场已经形成，正如在 19 世纪的通商口岸经济中，城市

上海的弄堂小巷——正在快速消失的居民区

里的雇佣方可以利用稳定涌入的人员来压低工资。这条规律适用于不同层次的上海人，从低端的流动工人一直到重返上海的大学生，而这些大学生或从国外结队回来，或来自偏远省份的家庭。他们的父母或祖父母曾在10年前被下放到这些偏远地方。

人口压力是剖析上海节奏的悠久历史的方法，其中心区域的人口密度是东京的3倍，在那里总有一种受侵犯的感觉。“这就是为何这里的人们必须在地铁里争抢座位的原因，”我的首批受访者之一解释说。他是一位25岁的上海本地人，在一家国有银行从事电脑维护工作。“我们无法保持优雅，因为我们知道总会有人抢占我们的位置。这种情形不仅影响我们在大街上的走路方式，同时也影响我们看待未来的方式。中国是一个非常拥挤的地方，而上海是你永远不得放松的地方。即使我想放松，我也能感觉到经济的压力就在我的背后。”他有足够的理由这么说。随着上海国内生产总值的剧增，其同行（16岁至35岁之间）的失业人数也在剧增。2004年，年轻人估计占登记失业人员的一半。[80]

不管是因为什么原因，这种状况不能完全归咎于国有企业的人员解雇。

在创纪录投资的刺激下，长江新兴城市的经济发展过快，但看起来似乎普通劳动力群体应当加快节奏以满足大多数雇主的需要。但为何有那么多的外国经理抱怨薪资升高和人才短缺呢？是他们在夸大其词，还是供求之间确实存在如此大的差距？实际上是他们的期望值过高。外国投资者认为理想的员工必须满足非常特殊的要求。正如我所发现的，对特定技术的管理要求和西方对中国劳动力价格的态度，在劳动力市场给他们自己造成了难以解决的瓶颈问题。有如此之多的投资结果悬而未决，成败的感受将远远超过上海高耸入云的办公塔楼和大面积的工业园给人们所带来的印象。

二、暗战上海
——游走在中美之间的美国商会

“如果美国突然持贸易保护论的观点，”一位直接参与 IT 外包业务的公司业主总结说，“则另一个国家将变得自由，因为你正是这样挣最多的钱的。我们人类作为生物有机体的本性是，只要在某处出现一点点利益，一些人就会过去争取。事情原本就是这样。”这样，贸易自由化就被视为自然的力量，而不是由国际货币基金组织和世界贸易组织之类的无需民主授权的公司驱动型机构所引领的过程。用他的话说，要改变它就像“企图堵住河水——你可在这里或那里堵住它，但你却无法堵住整条河”。

在美国国会或研讨会上讨论自由贸易、离岸外包和高科技外流是一回事，但在上海等地公司的美国人是那些必须执行这些政策的人，因此他们一定知道一些我们其他人所不知道的事情。他们天天都会接触到投资与转移是如何实际运作的，因此他们对自由贸易资产负债表的看法应该是很有价值的。在我来到这座城市的前两个月，我花费了大量的时间来了解他们的想法、他们的商业网络和他们常去的地方，努力探究这个重要的商业群体的心理状态。

在 20 世纪 90 年代上海房地产繁荣期，建造了大批面向外籍人员和新富起来的当地人的住宅区。但没有一处地方能与旧上海殖民时期的别墅区相媲美，其中有许多效仿了典型的美式设置关卡的小区，只是别墅和住宅面积更小、更集中而已。在大门里面，住户可以并且经常是选择与中国毫无关系的生活方式。我抵达上海不久，就应邀参加了虹桥国际机场附近某住宅区内的一个私人晚宴。它实际上是一次户外烤肉宴，我不能不对盛宴的每个细节都感到惊奇，包括准备的方法都完全复制美国郊区的原型，实际上没有任何与当地习俗有关的迹象。它完全是一场进口的盛宴，那使我想起了为上海中心的一个景观美化工程而做的宣传，该宣传题目为“生活地点决定生活方式”，这是倡导外籍生活方式的绝妙口号。

其中许多客人都是知名人士，包括上海的美国商会前任和现任总裁。其中大多数人都仍在享受“SARS”后生产繁荣的状态。大众汽车和通用汽车在上海工厂的组装线正在一天 24 小时全力生产，所有重要的月指标——出口、进口和国外投资都在上升。但正如许多宴会来宾所公认的，从美国传来的却只有坏消息。在针对 2001 年衰退的无就业复苏中，“打击中国”的言论再次浮出水面，成为政治家和煽动者们就美国对华贸易赤字问题所玩弄的指责游戏的核心。在美国国会，参众两院两派议员都已提交了一系列旨在迫使中国重新调整人民币价值的议案。据广泛传说，当时中国政府正在通过故意操纵人民币价值来削减美国工厂和工人，结果之一是造成对美贸易赤字剧增（2003 年为 1 240 亿美元，2004 年增加了 30%）。

就这个看法其中引用最多的一种说法是，中国货币价值蓄意低估了

一栋美式别墅区的入口

15%~40%，以确保薪资保持低水平，相对美元而言，同时对华出口商品的价格过高抑制购买力。“打击中国”者称之为“商业主义”而不是任何诚实的国家政策所应支持的“自由贸易”。提出这些指控的领头羊之一是一对不太可能牢靠的最新联盟搭档——全美制造商协会（NAM）和美国劳工联合会—产业工会联合会（AFL—CIO)。尽管全美制造商协会的会员名单和政策指向一直以来主要是在中国从事商业活动的跨国公司，但该联盟正面临着来自其更小型但数量更大的美国国内定向型企业的公开抗议。由于这些公司自身缺乏迁移到国外的资金和资源，他们的业务和利润正流失到中国贸易中。他们明显在遭受自由贸易原教旨主义扼杀的同时，却没有政治能力去攻击这种原教旨主义，因此他们只好走更低级的路线：攻击中国政府这个替罪羊。他们的老对手——劳工机构，至少在目前加入了他们，而在中国的跨国公司则进行了谨慎而有效的反击，以保持全美制造商协会对自由贸易政策的一贯支持。①

在 2004 年美国选举季前奏的开始，许多华盛顿炮手们掉头将炮口对准中国。此时此刻，已进一步扎根中国的美国大公司正处于炮火攻击线上。他们在离岸投资上的回报以及转移出美国的业务，正承受着带有怀疑性目光的关注。至于贸易失衡，即使中国官方统计也显示中国 60%的出口来自于跨国公司的中国分厂，②美国公司对中国出口贸易投资的回报估计在 14%~21% 之间。③这些是没法使人信服的关于中国政府“重商主义者”努力通过圈套或诈骗方法来保护本土工业的证据，如有些“打击中国”者所宣称的那样。相反，贸易赤字概况则能明显证明外国公司深思熟虑的外包战略。

随着华盛顿热浪的出现，上海的美国执行官们开始四处躲藏。“我们只好试图低头做人，”一位晚宴客人笑着说。他是美国商会董事会成员兼某大型跨国公司中国区主管。综合考虑所有因素，它听起来像是忠告，但一点也不反映美国商会的自身宗旨。2003 年夏末，在选举季开始时，商会业务通讯一名分析员警告成员：“我们必须提出积极参与的方式，来展示中美经济关系的积极作用，以反击反中贸易游说团煽情却不善于分析的议案。为进行有效、合理的反击以支持中国贸易，需作出较大的努力。我们这些与中国从事商业往来的人们，有责任确保占据媒体头条新闻的不仅仅是那些被取代的工人。”④

在下一期旨在“在国家首都发出我们的声音”的文章中，驻华盛顿的中美贸易全国委员会主席罗伯特·卡普（Robert Kapp）再次强调：“你买衣服省钱的时候不向国会呼吁，失业时却这样做。”⑤意思很明确。如果商会成员想转变在华美国商业正在努力转移美国劳动力及其投资基础的观点，他们必须全力以赴地加入国会努力游说。在接下来的一年，驻上海和北京的美国商会将被恳请在围绕中美贸易关系搅和的游说混战中，起到比平常更显著的作用。

美国大公司的全球承诺使其执行官们，越来越难以协调公司利益和任何被视为“国家利益”的东西之间的关系。如果跨国公司真的向美国国税局缴了税金的话，他们的财政官员们的“创造性账目”保证了他们以尽可能小的数额应付税务。他们对美国团体和工人的忠诚纪录变得越来越陈旧了。正是他们的国外区域经理正在执行的一些政策，许多国内工人和政客认为那是出卖国家利益的。但是，这些经理们所处的位置比国会或华尔街的任何一个人，都更利于在日常工作中权衡中国贸易投资正反两方面的影响，并且如果他们不是太与外界隔离的话，他们也许会更明白当地中国人所面临的寻找体面生计的困难。

一旦外籍人员的爱国心受到怀疑，他们通常会感到愤怒，尤其是在中国的外籍人员处在特殊的关键位置，他们最能说服他人相信他们公司在那里存在对其母国的重要意义。关于这一主题，上海美国商会成员——超过 1 100 家公司和 2 600 名个人（截止于 2004 年年底）提供了很多观点和相互矛盾的感想。尽管他们代表着可能相互竞争的不同的公司，并来自利益截然不同的行业，他们仍然可以通过商会迅速高效地结成联盟，发出同一种声音。在个别情况下，以及在私人的场合中，他们的担忧、野心、信仰和偏见是促成和加强美国商会在北京和华盛顿的朋友和游说团成员的政策日程的源头。但他们是否有团体意识，这种意识能被描绘出来吗？

恰好，至少有一位作者撰写了此类关于解放前英国商业团体的评述。1927 年，在一篇题为《上海意识》（*The Shanghai Mind*）的颇受争议的文章中，《曼彻斯特卫报》记者阿瑟·兰塞姆（Arthur Ransome）写道，“没有比这更不不可信的了，那就是想像上海的英国人代表英国的前哨或赞成英国的观点。“上海着陆者”坚信忠诚始于国内，而他们主要效忠于上海。英国血统的上海着陆者，如果说他们从根本上属于英格兰的话，也是属于不复存在的英格兰的。”兰塞姆毫不费力地洞察了这群被过分娇惯的商业侨民的极端褊狭性——“1901 年以来，他们似乎生活在舒适而密闭的独立玻璃柜中。”但他进一步警告，他们最近向英国外交政策提出的要求——派遣陆军和海军以镇压当地民族主义力量的兴起——是有威胁性的，一旦被满足，将使上海变成“东方阿尔斯特”。对中国人来说，他们习惯性认为充斥英国商业团体观点的上海媒体的看法从任何角度看都与英国外交政策相吻合，而真实情况是他们被误导了。“正如我们这些国内人容易将他们视为英国人一样，”兰塞姆冷淡地总结，“在中国，中国人也犯了同样的错误。”⑥

在上海的改革时期，日本人是最大的外籍团体（几乎占 1/3），但却是美国人（约占 12%）接替了英国人成为首要的商业团体的，而且保持政治和经济力量区域平衡的关键也正是美国的外交政策。黄浦江上没有炮艇，可是第七舰队指挥舰却以军事交流的名义不定期和战略性地访问黄浦港。现代通信技术事实上已经消除了两国之间的信息鸿沟，美国团体的经济利益是全球互通网络的一部分。因此，是否存在类似兰塞姆“上海意识”的美国升级版的东西？如果存在，在决定中国经济增长如何影响中美国两国的工人——或其他国家工人的各种力量的角逐中，它是不是其中的一个决定因素？

从虹口进入

像其遭到兰塞姆强烈讽刺的英国同行一样，新中国成立前，上海的美国商会的立场越来越多地反映出其成员的狭隘利益。自20世纪20年代中期以来，商会倾向于将争取中国自主权的民族解放运动的兴起视为一种威胁，如有必要，应使用武力加以镇压。不同于比较单纯的英国人，上海的美国团体中有其他持有完全不同见解的强大力量。其中之一是具有影响力的《中国评论周刊》(*China Weekly Review*)，威廉·鲍威尔（William Powell）为其撰写的具有独到见解的社论，更靠近美国官方的中立政策。⑦尽管在中国的美国人曾经长期得益于英国的“非正式帝国”这种次级合伙人身份，华盛顿却再也无法承受在亚洲与欧洲帝国主义国家好战思想靠得太近的后果。此外，还有许多人相信，一个在国民党统治下的中国可能是美国的财富，尤其是在其潜在的统治者蒋介石在与宋美龄结婚4年后，蒋追随其在威尔斯利受过教育的新娘，于1931年转而信仰基督教。

基督教因素是关键性的。商会领导面临的障碍之一是教会。他们视中国为其领地的时间可追溯到19世纪30年代，当时福音传道者首次来到中国，以异教徒方式拯救中国人。一个多世纪以来，教会与商人之间的矛盾是美国对中国事务的相互抵触情绪的明显结果。刚开始没有太多的利益冲突。美国圣公会主教威廉·布恩（William Boone）于1848年在虹口苏州河北岸购买或租借了一块土地，实际上是上海美国租界的起源。美国领事开始并没有正式划定这个快速增长的组织的界线，直到1863年美国与英国正式联合建立国际租界，而更服从于他们的耶稣会传教士的法国则独立行事。这些协议没有一项得到美国政府的确认，当时它正忙于应付更紧迫的内战。⑧但华盛顿事实上的中立——如果应当如此解释无反应的话，可能成为一种习惯，直到用美国装备武装到牙齿的日本人侵略中国，并迫使美国表明立场时情况才得以改变。

与世界其他地方一样，早期教会的活动经常为商人创造了贸易机会，而且因为在法律上他们是不受欢迎的，大多数商人都必须借助美国商行从事活动。[9]19世纪90年代，当外交使命院际学生志愿者倡导者选择在中国开创他们的伟大事业时，美国掀起了一股对海外福音传教的热潮。之后，也部分因为令人痛苦的义和团运动排外的影响，流行的教会精神转向自由主义和人道主义，并日渐倾向于同情中国民族主义者的立场。广泛分布的美国教会学校、大学和医院网络为当今许多教育和医疗机构的发展奠定了基础，也促成了鼓励中国精英在美国取得学位的传统。

然而，教会团体劝说美国政府支持民族主义事业的努力屡遭失败，直到20世纪30年代，蒋介石作为潜在的区域政治战略联盟领袖脱颖而出。那时，美国政府也在进行对自身的圣战，而这些圣战促使其最终走向反共产主义信仰的道路。当地的教会太了解蒋总司令的腐败方式了（几乎每一个在中国的美国官员也一样）。即使在赶走日本人以后，蒋发动了一场针对其战时同盟共产党的清算运动，教会成员们也无法劝说美国割裂与蒋的关系。华盛顿充当蒋介石的军需官对以后30年的国共两党关系造成了很大的影响。当解放军于1949年挺进上海时，许多美国传教士，特别是那些曾经见证共产党如何赢得北方农民支持的人，都公开表示支持。[10]上海外国商业团体的热情更多的是出于对自身利益更合算的想法。《中国评论周刊》欢迎军队，美国商会在最后时刻奇迹般地改变了态度，居然对在城市新政权控制下的未来表示了乐观，并就此问题向杜鲁门总统发了一封详细、充满乐观情绪的电报。[11]

一个多世纪以来，上帝奴仆与财神代理之间难以驾驭的亲密关系留下了奇特的历史遗产。当美国商会于1986年重新在上海开业时（开业的首家国外商会），教会早就离开了这里。但福音传教精神的某些特点已经成功地注入商业团体的思想当中。这倒不是因为缺乏肥沃的土壤，国外的美国人长期以来的自我写照就是改革者的形象，它强大得足以被视为世俗理论。一位前美国商会董事会成员简洁地将它解释为:“这就是美国人所做的。不管我们走到哪里,都希望把事情做得更好。”

不管结果能否体现信仰,没有人能在中国天真地长期坚持这一信条。它在权力与影响的角逐中真是太有用了,远胜其他。就中国向西方贸易“开放”的最新景象而言,相对19世纪中期的上一次努力,这次将给华盛顿带来更加直接的利益。旨在“改变中国”的东征——曾经耗费外国人长达一个世纪的征程,现在已远非是开启对美贸易大门那么简单的问题。[12]随着冷战的结束,它已经成为华盛顿反共日程中最后一个伟大的政治挑战。对那些渴望这一挑战的人来说,贸易被看做在中国精心设计的政治改革进程中施加美国影响打开大门的一种途径。对冷战时期“是谁丢失了中国”的争论的记忆刚刚被埋葬。

此外,“美国人是天生的改革者,其使命之一是改善员工的状况”,这一观念打开了另外一些大门。某进口物流公司业主、2005年度美国商会主席杰夫·伯恩斯坦(Jeff Bernstein)发现:“这里的美国公司对工人很好,因为他们认为这样做是对的。他们也遵守在国外任何地方都将遵守的同样的环境惯例,即使是超出了中国政府的要求。”但是,如同伯恩斯坦所说,其中也带有功利色彩,不仅因为这样做是对的,也是寻求打开市场的一种实用战略。他解释说:

> 美国商会对实施正当的工作条件有巨大的利益关系,因为在许多情况下,美国工厂本地的竞争对手是当地拥有的工厂,他们也许没有遵守所有规章制度,而且可能没有支付正当的社会公益支出。因此,确保在此强制执行这些规章制度、建立公平的竞争环境显然符合这些美国公司的利益……如果他们试图竞争并将其产品销往那些人们并不真正关心的无血汗产品标签的亚洲市场,那公平的竞争环境显得至关重要。

在当前中国劳动法通常被忽视的商业环境中,美国公司通常必须考虑在政府检查中一旦被发现有违规行为所造成的代价。不过,他们仍然占上风。如同伯恩斯坦所说："当地企业家说，'我无法达到标准，因此我必须不择手段，尽力而为。我知道我一旦被抓，就得认栽，只不过是交多少罚款的问题。'"而对在当地竞争的国外公司来说，则有服从中国劳动条例的战略优势。除道德上的回报以外，还利于他们要求国内企业及其国外竞争者共同遵守条例。

在出口贸易方面，应考虑到另一种计算方法。凯西·李·吉弗（Kathy Lee Gifford）、耐克、GAP 和其他公司（根据北美反血汗工厂积极分子对在他们服装生产线上的亚洲和中美洲工人所遭遇的恶劣条件的曝光）的可耻行为留下了长期的阴影。没有公司希望他们宝贵的商标名称受到那些关于低于标准的薪资、强制性的超负荷工作、恶劣的工作环境或苛刻的管理行为的头版新闻曝光的玷污。[13] 在现实中，所有这些都很容易被深深隐藏在转包链中。在那里，供应商——那些不能"达到标准"的"当地企业家"运营的血汗工厂与其家喻户晓的品牌名称没有直接联系。[14]

美国商会成员对他们自己工厂的工作条件优势毫不怀疑。正如杜邦地区主管及 2003 年美国商会主席查尔斯·布朗（Charles Browne）所说：

如果说出当地中国公司所发生的事，我就真不是个好人了。但我觉得这样说是公平的：外国公司——其中包括美国公司坚持了更高的标准；在劳动问题上，比起当地公司确实以更高的标准在运营。我们遇到许多来这里的政府官员均持这样一种印象，即在中国的美国公司内部遵循的劳动标准不同于他们在美国、欧洲、菲律宾、巴西、智利或其他任何地方所遵循的标准，这完全不属实。只不过是薪资标准不同而已。

布朗补充说，但中国政府官员通常还期望美国公司遵循更高的标准，"有时会让人觉得在法律方面对我们的要求比对当地公司的更严格、更细致。换句话说，竞争环境并不完全公平。倒不是美国公司在抱怨中国的标准太高，完全不是那么回事。我们只不过是要求对每个人都执行相同的标准。"

然而，布朗的评论掩盖了在中国的美国公司和其他地方的美国公司之间的重要区别之一。其在中国分厂的劳动力大多数没有加入工会组织。即使他们有中国式的工会，他们也没有像西方人认为的那样是一种对立的状态，因此与美国密歇根州或德拉威州的工会组织有很大的差别。因为他们植根于工人利益与雇主利益无根本矛盾的社会主义经济中，中国工会大多数只具备社会功能，比如组织一些野餐或放映电影之类的活动，或者为工人谋求家庭福利等。[15] 一旦发生争执，工会领导始终站在经理一边。并且对多数工会来说，它们只是为了应付劳动法而成立的，公司经理或副经理兼任工会主席。实际上，员工希望与管理层保持良好关系的倾向是国外公司所欣然接受的毛泽东时期工作单位意识的一个方面。[16] 但对许多跨国公司来说，即使对这类顺从的"黄色工会"，他们甚至连考虑都不愿考虑。到 2004 年，有 1.23 亿成员的中华全国总工会发出警告，要将那些在其中国工厂内不接受工会的国外公司列入黑名单。该名单包括了像沃尔玛、柯达、戴尔、三星、麦当劳和肯德基这样的公司。[17] 这些公司以及许多其他公司都明显违犯了国家劳动法。该法律规定，任何员工人数超过 25 人的企业都必须成立工会。众所周知的反对工会的沃尔玛公司在其大陆工资表上的员工人数就达到 19 万，中华全国总工会早在 2000 年就盯上了它。这家零售业巨头不顾广泛传播的恶劣公众形象仍坚持抵抗，害怕在中国接受工会的先例会煽动其在另外 9 个国家的 1 300 万员工。[18] 2004 年秋季，在强大的法制压力下，该公司最终承认："只要员工提出成立工会的要求，"该公司宣布，"沃尔玛中国公司将尊重他们的意愿，履行其中国工会法规定的义务。"[19]

当此事引发关于法律条文不足的争论时，国外商业团体显然在执行双重标准。知识产权和合同法是一件事，但没有商业游说团在大声疾呼中国加强其劳动法，包括成立独立工会的权利或以任何有意义的方式进行集体谈判的权利。这是商会并不希望中国真正采纳的少数几种国际商业行为之一。根据国内关于所有中国工厂都是血汗工厂的看法，西方经理们自认为很幸运，因为来自香港地区、台湾地区、韩国和日本的同行们在苛刻的管理方面的名声比他们的更坏。

当谈起压榨工人的事时，这些更小型的投资者总是被举例说成最恶劣的人。“我并不想给人造成种族主义的印象，”一位美国人力资源经理解释说，“因为我认识一些很出色的台湾地区和韩国经理。但总的看法是韩国和台湾的公司经营不佳，工作条件不怎么好，薪资低于平均水平，奖励和晋升总是承诺得多，兑现得少。”

据丽诗加邦（Liz Claiborne）采购副总裁黛安娜·朗（Diane Long）称：“善待员工或者遵循我们所遵循的道德标准的台湾公司，必须是非常大型的和知名的公司。我并不是说美国人是完美的，但我们无疑走的是另一条路。别人看我们也不一样。中国人在观察我们。你能想像为IBM工作时受贿吗？他们会兴高采烈地向全世界传播这个故事。我觉得我必须坚持另一种立场。”然而，尽管背负着将工人推向极限的名声，我在采访中发现台湾人有其相对其他国家或地区雇主的一个本地优势。中国员工觉得他们可能长期待在那里，因此尽管台湾人的工作纪律严格得令人害怕，台湾公司却享受了稍高的员工忠诚度。在从长期来看，不能指望那些总是在寻找更高利益的西方人能长期在中国逗留。

敲门的艺术

如果确实存在类似美国人的“上海意识”的话，那么最佳的表达就是“抬高门槛”，这是我在美国商会圈子里重复听到的。这是关于美国公司正给中国带来改革的看法的通用字眼。这些改革主要指经济公平，但也包括与法律、人权和自由行为相关的问题。一位自20世纪80年代末以来一直在上海的美国商会中国通曾见过一批批这样的新来者：“美国人抱着改变世界的信念而来——倾向于认为你可以改变一个人。这是一种类似传教士的动力。在中国待了一段时间后，你开始学会改变这种做法。”他承认这种激情是其他任何一个外国商业团体所没有的；它或多或少是美国人所特有的。一点也不亚于昔日传教士的是，更热烈的美国公司人员深信，树立典范是在中国从事商业活动的本质部分。

美国商会政府关系全职官员詹姆斯·格林（James Green）认为。

许多在海外经营的美国企业感到他们给其下属公司带来的不仅仅是工作机会。他们可以向其员工传授关于公平、努力工作、优厚薪资和安全工作环境的美国价值观，并通过树立商业典范在某种程度上影响整个社会。我猜想特别是美国公司，当他们走向国外时，通常是这样看待自己。我不知道这些是否真正影响了其他国家的劳动法或他们的经济管理方式，但我认为看法是这样的，没错，在一方面我们确实正在慢慢地改变中国的社会环境。

格林将这种信念归功于与生俱来的乐观主义。2004 年，他（从北京的外交岗位上卸任）接任现职，以增强美国商会“影响上海、北京和华盛顿决策”的能力。该城市多数外籍经理都有技术背景，但缺乏外交方面的技能。这种技能传统上由驻北京的公司代表处提供。中国政府放宽对国外投资的控制后，美国公司需要越来越多地与当地官员打交道，而这正是格林工作的一部分。尽管它是长江三角洲地区具有重大权力和影响的机构，直到 2005 年，美国商会仍然没有官方登记身份。直到那时，它仍然不能向中国政府呈送印有抬头的文件，其官员只能以美国商业团体非正式代表的身份受到接待。从理论上讲，它组织的众多的会议和社交活动是非法的，至少是触犯了不常执行的关于禁止 12 人以上集会的中国法律。不同于其他国家，如德国、英国和日本的上海商会，美国商会不是一个从属于驻北京父系机构的子机构。对于格林的任命不仅确认了美国商会自身的伟大职责——独立于北京官方注册的商会，同时也预示着该机构有意在国际游说中扮演不断增强的野心勃勃的角色。

游说活动实际始于 1989 年以后。上海和北京的美国商会每年两次返回华盛顿从事游说活动（被称为“敲门”），以召集、鼓舞美国国会里那些犹豫不决的人。参观代表团拜访议会委员会的关键人物和执行机构的成员，不仅仅提醒这些人在华美国公司的需求，也包括他们的存在可以带来的政治用处。除了美国国家安全委员会、农业部、贸易代表办公室、商业部、国务院、国土安全部和财政部等机构外，回访者还经常光顾中国商业咨询机构，如基辛格顾问公司和中美贸易全美委员会，以及高级国际关系学院（在约翰·霍普金斯大学）等中心有影响的学院倡导者。当参议员、高级政府官员以及中美贸易游说团其他有影响的人物访问中国必定也访问商会时，这种关系从另一方面得到了巩固。

为了回报在华盛顿赢得的申辩机会，敲门代表团也提供了华盛顿权威人士因为中国在诸多贸易问题上缺乏透明度而通常不大了解的宝贵信息。这是一种在任何时候中美关系发生危机时，都应受到特别关注的亲密的关系网。当美国商会必须劝说国会强力支持对中贸易时，他们正在中国“抬高门槛”的见解是一张特别有效的王牌。首先的提法是，美国公司到中国不仅为了收获利益，他们也在帮助解放中国的体制，向中国介绍除此之外无法冲破重重外交障碍的美国价值观。

但随着反外包情绪和货币再评价争吵的高涨，通常比较牢固的联结在华美国公司和国会山上的立法者的链条出现了裂缝。首先，全美制造商协会采取的坚定的立场表明，习惯于为更统一的选民服务的商业部，正面对着就中国问题上一分两半的商业团体。其次，通常是自由贸易措施的可靠支持者的立法者正在退缩，以防他们的支持者因为失业问题而不再支持他们。

即使是共和党的商业派也在动摇。在 2003 年 9 月 25 日举行的一次中美经济与安全审议委员会会议上，关于全面征收 27.5% 中国进口关税的参院议案联合提议者林赛·格雷厄姆（南卡罗来纳州共和党议员）证实：“中国人并未从中国经济的增长中受益，因为我们正在损失工作的原因之一是你可以在中国建造一座工厂，而人们每天所得只有一美元。没有职业安全与健康管理机构。没有最低工资标准。中国正在利用贸易体制……这是一种两败俱伤的行为。”[20]对中国贸易的跨国公司受益者担心的既不是此类宣言的不准确性（中国所有乡镇和城市都有最低工资标准），也不是政治上的哗众取宠，而是越来越感到他们的同盟正在偏离“已核定好的”剧本。共和党议员的“两败俱伤”说法是大错特错的。对中国的贸易理应被称为“双赢”，或按自由贸易经济学家更文雅的说法称之为“良性循环”。

一名代表团成员解释说：“我们通常交情深厚，但目前在一些曾经一致同意的贸易问题上出现了分歧。我们处于‘高贵地位’并且是正确的，但我们却显得过于‘自私’。我们希望那里或其他地方的人们在媒体和国会山上更好地宣传我们的事业——我们需要更多掮客。我们的形象应当是诚实经纪人，而不是中国的辩护者，在这样的时候这是很糟糕的事。”詹姆斯·格林强调了由他人代言的重要性。“这场辩论的积极一面是实际并没有经济学家反对自由贸易——如同大学教育所授的，经济理论的关键原则之一就是自由贸易是好的。但是如何向那些通常没有学过李嘉图经济模式的人们传达这一信息呢？我认为可能最好是通过学院人士或稍微独立的人士的声音，而不宜由我们自己说出来，因为这样会被以为明显在做自我宣传。”

弗里德曼忽略了最紧迫的问题

不管其政策状况如何，都不能指望布什政府被人们视为“独立的声音”，其经济外交方面的努力也不能证明是精心谋划的。当白宫经济顾问委员会主席乔治·曼科（Gregory Mankiw）于2004年2月公布总统经济报告时，他宣称外包只是“至少自亚当·斯密以来经济学家一直在谈论的贸易利益的最新表现”，并且它“可能是从长远角度看对经济有利的因素”。他的评论受到正反两面的抨击，有些共和党成员甚至要求他辞职。在当前工作损失成为选民关注的焦点时，即使是那些自由贸易原教旨主义支持者也认为这样的声明是极其不敏感的。乔治·布什不得不与这一声明保持距离。[21]但不久后，他就反击了那些针对其创造就业的减税计划的反对者。那些曾经被斥为“保护主义者”的人现在又被扣上更不祥的“经济孤立主义者”的帽子。[22]

布什政府创造就业的记录仍然糟糕透顶。其自吹自擂的减税计划即“工作与增长计划”（于2003年7月启动），不仅未能按预期在18个月内创造140万份新工作，并且远远比按未减税预期的总数整整减少了170万。[23]到他的第二任期开始时，仍然处于有史以来最长的衰退后萎靡期，似乎持续不断的糟糕表现无助于拯救其财政政策的不良声誉。比如，当内布拉斯加州商人托尼·雷纳德（Tony Raimondo）解雇工人并在中国建造工厂以取代他们的事实被曝光后，他不得不在最后一刻收回对这位制造业行业巨头大肆宣扬的任命。[24]不久后，布什募资和拉票的竞选活动内幕被曝光，证明其电话呼叫业务合同被外包给新德里郊区的呼叫中心。超过1 000万注册共和党人在设置为自动语音的电话过程中受到过呼叫，以防止接收方识别出电话另一头的外国口音。[25]同样也无助于改变有关他任命的商业部官员定期在华尔道夫酒店之类的高档地点联合举行会议，鼓励美国公司将其业务转移到中国的事实。这些事件不可避免地招来新闻界的批评。[26]实际上，每当布什及其任命者试图处理针对外包的公众疾呼时，他们总是深陷其中不能自拔。有这样的朋友，自由贸易游说团几乎不再需要敌人。

关于离岸外包更有说服力的论据应当出自于那些因观点改变并要公开声明而极端烦恼的人。其中首选人物是《纽约时报》国外事务专栏作家托马斯·弗里德曼。他四处吹嘘的于2004年3月对班加罗尔的为期10天的访问历程，为这位公司全球化的信徒提供了一次考验他的信仰的机会。他撰写了一系列专题，其中第一篇后来被编入《世界是平的》一书。在这篇文章中，他承认因为关注“9·11”事件和伊拉克战争，错过了这场商业程序外包“革命”“在我睡着的时候，”他写道，“世界已悄然进入全球化的第三大阶段。”现在对他来说不可避免的是，在一个“工作流动平台”能够切碎任何一种白领服务工作，将各部分发送到世界各地，然后进行无缝重组的“网络化世界里”，这类工作将从美国转移出去。然而，其后果是值得人们关注的重要原因。他所担心的是改变的速度和规模，使它们所造成的影响是“巨大而难以预料的”。由于技术网络化的潜力，实际上任何可以在家里完成的工作，包括许多高薪工作，现在都可以在一夜之间转移出去。[27]

弗里德曼起初回避自由市场原教旨主义所持的立场，而对各种公共政策反应保持沉默。可是，他允许他人——前总统克林顿政府前劳工部长罗伯特·里奇（Robert Reich）表达出来。“工作培训、终生学习和工资保险”是至关重要的，里奇说，并进一步补充，“也许我们需要欢迎在个人服务领域——那些不能转移到海外的零售、宾馆、饭店和医院工作——更多地组织工会以稳定其薪资和保健利益。”呼吁政府行动并非弗里德曼的兴趣所在，因此在班加罗尔的第三、四篇专栏报告中，他展示了外包的一线希望。他认为，印度工作的改善提高了美国对印度的出口额。他所访问的班加罗尔呼叫中心使用的一切用品都是美国品牌产品。弗里德曼没有提及只有极少数美国工人仍然被雇佣服务于他们的产品或设计。

在后半个星期，他提到一位班加罗尔工程师。这位工程师曾看到一篇文章，说的是一位失业的美国人靠出售印有“我的工作丢到印度去了，我得到的一切就是这件带有‘肮脏’的T恤衫”字样的T恤衫来挣“各种钱”。“‘只有在美国，’她摇着头说，‘才有人想得出怎么靠自己的失业挣钱的。’”她总结说，一个如此具有创造性和创新性的国家，没有必要害怕向发展中国家转移的外包业务。弗里德曼进而将这一评论说成一个寓言，说明如何有“美国是有史以来最伟大的创新发动机”的说法，以及为何使它成为这样的条件仍然是全世界的羡慕对象。作品被广泛转载的漫画家汤摩罗（Tomorrow）迅速追踪这位被解雇的美国人，发现尽管面对离岸的威胁，他仍然有工作，并且据称他卖衬衫所得不多于10

美元。在他的博客中，汤摩罗进一步指出这些细节是虚构的，弗里德曼忽略了更紧迫的问题，就是卖新奇的 T 恤并不能代替有保障福利的待遇优厚的工作。[28]

没有实验性证据证明美国将继续享有相对于其竞争者的工业创新优势。即使有，这样一种优势也不大可能创造出足够多的高薪工作以补偿流往海外的工作。在高科技工业拥有重要位置的东亚国家与地区——韩国、新加坡、中国台湾、马来西亚以及现在的印度和中国都在努力地发展他们的经济，向着占领在设计与研发领域相同的创新工作方向发展。《时代》专栏作家鲍勃·赫尔伯特（Bob Herbert）巧妙总结了弗里德曼轻率支持的表现，他将离岸外包倡导者描述为“听起来越来越像《大卫·科波菲尔》书中倒霉的朱考伯先生，他永远都无法动摇其希望‘会出现’的忠厚愿望。”支持者坚信‘从长远看’，好工作会出现，那是他们的绝望的一种表现。新的机会暂时以及在衰退恢复的整个阶段继续出现在低薪工作领域，这些工作已经持续增长了 20 年：食品准备和服务员、零售人员、客户服务受理员、保安人员、看门人、清洁人员、保姆和收银员。

在怒目圆睁的参议员格雷厄姆举证的同一次听证会上，参院议案联合提议者查克·舒默（Chuck Schumer）（纽约州民主党议员）公开陈述关于他迄今支持的自由贸易协议的第二种想法。他估计需用来弥补工作断层的调整“从长远看”一定会来：“约在三代时间内，当美国财富和所有其他国家的财富基本持平时。”[29] 那天晚些时间，前总统里根政府的助理财政部长（自由贸易阵营一流的皈依者）保罗·克罗格·罗件茨（Paul Craig Roberts）表示，根据李嘉图预想的贸易各方相互、相对优势系统理论，一旦“生产因素”完全处于流动的状态，自由贸易将不复存在。如果今天的结果是不祥的“处于美国生产功能之外的美国劳动力的替代品”，则“向上流动的阶梯会随着收入的增长一起崩溃。”[30]

一年后，该委员会在被称为“贸易给我们国家所带来的冲击的爆心投影点”的俄亥俄州竞选战场，举行了秋季现场听证会。在过去 3 年中，美国制造业工作消失了 1/5，并且举证人究其原因和结果的意见非常一致。证人们提到了全面倾向于大公司的贸易政策，有人还提到了积极促进离岸的税务和财政动机。比如，美国进出口银行已经为向中国出口某些工业装备提供资金，而美国国内生产商仍在这些工业领域生产产品。该委员会最后总结，“美国政府已经有效向中国提供资金，发展那些将与美国生产商进行竞争的生产能力。”[31] 证人们赤裸裸的证词轮番讲述了离岸公司的贪婪，以及辛苦工作 30 年后被辞退的衰弱工人的辛酸亲历写照——“我要工作却太老，去死又太早”。在税收基础严重削弱而受到动摇的俄亥俄团体中，仅存的几家公司正被跨国公司要求追随供应商的离岸价格——“中国价格”。

在华美国人如何看外包

取样调查在华的美国人关于离岸外包对美国的冲击的观点的首选地点是在美国商会常规社交联谊会上，这些联谊会通常在城市最奢华的地点举行。有一次，正是在万豪酒店明天广场豪华的四十层顶楼上，俯视着上海灯火辉煌的夜景的活动中，一位美国跨国公司中层经理给我讲述了本书前言中引用的那个笑话：“很快，美国就只有律师才有工作了。”关于这个律师笑话，确实讲得不错，但它也以其独特的真诚的方式讲述了美国国内的就业危机。他也不排除这种结果对他自身工作的影响。“我知道我的公司正在当地寻找取代我的人，”他轻松地补充说。

这种联谊会是新来者——多数是想来捞一把的投资商们沟通感情的好机会。但它们也常常吸引了那些工作被转移到亚洲的美国求职者。杰克·莱姆斯（Jack Lemisch）就是那些被 Bay Area 软件解雇的人员之一。“我并非在追随我的工作，”他坚持说。“我不知道它实际上到哪里去了。如果我想留在这个行业，我除了来这里之外没有别的选择。”他说来到这个国家感觉有点不舒服，因为这个国家的工人处于食物链的低端，并受他以前所在公司的压榨，但他急于尝试任何能支付合理薪资的岗位。当我第一次在联谊会上见到他时，他在面试6个星期后仍然没有找到工作。在发现IT公司已经在考虑转移到内地以寻求更廉价的劳动力时，他感到很沮丧，并哀叹，“公司难道就不能对社区负点责任吗？曾经发生在加利福尼亚的事不应该很快就在这里重复。”他个子高大人又英俊，并知道自己已引起吧台对面人的注意，看来他不大可能独自回家了。那些将每个新来者都视为新机会的老手们和本地人正在仔细观察美国商会联谊会的来宾。

美国商会工业委员会组织的交谊活动上的随意交谈，也是从上海外籍奋斗者们的角度把握经济脉搏的一种可靠途径。经理们不断抱怨做生意的成本增长，特别是社会保障利益的负担，这将在基本薪资的基础上成倍地提高成本。因此，在他们的谈话中也经常提到中国员工薪资过高而工作质量不佳，但上海自身的魅力抵消了这些不足。很简单，因为它是个理想的地方。不管是对个人的事业还是对企业发展，这座城市都与曼哈顿一样具有吸引力。如同一位小投资商所说：“你在上海能遇到你的对手。你生活中从未面对过的各种问题会迎面而来，而你必须加以处理。”关于携带战利品顺利脱身的困难，她的话同样富有哲理：“进去容易，出来难；他们有很多套牢国外投资者的方式。”除新手之外，每一个投机商深知攒钱实际上有多难，而努力是这个令人兴奋的过程的一部分。与他们自身的奋斗经历相比，他们所听到的关于美国国内就业市场的麻烦可以忽略不计。

在我与美国商会曾经在大公司任职的成员的正式交谈中，我发现了他们身上有深度分裂的心理状态的迹象。一方面，多数人在感情上同情那些受工作流失打击的美国团体和个人所遭受的痛苦，而他们通常又无法解决那些失业者面临的问题。少数人赞成美国国内那些炒得纷纷扬扬的关于保护工作或改革公司税务系统以阻止企业离岸的建议。另一方面，在商业团体内，他们受自由市场原教旨主义信仰体系的影响，又倾向于使这种痛苦合理化。实际上，绝大多数人都信奉这样一种观点，即市场自有其向每个人分配利益的固有方法。它所要求的一切只是俗话所说的“一分耕耘，一分收获”的态度。对于失业者，总是要求他们期待长远利益。而那些订购转移业务的雇主则可收获无需付出任何代价的短期利益。这是自然的经济发展秩序，违背自然将受到惩罚。马克·迪巴蒂斯特（Mark DiBattista）认为“任何人都不能认为注定要从事高薪工作”。他在匹兹堡的蓝领环境中长大，现在是一家美国技术公司的亚太地区主管。“我父亲及其工会兄弟们在从事几年前就应当转移到海外的工作，收入达4万美元。如果那时受市场控制，反弹就不会这么痛苦。”在这期间，美国人“接受了教训，”他认为，“现在被解雇的白领员工能更快地恢复过来。20世纪90年代他们过得太轻松，因此我认为失业的经历会带来一些好处。美国会因此变得更强大、更有创造力。”像其他许多人一样，他倾向于想像一种“双赢”局面：“通过向这里带来我们的技术和商业管理经验，我们正在全方位地帮助中国。我们的利益同样也将帮助美国国内的人。”他补充说。然而面对追问，他却说不出所以然。

其他人则更愿意为他们的观点罩上爱国的面具，详细介绍自认为他们公司为美国谋利益的各种方式。最常见的观点是，美国消费者正从低价中国进口加工商品中受益，尽管有些人清楚当地沃尔玛超市的低价难以弥补生计的损失。其他人坚持认为他们在中国的赢利业务更有可能使在美国的关键职位的雇员得以保留。有人甚至指出，对华贸易收入有助于支付被迫辞退的美国国内员工的养老金。

更流行的观点是，在华美国商业正在创造可输送回国内的财富。美国商会内部正在以非正式的形式传播来自各种经济研究的统计数字。所有这些分析都显示，只有小部分在中国的出口收入转化为由中国生产商附加的国内价值。这些数字范围在1.6~2.9元人民币，而岸内国家分享了最大的价值。[32] 据另一个广为流传的麦肯锡全球研究所的研究估计，美国公司在国外每花费8元人民币，将创造多达11.7元人民币的新经济价值。离岸国从中获得占22%的2.6元人民币，而美国则获得占78%的9.04元人民币。[33] 这些数字受到商业媒体文章的广泛吹捧，并成为外包辩护的主要证据。然后，没有一项研究能够解释这些价值是如何被分配的。那些投资者或股东的腰包鼓起来了，而哪些人的腰包瘪了呢？事实上，用于得出麦肯锡关于离岸开支所得14美分净收入的估计的同一个计算方法显示，岸内工人的净损失为26美分（相对于投资者），证明了一边倒的利益分配。

我在采访中，时不时有一两个人承认，可能是最富有的美国人在得利，不大可能有相当数量的离岸所得价值流进那些工作被转移出去的人的口袋里。尽管有人认为越来越多的美国公民用养老金在股票市场购买了股份，据国会预算办公室报告，一半以上的公司利润转到占纳税人总数1%的富人手中，而只有8%的利润转到60%的下层群体手中。[34] 长期经济统计数字同样也无法推翻这样一种观点，即离岸繁荣的经济冲击正在摧毁中层阶级的薪资结构，并刺激国内收入的持续走向两极分化。经济学家将美国薪资差距高达25%的增加归咎于公司引领的全球化。[35] 至于对返回国内收益的税收，每个离岸会计都知道终生延期缴纳国外利润所得税简直太容易了。从1960年以来，美国公司纳税占联邦税收的比例下降了近2/3。从2001~2003年间，1/3财富500强的公司没有缴纳联邦税，尽管他们的税前利润增加了26%。[36]

有一次，某个被采访者表示支持美国立法者正在考虑的各种“保护贸易”措施——提高进口关税或禁止外包州或联邦工作。一位直接参与IT外包业务的公司业主也表示支持这种立法，尽管他明白这将损害其自身的业务。“设置一些壁垒也许有助于减缓事态的快速发展。但构筑堤坝时必须谨防水流在背后回冲。建立缓冲地是件好事，它将给人们提供适合新环境的时间。”他尽管可以这样说，因为他知道，像其他事一样，在国会通过这类措施的机会几乎等于零。基本上像美国商会团体其他任何一个成员一样，他知道国内的大声疾呼不过是选举年周期的一部分，在11月份计票结束后会自行结束的一场风暴而已。“如果美国突然持贸易保护论的观点，”他总结说，“则另一个国家将变得自由，因为你正是这样挣最多的钱的。我们人类作为生物有机体的本性是，只要在某处出现一点点利益，一些人就会过去争取。事情原本就是这样。”这样，贸易自由化就被视为自然的力量，而不是由国际货币基金组织和世界贸易组织之类的无需民主授权的公司驱动型机构所引领的过程。用他的话说，要改变它就像“企图堵住河水——你可在这里或那里堵住它，但你却无法堵住整条河”。

外包背后的利益角逐

美国商会的职责是控制这条河的流向，使它完全符合其成员的利益，于是商会官员的任务是收集和传播最有战略意义的观点，并将这些观点施加给北京和华盛顿的决策者。在这方面，它在引导布什政府在贸易问题上与中国进行的经常是笨拙粗劣的交涉方面，发挥了至关重要的作用。受美国国内关于“对中国采取点措施”的压力的驱使下，美国政府于2003年秋开始执行一些高层边缘政策。鉴于美国国内对包括人民币的价值予以再评估等多种的疾呼，美国代表团有一系列贸易任务，其中一项是就双边贸易逆差问题，对北京进行了多次抨击。美国商会的任务是主要以白皮书形式提供弹药——直接用于影响两国贸易关系的商业景气年度报告。2003年报告向谈判人员提供了一根精心设计的手杖，用于打击他们的中国对手。[37]

根据这份通过会员调查形成的报告，中国在履行其许多世界贸易组织义务的方面进展缓慢。报告说表面上中国在履行其书面义务，而实际上相关部门似乎更致力于“创造性地找到限制国外企业市场准入的新途径，以保护国内支持者”。[38] 在金融服务、农业和流通等领域，进展尤其缓慢，国外企业仍然处于劣势地位，原因是商会成员公司所说的中国在国有企业、资本市场、银行系统、知识产权和法律规定等领域如冰川期般缓慢的改革步伐。

在这些问题上打击中国被视为一种双赢。它有利于寻求市场准入的美国公司，同时通过显示对中国的强硬立场帮助政府获得公众某种程度上的认可。在现实中，在华的美国商业团体中根本就没有人真正想要重新评估人民币的价值。从一方面看，它将提高跨国公司自身的中国加工出口成本，它对商业的影响不大而不值得冒险。因此，布什政府对这一问题的承诺证明是非常不一致的。当时的财政部长约翰·斯诺（John Snow）在整个 2003 年夏季口头上表示支持这种提议，在当年秋季访问北京时提出了这种可能性，但在他于 10 月份向国会提交的年中财政报告中，又拒绝将中国纳入不公平操纵货币国家之列。实际上，每次国会和公众要求对中国采取强硬的经济行动的压力加剧时，都会有所退缩。施加这种压力是为了安抚国内选民。但是当压力变得太大时，美国政府将很愿意为在华跨国公司的祭坛上牺牲或收买这些国内利益集团——包括以全美制造商协会的小型商业为首的公平货币联盟。美国政府对国内就业损失的公认的关注也一点不多于修饰姿态以便在对华谈判中树立形象的关注。允许中国进入世界贸易组织的政策，在国内被兜售为促使美制商品进入中国市场从而振兴国内制造业发展的最佳途径。但很明显其真正的目的是通过他们自己的中国制造产品进入中国市场提高公司对华投资的回报。这一切的替罪羊是中国政府自身牺牲国内工业和工作岗位的努力。

因此，白皮书的基本主题营造了良好的氛围，促成了商业部长艾文斯、财政部长斯诺、国务卿柯林·鲍威尔和美国贸易代表罗伯特·泽奥利克等人的一连串的对华访问。每位官员均表示如果中国政府不向美国公司提供广泛的市场准入条件，将进行报复性贸易制裁，甚至引发全面贸易战。中国观察家可以看出这些威胁大多是一种恐吓。强硬的措辞是为了使国内选民形成一种印象：布什正以某种方式将工作损失与中国贸易相互挂钩。贸易战的威胁一旦付诸实施，通常对美国的影响益是灾难性的。中国对美国政府有价证券的大规模投资直接为美国经常性的账户赤字提供资金。通常每年购买数千亿美元的美国长期国库券，中国正在

特百惠产品促销现场，摄于上海南京路

压低利率，并为国内经济恢复提供资金，以便美国人继续消费中国制造的产品。相应的，必须向中国保证武力威胁不过是选举年的策略，结局的严重性将远小于它表面上所显示的。[39] 北京和上海的美国商会成员帮助双方跨越障碍，修复关系，并将谈话引向符合其商会成员利益的方向。

到擿行总统选举时，商会就等着看好戏。中国政府已经同意扩大外国独资公司零售权和分销权，并已向国外投资者开放国家的银行和保险部门，[40] 同时也在保护知识产权方面迈出了重要的几步。许多相关的改革已经加快了步伐，其中多数服从于对世界贸易组织的承诺。当全世界的目光都在关注选举和伊拉克战争时，国会山上针对中国的风暴已经平息。没有一项更具威胁性的议案获得通过，布什政府惩罚特定进口产品——内衣、睡衣和织物的少数几项措施成为更大的对华谈判棋局的赌注。即使几乎是 35 个州同时建议的关于禁止外包州政府合同工作的法律，在诸如代表200家以上贸易集团和大公司的经济增长与美国工会联盟之类的集团的反对下，也被冲淡或被有效地予以中性化的处理。[41] 作为2004年10月布什政府全面整顿公司税务政策的一部分，向全美制造商协会反叛的小型成员已经支付了大约765亿美元的公司福利。在他们的损失以税款形成被补偿后，他们的反对倾向得到了缓和，他们紧跟协会全球玩家促成的自由贸易日程的步伐。

当然，选举的结果并没有战胜对中国贸易冲击岸内经济的恐惧。恐惧是一种非常有价值的政治日用品而不能轻易抛弃，在公众心中已经积累到这个程度的"中国问题"仍然可随心所欲地利用。表面上，美国政府仍在继续推进人民币价值的重新评估，主要是因为这是布什政府在解释失控的对华贸易失衡问题时可用于挽回脸面的一种选择。但与中国政府达成的实际协议主要目的在于促进中美商业。

2005年7月，中国政府最终宣布放开10年不变的人民币对美元汇率，允许以0.3%的日交易幅度波动。这一决定的象征意义非常明显，但其

在国外力量要求保护知识产权的压力下，
中国政府警告造假行为，摄于上海襄阳市场

经济影响却精心设计在最小限度内。货币价值在中国人民驢行的谨慎掌控下依然非常稳定，不大可能改变商品成本、投资循环和贸易平衡。商业可以照常运转。[42] 两年来的激烈辩论和政治活动的价值已经有效转化为政策方面上的收益，对与中国有利益关系的公司来说，再没有比这更有价值的收获了。正像在危机的头几年——1994 年针对恢复中国贸易最惠国待遇的风暴，2000 年针对永久正常贸易关系的更大的争论——中美贸易游说团表示：它可以战胜最强大的联盟和针对离岸与外包引起的最广泛的公众反感情绪。

一个世纪以前，抱着“上海意识”的英国居民曾利用他们的贸易联盟向他们的国内政府宣扬他们的重商主义政策，但他们的利益被视为过于狭隘而不值得政府采取行动。今天的美国同行们同样坚定地欲与当地进行贸易，并且他们能够适应所有关键的全球发展趋势，他们的利益恰好处于全球经济的轴心。实际上，公众和政客们对中国贸易极端仔细的审查是对他们在建立广泛的影响渠道的同时处理好与当地各方关系的能力的考验。美国商会能够选在 2004 年 11 月美国选举结束之时举行其年度“政府答谢宴”，要感谢的事情太多了。参加宴会的美国大使和 60 余名上海政府官员共同祝贺他们的成就。对于这一成就，这个在长江新兴都市的商会组织体从未真正怀疑过。短期内，没有人能够破坏他们容易挣得的利润，至少国会上哗众取宠的参议员们以及那些工作被输送到国外的选民们不会。

三、上海的新一代

当经理们作出此类评论时，事实上他们根本不是在说他们的中国员工。他们只是在为自己辩解，为何他们没有一支能满足他们所有要求并且廉价的理想的员工队伍。无法随意得到这类员工是他们不满的真正原因。比如，它是为何人力资源经理对当地员工的天资进行个性测试如此感兴趣的原因。现有数家上海 IT 公司正在开发能够识别跨文化差异的软件程序，以招募最合适的中国员工。

公司全球化在世界各地城市都留下了自己的足迹。许多城市外形都很相似，但每座城市都有其独特的变化。上海就是一个好例子。它也有部分城区聚集了全球的资本。在那里，跨国公司商标名和售后服务就像连锁专卖店一样为人所熟知。但有些国外资金沿着这些店面和街道市场一直渗透到城市内部的商业，从而衍生出传统经济与现代经济生活全新的混血儿。同样独特的是国有与民营企业的精确混合。比如，上海经济虽然不再由中央规划每一个细节，但仍然受到官员们的强力操控。国外投资者认真解读该城市权力机构制定的政策，将他们的资金投入到首选或“支柱”产业中，其中多数是技术定向型和技术密集型产业。

我决定在备受政府重视，且是这个城市最新鲜的 IT 服务业开始我的公司内部采访。这是来自美国、欧盟和日本的离岸外包进展最可观的行业，其员工是一种新的城市群体，富有激情而耐心不足。尽管他们经验不足，但也不是纯粹的新手。如同我随后发现的，他们对工厂的态度是由几方面因素造成的：他们父辈、祖父辈在社会主义时期的职业经历，在中国高科技未来中充当小股先锋队的期待，关于市场资本主义的民间传说和商业文学，以及在无保障的世界里艰难前行的持续压力。尽管他们的老板希望这样，但他们并非是等待着被加工成理想的公司臣民的不成熟的原材料。

考察这些新工人的最简单而又最一目了然的方法是看他们在一起吃饭的情景。在工作周的任何一天，上海浦东软件园——位于该新城的城乡结合部的高科技区的员工食堂是最好的观察地。中央餐厅约能容纳1 500人，通常到12点10分时会坐满了人。在主要就餐区，人们很快低头吃饭，目的非常明确。每张餐桌上手机铃声都不时响起，有些人会些轻声细语，带有一点点笑声，但多数人并不想逗留。到12时45分左右，人群很快散去。多数就餐者都还处于谈情说爱的年龄，但没有人在打闹调情，实际上除了来去匆匆的一小群人之外，很少看到交流行为。许多人脖子上都挂着胸牌，有些人还穿着公司制服。穿着打扮从学生装到商务便装，应有尽有。很多年轻人穿着西装，尽管这不一定就是公司着装的一个迹象——在上海所有阶层中这是男士最常见的装扮。很少见到有女士佩戴首饰，头发经过高级护理，穿着高档服装且风格独特。这使她们远离上海女人出名的街头时尚标准，被归于另一类。类似其他任何地方的技师，他们总是显得心不在焉，远离周围的世界。

如果这些人是新工业大军的步兵，则他们个人的不安全感胜过了他们的集体意识和纪律意识。当我早在2004年首次来到上海浦东软件园时，园区内200家公司中大多员工人数只达到中小规模（最大的是毕博的“全球发展中心”，约有400名员工）。他们的产品和服务为小型适合市场或有特殊需要的客户量身订制。因此其技术员工的独特性成为潜在的卖点。然而大型餐厅的经历却显示了另一面。它明确提醒员工，他们的新兴城市工业可能仍然处于成长期，但它已经拥有表面上众多的劳动力资源。上海的IT服务部门远不能与印度的相竞争，但它的增长率却可与其相媲美，并且得到了中央政府的大力支持。即使在这个远离浦西市区的宽敞的建筑，虽然只有四五层，但聚集园区的劳动力却已超过6 000人，并且每月都在继续膨胀。“每天，”某民营中国公司程序员艾米莉·张说，“我往四周一看就能看到成百上千个能够取代我的人。中国不缺人，IT实际上与传统工业没有太大的区别。它给我的生活带来更大的压力，因此我对拥有这份工作感到很幸运。”

在这个问题上，张比她刚毕业的同事有更多想法。在二十几岁上大学之前，她已经从事过几份工作。当她毕业时，大学学位已经不再是永久饭票了。在2003年，她同期的毕业生达到212万人（比上一年增加了40%），这些毕业生要花几个月时间才能找到工作。在真正找到工作后，他们发现，自20世纪90年代中期以来持续增长的薪资却比去年下降了。同样下降的还有归国人员的薪资。他们在国外学习多年，掌握了熟练的英语技能，熟悉西方文化，因而已经习惯于要求优厚的回报。“人力资源成本，”全球管理咨询公司翰威特（Hewitt）的一份薪资调查得出结论，“已经达到巅峰。”①

这条重要新闻传遍了上海的外国公司，人力资源经理们纷纷为之庆祝。当2004年的结果开始传来时，还是叫好声一片。中国国内毕业生人数已经膨胀到280万人（预计2005年将达到340万），毕业生薪资进一步下滑，平均薪资比2003年的1 550元（约187美元）的国内月均薪资低1/4至1/3。一份全国性的调查表明，那些已有工作的人年薪资下降了14.7%。② 2004年的对上海的官方数字显示已经下降到每月1 680元人民币（约203美元）。跨国公司内的平均起步薪资高出许多。在这些公司，上海、北京、广州和深圳等一流城市的应届毕业生2003年的平均薪资为2 650元人民币（约320美元），但2004年仅增加了一点，平均为2 850元人民币（约344美元）。③技术员工的薪资膨胀曾经是这些举杯祝贺者的共同抱怨。这些数字是否意味着这个问题已经得到控制。信息不准确，也还没有控制。

对多数从事中国业务的外国人力资源经理来说，招聘应届毕业生并非主要问题。他们几乎无需参考统计数字，就能知道招聘身兼数年工作经验的技术员工的困难。如果他们能够找到这类员工，考虑如何留住他们是其日常工作重点之一。正如一家法国电子公司雷迪埃（Radiall）的中国区经理汉·本因（Huan Benyin）哀叹：“很难一下子就找到合适人员。但真正让人伤心的是当你给予他们良好的培训后，他们却转身离去，在别处寻求更高的薪资。”[4] 到目前为止，那帮喜出望外的员工们似乎还没有受到中国劳动过剩所造成的薪资下降的压力的影响。对核心业务岗位的员工来说，每年 15%~20% 的薪资增长率是典型的，甚至更高。[5]

特别是工程师能够轻松流动，是使那些渴望向中国转移更多技术密集型业务的外国公司极端无奈的主要来源。因为他们这一层次的劳动力严重缺乏，在前几年的毕业生成熟起来之前，这些员工还有讨价还价的空间。简言之，这是他们过好日子的时候。

浦东软件园的太阳永不落

中国人比较重视在哪吃、吃什么和怎么吃的问题。不管处于什么环境下，吃饭都能反映出餐桌上的人们关系的一些重要方面。不管是为了反映这种事实，还是为了保证适当的营养平衡，中国餐的盘子都是为一群就餐者摆放的，而不是为个人准备的。话题多是股票术语和关于食物或吃饭的隐喻，传达着最崇高的思想或最世俗的观点。比如在街上最常用的问候语不是“你好吗？”而是“你吃了吗？”

在上海浦东软件园园工食堂里，很可能发现高级工程师和项目经理坐在餐厅最里面用绳索围住的小隔离区内，他们在一起讨论问题。在那里，粉红桌布覆盖的桌子旁有服务人员提供服务，每张桌子都铺着一块防止食物溅落的薄塑料膜。他们的工作午餐氛围比主要就餐区的氛围显得更悠闲一些。即使这样，与他们在街对面提拉米苏餐馆就餐的老板和高级经理相比，他们的就餐环境与多数员工的就餐环境区别不大。在食堂对面，有一家精心摆放的鲜花的颇有些气派的欧洲小饭店，饭店中间隔着一个放养一群鲜活小红鱼的人造池塘。口味丰富的菜单上有龙虾奶油汤、食用蜗牛、天妇罗对虾和牛里脊肉排，还有几瓶昂贵的酒，以匹

中国员工的就餐场景，摄于上海浦东软件园员工食堂

配高昂的账单。在任何一天，这里的服务员似乎都比就餐者多。

这三个就餐区直接反映了员工们的就餐秩序。就餐者的吃饭方式也能告诉我们许多关于不同的员工是如何工作的。多数就餐者都各吃各的，但他们都在一起吃，并在一长串盘子中选择各自有限的几种食物。对多数人来说，他们的日常工作模式大致相同。大多数都在按一系列固定的指令进行编码和编程，而他们共同的努力创造了具有相当价值的产品。成本和准时等因素决定了他们相同的工作和就餐方式。技术更高或更富经验的人以团队形式工作和就餐。价值来自于他们相互之间的合作，这种合作能释放出个人无法释放的能量。比方说，如果他们在吃同一碗饭，那是因为赋予他们工作的资源是以他们的团队合作生产力为基础估算出来的。上层经理要么自己吃，要么与客户或公司同事一起吃，目的是为了提升对商业环境的认识，或者是谈论他们共同面临的问题和挑战。尽管我提议与他们一起在大厅吃饭，我在午饭时采访的所有经理都选择在提拉米苏餐馆就餐。“这完全适合我，”其中一位坦率地说，并尖锐指出，“我的员工不用非得看见我吃饭时的情景。”

公司员工艾米莉·张在她父母工作的国有企业长大（双亲都是机械工），她回忆起到他们工作单位食堂时的情景。“那食堂比这里的大得多，但食物都差不多。工厂有两万多名工人，还有一家医院、一个电影院，居民楼和学校，什么都有。在我工作的这个地方，我们只有一些休闲设施——篮球和一个体育馆，而我们只能用这些来减压。”在她父母还抱着铁饭碗的那一代，他们的所有需求都绑在一起。他们的工作单位是一个自给自足的城市村庄，而工作场所只是通向其他社会服务的通行证。[6]相反，在上海浦东软件园，娱乐设施是为工作场所服务的。员工感到疲惫时，可以在体育馆进行休整。“对我们这种年龄的人来说，努力工作更重要，我们必须靠自己挣得生活所需。我的父母有过生活困难，但却没有工作压力，这是最轻松的事，他们从不担心这个问题。”

在她离开员工食堂前，她建议我最好深夜出来转转，那是了解园区的最好方法。“我经常在这待到晚上10点钟，这时公司才会给我支付回家的车费。当我离开时，周围许多办公室的灯都还亮着。”在技术产业这一行，长时间工作并不是新鲜事，每周工作时间延长到七八十个小时是很常见的。“当我选择专业时，我就知道是这样的。”张耸了耸肩说。“这只不过是和你的职业连在一起的。”但她所说的夜间轮班却是件很具体的事。许多这些办公室里的员工们正在为其他时区的客户进行业务流程外包的工作，有时甚至是为远至地球另一边的客户。为满足全球按天输入的要求，轮班的时间安排在开发项目或发送服务方面是一个重要因素。如果跨国公司有效利用他们分布广泛的承包商，他们可以一天二十四小时开动所有机器。没有任何事情需要等到次日，因为在他们的王国里，太阳是永远不下山的。在这种环境中，下订单的客户可能在悉尼、新加坡、横滨、伦敦或芝加哥，标准的九点至五点工作日是一种正在快速消失的奢侈的工作方式。如果他们非常幸运的话，员工们可能仍然每周工作40小时——只不过他们可能不知道是在哪40个小时工作。

园区商业开发经理韦斯利·吴确认，中国东部在24小时全球时间表中的位置，是上海浦东软件园吸引业务的卖点之一。他说，事实上从去年以来，从事外包的企业实现了最快的增长速度，也就是增长了150%。这个快速发展的部门有推动园区建设的第三阶段的功能，预计在两年内将其面积扩展到目前的5倍。所有大型印度IT公司——Satyam、Mphasis、TCS、Wipro和Infosys都已经来到这里。上海浦东软件园还容纳了花旗银行和毕博之类的美国跨国公司，以及大量的较小型量身定做的IT公司，其中部分公司直接为美国客户服务。[7] 多数外包工作都是为日本公司的，但据吴估计，未来几年，美国订单将有实质性的增加。[8]

除外包群体外，上海浦东软件园还瞄准了其他两类工业集团：信息安全和微芯片设计。这些选择显示出隐藏在园区建造和概念化后面的政府操控。上海浦东软件园是上海市政府与新成立的信息产业部之间合作

上海浦东软件园的高空远景

的结果。作为中国进军全球高科技领域努力的一部分，它被指定为国家软件产业基地和国家软件外包和出口基地。这些头衔旨在显示一种特权；对于那些了解政府支持会影响投资好坏的国外投资者，园区方面希望给他们留下这种印象。中国政府对信息安全产业部门的支持也加强了投资者的信心，使他们相信其知识产权会受到保护。至于使用当地技术员工的芯片设计公司，这是对中国拥有创造自主高科技知识产权的国内人才的一种信心十足的宣传方式。

类似于所有此类企业园，上海浦东软件园对其预期承租人提供了优惠的条件，包括大规模的税收减免（在公司开始赢利后 5 年内），其中部分专门针对先进的技术公司。租金比在上海中心商业区或浦东陆家嘴市区的公司办公室的租金低得多。“软件公司需要更低的价格，”吴指出，“因为他们基本上类似于雇佣低成本编码员的工厂。客户也需要更大的带宽和连接，而这是市区办公室所无法提供的。”另外，园区还提供了一系列支持服务和设施——一个信息共享中心、一个为可再度使用的技术创建的软件模块银行、一个出口服务平台、一个公开实验室中心和一个整合电路设计平台，所有这些都经过精心挑选，以满足承租人的需要。因为上海电力部门是 50% 的股东，因此不必担心妨碍区域商业的能源不足或轮流停电的现象。这也是促成 2004 年中国政府努力减缓“过热”经济发展速度的一个主要因素。

吴表示，在上海浦东软件园区的公司面临人员更换问题（第一阶段数据显示，平均更换率为 20%，而我的非正式调查数字在 25%~30% 之间），但他认为这个问题不重要。“公司已经将其视为在此从事商业活动的成本之一。他们在培训员工方面投入了大量资金，他们也接受了这一现实，即其他公司将为熟练员工付出更多。”我采访的其他经理没有他那种超然的态度。他们在这个问题上比其他任何人都更容易激动，尽管他们不愿意批评那些用更高的薪资挖走他们的员工以开办商业机构的新公司。相反，到目前为止，他们仅指责员工自身过于自私。

沟通困难不仅仅源于文化差异

最让经理们堪忧的是大学毕业生日益膨胀的野心。他们哀叹，没有人满足于寻求一种稳定的职业轨迹。这类工程专业技术人员不愿意签长期的工作合同。他们都要求短期工作合同，并期待快速提升、增加薪资和对他们来说过早的管理责任。毕博业务经理比利·耶普（Billy Yep）指出，中国正在经历具有自身特色的“自我的一代”——并将其归咎于中国的独生子女政策。“整个社会每年都在期待独生子女取得进步和成就。因此每个人都想最多在两年内成为项目经理。”他曾在上海浦东软件园里看到，跳槽率在某些情况下已上升到每两个月一次，这种人员更新率与他在新加坡的稳定的同事队伍形成了鲜明的对比。将这类寻求自我的个人融入团队是他日常面临的挑战。某美国软件公司人力资源经理詹姆斯·贾斯帕（James Jasper）指出“这些孩子们从来就没见过低迷时期，在那天到来之前，他们将被宠坏。”

耶普和贾斯帕的评论反映了上海国外公司人力资源经理的普遍看法，他们都在感叹上海新一代年轻人的工作心态。在快速转变的经济时代，这种针对一代人的抱怨言论一点也不少见。既然这样，这些年轻人似乎是从上海的新兴都市文化中学来这些坏习惯的。因为这些新的职业机会，该城市被娇惯的年轻人失去了学习多数雇主所推崇的以耐心和忠诚为特点的职业道德的机会。但引发这种猖獗的利己主义环境的又是什么呢？究竟是谁宠坏了这些人？几乎可以肯定的是，部分原因在于那些同类的国外公司所具有的机会主义性质的投资，这些经理正在吞下部分由离岸公司冒险主义播下的苦果。那些总是在寻求最有利机会的跳槽员工的不忠意识与投资者总是在追求最大回报的贪婪意识并没有明显的区别。

当他们前来寻找完全合适的员工时，经理们很难对招聘的人员感到满意。除了对上海年轻人过度的个人主义外，我同样经常听到经理们关于他们缺乏个人进取心的抱怨。一家总部设在洛杉矶并在上海浦东软件园和班加罗尔设有离岸地点的软件开发公司埃弗斯（Everse）总经理马克·卡维奇（Mark Cavicchia）发表了一个常听到的观点："中国人习惯共同思考问题。他们没有个人空间的概念。他们不具有个体的思维方式。"对需要分析技巧的职位，这种不足是一种真正的障碍。某家美国跨国公司负责向当地员工培训的技术经理雷蒙·戈文德（Ramesh Govindan）评价这种现象："他们不能跳出原有的思维框架，这在 IT 产业不是一件好事。你告诉他们做什么，他们将做得很好，但他们不会偏离这些指示。在高科技产业，你应当开发技术，并发挥到极致。你应当说'现在我需要 10 个步骤来完成它，我能不能只用 5 个步骤呢？'你很难在中国技术人员中看到这种情况。"

另一个更大的管理难题是，他们在与其中国员工沟通时存在差异。戈文德这样解释："他们的意思与他们说的话有所不同。当你交代他们什么事时，他们点头说'是的，我明白'，而实际上并不明白。因此我让他们用自己的话来说，看他们是否真正明白。"在他看来，更糟糕的是"中国技术人员也知道问的什么，但他们不想告诉你答案——他们知道答案，但就是不想告诉你。"他的评论反映了外国人对大陆人的普遍看法，即大陆人不习惯于直说，尤其是对他们的老板。某英国猎头公司地区总管克里斯·格罗克（Chris Grocock）准确地指出这种症结所在："在文化上，中国人不大愿意带来坏消息，或者他们不大愿意说不。因此回答问题时通常要么绕弯子，要么答非所问，或者装作没听见。"

戈文德、格罗克和卡维奇表达了我为写这本书采访过的至少 50 名 IT 服务或制造业经理的共同看法。对他们每个人来说，他们认为的"中国特色"是对理性公司行为的一种障碍，也是对这些想做管理改革者的人的挫折与挑战。⑨

• 中国大陆员工遵从老板交代的一切，但在要求自己思考时却感到困惑。

• 由于受中国文化中“面子”的普遍影响，他们不愿冒险指出他人特别是老板的错误。

• 他们学得很快，但前提要有人做示范。

• 中国教育的体系过分注重操练和惯例，因此中国员工需要接受严格的再培训，以便能创造性地思考和行动。

• 如果他们成为经理后恢复“老板总是对的”的教育，他们更有可能培养出奉承者而不是优秀的执行者。

• 他们没有太多的忠诚概念，很可能带着公司的知识产权离开。

• 独生子女政策使他们受到过分的溺爱，因此他们是以自我为中心的，在团队工作中不能与他人合作。

几乎所有我采访过的人对中国大陆员工的工作心态都表达了类似的看法。多数人似乎都乐于提供这种全面概括的观点，即使是那些来到中国只有几个月的人。这种大胆放肆的评论是由于不讲中文的外国经理通常只通过类似于旧上海的买办的当地中间经理与员工进行沟通。随后我开始怀疑他们都读过机场酒吧里的同一本书。实际上，城市中最流行的商业图书的目的就是帮助外国人对他们将会面临的文化差异做好准备。这类小册子像公司顾问劳伦斯·布拉姆（Laurence Brahm）的《什么时候“是”意味着“否”》（*When Yes Means No*）一样都有着有趣的书名。[10]这些书吸收了数百年的东方主义文化，因此他们经常是西方人关于亚洲习俗的看法的翻版，将布拉姆等老中国专家的叙述改头换面成权威人士的观点。类似所有此类贸易的论调使读者相信，表面上看似相互矛盾的观点实际是同一种心理的两个方面。这样，“东方的（事物）”在西方人眼中既模糊又清晰，既奇特又太熟悉，不像我们的而又能与我们的方式相容。

言归正传。我采访的经理已经接受这种观点，即大陆人在考虑问题和采取行动方面亦步亦趋，个人主义是该文化的外来产物，不管是来自于数百年的“游牧部落”王朝，还是来自于数十年的社会主义的集体主义。源于西方对中国人长期以来的不信任，只要有一点点机会，他们还相信中国的员工就会利用跨文化差异来进一步满足自身的私利。第一种观点将其员工对冒险的厌倦，解释为似乎是受儒家盲从文化限制的影响；第二种观点将其少数员工的进取行动解释为他们道德盲目的表现。如果这两种观点看起来相互冲突，总是可以通过下列方式加以合理化。前者提炼出“亚洲专制”的最坏表现——对权威的集体遵从，后者浓缩出“西方个人主义”的最坏表现——寻求第一。

然而，当经理们作出此类评论时，事实上他们根本不是在说他们的中国员工。他们只是在为自己辩解，为何没有一支能满足他们所有要求并且廉价的理想的员工队伍。无法随意找到这类员工是他们不满的真正原因。比如，它说明了人力资源经理对当地员工的天资进行个性测试如此感兴趣的原因。现有数家上海 IT 公司正在开发能够识别跨文化差异的软件程序，以招募最合适的中国员工。[11]

部分管理方面的挫折来自于在离岸地点运营所面临的超强压力。比如在 IT 服务行业，有许多仅需员工按照手册规定流程或项目经理提供的模板进行操作的与职位相关的任务。实际上，对许多业务流程外包任务来说，必须以这种形式写出流程，以确保客户与离岸地点所在地的工人进行有效的沟通。要完成此类任务，所需脑力劳动并不比组装线或数据录入工作差多少。机械性地工作运行，产品发送的每个阶段都有流程作保证。此外，仍然存在一些需要通过个人解决问题的任务，因而要求某种程度的个人主动性才能完成。在传统的大型公司里，这些工作可能被分解，并分配给不同薪资水平的不同部门。但经理们，特别是在知识化的产业，越来越多地要求员工具备更大的灵活性，可按要求接受和完成任务，而不需考虑他们的薪资水平。尤其是在更小规模的公司，它们必须利用有限的劳动力储备竭力维持利润空间。但对那些希望靠离岸地点的节约下的成本以求尽量拓展到他们的各项业务中的跨国公司来说，也没有些许区别。

员工对这些多重要求会作何反应呢？上海浦东软件园某美国跨国公司一名工程师卢诗伦（音）使用了一个数字化比喻来描述这种结果："这就像在你的头脑中打开不同的程序或应用。你半天用的那个程序只为输入，另一个程序则是更加交互式的。在此，你会感觉你在与程序竞争，像在玩游戏，或者你正在制订新的规则，以使程序为你服务。卢解释说总经理已经告诉她，IT 行业的目标是"工作得更出色，而不是更努力"，但她承认经常很难理解老板究竟想要什么，除了"我们不应该超过项目计划时间表或超出预算"。连她的项目经理都承认他自己已经不再仔细听他上级的话，因为上级经常提出相互矛盾的要求。有些员工，特别是那些在中国和西方公司都有过经历的人，能很快明白文化差异有时也无助于事。卢的室友、某印度公司的程序员阿尔伯特·张解释说："在中国公司，老板通常总是正确的，因此不会造成混乱。我喜欢外国公司风格，在那里，你可以自由发言，并参与决策。但这就意味着经理也要更坦率地表达他所需的。"他以严谨的外交口吻补充说，"有时，我认为他要求得太多了。"

在中国员工看来，国外经理令人难以理解。他们的要求更让人难以捉摸，特别是当他们试图将那些陌生的公司政策转化为对某个没有经验的当地员工时。创建多数离岸地点的初始目的是为了削减低技术业务的成本，因为他们是价值链中最廉价的一个环节，但高端业务给他们带来的压力来得很快。如果当地薪资上涨——并且在上海 IT 产业已经出现这种情况，经理们必须实现更高的利润和产量，而通常使用的劳动力却大致相同。因此对员工的要求则成倍增高，他们要担负许多不同类型的任务。在这种情况下，沟通变得更困难，员工们就又多了一个新的跳槽理由，寻找更有利可图的机会或压力稍低的工作。所造成的高人员更新率将使遗留的额外负担转嫁到未跳槽的员工身上。

为了控制薪资膨胀，雇主开始使用转移到更廉价地点的威胁策略。编码、编程和其他死记硬背的操作似乎注定要转移到内地，或北方的大连等地。对那些无需像制造业者一样进行搬迁的 IT 服务公司来说，远在西部的城市的诱惑是值得考虑的。成都和西安等地的官员们正在承诺这种有利环境。希望尽快创办自己的公司的张已经总结了这种可能:“我可能先于我的雇主到那里去,”他一语双关地说。他和他的同事们曾经见证了国外公司在不到10年的时间里逃离他们在东亚的其他地点。他们很清楚,这些公司的好时光终将结束,因此他们没有理由逗留下去。“我的知识将和我一起离开,”他坚定地说。“它不会被任何人转移走。”

在东西方变化中寻求平衡的中国工程师

因为私营公司雇主通常不会雇佣超过30岁的人，所以我在软件园采访的所有工程师年龄都二十几岁，而他们的家世却是现代中国历史中重要的一部分。他们中许多人的父母或祖父母都曾经从这座城市被下放到内地农村或乡镇工作。他们的前辈们掌握技术，受过良好的教育，曾被委托与欠发达地区人口分享他们的技术。从某种意义上来说，这是今天公司所称的知识转移的社会主义变种。不同于公司版本的是，它是为了平衡而不是利用沿海城市与农村的差距。这种强制性重新分配数百万技术人员以帮助在内地城市和农村地区建造工厂的做法是最受争议的毛泽东时代政策之一。下乡运动的全面冲击之所以广为人知，主要是由“文化大革命”时期“下放一代”来承担的。但这场运动始于20世纪50年代，甚至持续到1978年后，期间近80万上海人被下放到其它省份，留下来的充当了农村和乡镇企业及合作社的“星期天工程师”或周末顾问。当然，这项政策在那些年中也被利用了，许多持不同政见者被定期送到类似西伯利亚的中国山区。1968年后，那些破坏性太强而不适留在城市中心的“红卫兵”学生们最终也被包括在内。他们高呼着“向农民学习”的口号被送到农村。

许多年，有的甚至是几十年以后，这些下放的一代才有机会重返上海。对那些被迫下乡感到怨愤的人是对这一政策呼声最高的批评者，要求补偿他们生命中“损失的十年光阴”。[12] 国家计划经常将他们输送到不切实际的环境之中，事实证明他们实现脑力与体力劳动有机结合的崇高目标是不可行的。然而，还有许多人在被称为“雷锋精神”的指引下做了大量的牺牲。雷锋是共产党宣传中最受公众瞩目的“劳动模范”，“我愿做革命事业的一颗螺丝钉”。他们总结说，中国国家建设的需要比个人的职业理想更伟大也更迫切，因而他们扎根遥远的省份，在整个毛泽东时代都在建设中国的工业基础。当他们的儿孙们于20世纪90年代返回上海地区时，再次响应了中国的工业发展需要。在某种意义上，熟练掌握技术的新一代正被“上调”。他们受国家或处于萌芽状态的劳动市场引导或操控。这回，社会已进入高科技时代——计算机、电信、微芯片、汽车和生物遗传学，并且位于中国最发达，而不是最不发达地区。

国外经理经常引用以下情况，即年轻一代的父辈们在“文化大革命”时期，大学教育的损失是中国缺乏四、五十岁老练的管理人才的主要原因。至于更老一代的上海人，公园的椅子上仍然坐着这些在20世纪三、四十年代学过英语的老人，他们保持了那个时期着装整洁的一些习惯。他们所说的英语依稀带有已经成为语言学历史的当时的口音。在上海图书馆，在外语区他们很惹人注意。他们或是在阅读评论杂志，或是阅读从前领域的专业刊物。而在同一个图书馆桌子上，他们的孙子辈们正在浏览《华尔街日报》或把商业或管理教科书硬塞进大脑。商业图书在上海年轻一代中十分流行，读者对它们比任何其他西方流行文化都更加如饥似渴，尽管励志图书——从经典的戴尔·卡耐基作品到更现代的史蒂芬·柯维（Stephen Covey）的《高效人士的七个习惯》(*The 7 Habits of Highly Effective People*）正在占领一席之地。

我是在图书馆遇到刘宏建（音）的，他的读物果真是《追求卓越》（*In Search of Excellence*）之类的商业权威书籍。他正好在上海浦东软件园的一家软件公司工作，所以可在访问园区时轻易碰到他。他的家世和我采访过的许多人相似。他做工程师的父母都是20世纪60年代在上海受的教育，随后与他们的化工公司一起被下放到湖南省离毛泽东家乡不远的一座小城市，刘说毛泽东“是他父母心目中的伟大英雄。他父母在湖南见过一次毛泽东。他们以他为榜样，即使是在每个人都在为生存而挣扎的艰难岁月里”。刘自己则没有为这个“伟大的舵手”尽义务的意识：“比尔·盖茨是我的偶像，他也很专制，他赢得了支配地位。”他给自己起的英文名果真是 Bill。

像他的许多同事一样，是刘的父母决定让他主修机械工程的。在他于 20 世纪 90 年代后期进入大连大学时，政府不再负责他们的工作分配，但仍然给他们提供一些择业信息，尤其是对来自内地省份的学生。起初刘很高兴听从了他父母的择业建议，但在培训过程中，他开始热衷于计算机，并意识到 IT 行业如何会给他带来财富。“互联网络繁荣势头仍然强劲，”他回忆说，“中国的网络发展比任何地方都快。每个人都说上海是最好的去处。”从华东理工大学计算机科学系获得硕士学位后，他留在了上海。因为他的技术很吃香，他肯定可以获得万众企盼的户口，那使他可以完全享受这座城市的住房、教育和福利待遇。

他的受教育经历意味着他永远无需“在制造业中弄脏双手。”在从湖南返回上海的途中，他决定“车间和组装线对我来说不是一个好的环境。机会有限，而且中国制造业工作的名声不是很好。软件行业声望高得多。如果你想创造价值，那不能在制造行业，至少不能在玩具、布料和灯具之类的简单产品上。”而他的父母又怎么样呢？难道他们不曾为良好的愿望而弄脏双手吗？“是的，”他承认，“他们为中国的发展作出了贡献，但国家只有简单的需要，因此他们也只有简单的需要和简单的生活。现在我们的目标定得更高。”

在他们的企业以及其他成千上万家国有企业被迫裁减 1/3 劳动力以后，他的父母恰巧都很幸运地保住了工作。当刘在国有公司找到他的第一份工作时，他体验过同样的工作文化。尽管公司进行了改组，并削减了“剩余劳动力”，仍然没有什么工作压力。“有很多时候我一天什么有意义的事也没做。或者至少没有为公司做事。我利用这个机会努力学习英语和计算机技术。”刘的工作经历持续了一年多一点。“我只能通过努力工作而学习，我只有工作努力时才感觉舒服。年轻时，你必须忙碌和活跃。”他对那个工厂的最深刻的印象就是他经理的缺点。“我老板只为自己考虑，”他回忆说，“一点也不为公司考虑。不像公司重组前的那段时间，他会和我们讨论事情，但我不相信这会对他的决定产生任何影响。他不大考虑我们的想法。”

刘对其经理的看法并不针对任何权力滥用，也不代表过度工作的员工的观点。相反，他设身处地看老板，并推而广之看公司的命运，以便以管理效率的标准对他进行衡量。他已经在思考自己如何可能成为一名更高效的经理。因此，他想成为经理的“智慧源泉”的渴望，不等同于他父母所坚持的传统的自我牺牲的精神。他说，他父辈的中国人，“除了服从别无选择。现在我们有了选择，但我们却不知道所做的选择将把我们带到哪里。”

偶像崇拜式的思路决定了他下一份工作的选择，在跨国公司做一个软件工程师：“我的美国经理和我说话很直率，并要求结果。中国经理在向你要求结果前，须先对你的努力表示欣赏，好像是在索要好处。他们表扬你，然后向你要求回报。因为外国人说话直率，员工也可以对经理更加直率。在中国，这不是很礼貌的做法，但它却是从事商业的更好方式。我要学会这一点。”

作为一名没有多少经验的工程师，刘对他的工作场所有几种选择。考虑到他的愿望，他发现了一系列有助他尽可能扩大关系的工作，尽管他现在的雇主给他的薪资比他在别处能获得的少：“我需要 IT 公司的经验，以增加我投身商业的机会。软件的商业应用是所有良好关系之所在。通过这份工作，我能与各种领域的人打交道——制造业、银行业和零售业，我能从这些不同领域中学到知识。”沿着这条路走下去，他信心十足地期待着 10 年后运营自己的公司。目前，他正在从与客户和经理的交往中学习商业技巧——一名美国人和一名新加坡人，他们挥动皮鞭的速度比他过去的老板快得多。如果他们更厉害地驱使他，他会更尊重他们吗？他笑了笑，然后绕过这一问题。类似艾米莉·张，他知道在技术领域工作意味着更长的工作时间，但他并不想一天二十四小时工作，双休日还要常常被分配任务。“我希望我的生活更平衡，”他最后承认。他妻子也是湖南人，在一家英国跨国公司做销售工作，平均每天工作10小时，但经常周末休息，想让他也更多地待在家里。

刘的想法在那些期待快速提升的员工中很普遍。当他深思熟虑自身的处境时，正是从他的经理们的角度和自我分析中得出新经济管理真理的，而这是关于风险和灵活性的绝好品质。这些东西都是他在图书馆里的商业书籍中读来的，到目前他还没有理由怀疑它们。然后，他的选择从根本上受到他所谓的“压力”的制约，这是我采访的工程师描述他们的经济处境时最常用的词汇。他也知道，即使是在这样一个生活费猛涨的城市里，也有许多人愿意列队期待获得他的工作。作为一个在上海生活了4年仍然不知所措的外地人，他觉得不知为什么成功的机会还是太少。IT也不是一个很稳定的产业。他说：“现在，客户只要求解决他们的问题，他们只看重结果，并不关心你用什么技术来解决他们的问题。”

技术已经不再能给客户带来惊喜，但类似刘的员工们必须超时工作，以跟上新的IT应用的步伐。像我采访过的几乎每一位工程师一样，他每周都必须花费数小时业余时间浏览技术网站，以了解最新信息。尽管这些时间并不包含在他们大致估计的工作时间内，却是他们工作周重要的组成部分。即使他没有商业抱负，刘也清楚他可能不久后就必须向经理职位进军。更年轻的技术人员总是更了解新技术，因此雇主毫无疑虑地偏爱他们。此外，数名工程师朋友已经离开私营的IT部门，选择了更健康的工作环境。受过度工作和业绩压力的影响，他们已经有一段时间在寻求更平衡的工作生活了。现在他们正在传统行业或国有企业从事网络维护或系统支持工作。尽管他们的薪资降低了，但他们的日常生活轻松了很多，有更多的时间和家人待在一起。刘已经决定，一旦他的企业家梦想破灭，他也会以这种选择作为他的安全保证。

在我们两次会面中间，刘利用“五一”长假回了一趟湖南老家。政府已经延长一些国家公休日以刺激大量消费，他开玩笑地说他“是一个糟糕的爱国者”，因为他不愿意光顾购物商场。但这次回家让他想起了自己的根。“我的生活实际上被一分两半，”他说，“在我的工作团队，我必须以西方方式思维，但在家里我必须保持中国方式。我们必须从外面学习东西，但我的个人生活却不会改变。我要做地道的中国人。”这就是做一个现代中国人的方式吗？“可能，”他回答，但他也认为这两种方式的结合“在中国并不是新鲜事，尤其是在上海”。

刘使人想起关于中国人如何在“学习西方”的同时保持本国文化的百年争论。那是值得简要回顾的一段历史。当19世纪旨在摆脱清政府统治和外国占领的中国民族运动兴起，目的并非使这个国家重返孤立的道路。寻求西方的新技术和思想成为各类民族主义者生来自带的追求。但公平分配利益的能力受到中央集权的严重制约。尽管或可能是因为他们的农民基础，中国新的共产党领导从来就不反对技术现代化。如果有什么不妥的话，就是他们在时机不成熟的时候急于在各省份带来现代工业。毛泽东实现农业机械化的努力，以及“大跃进”背后救世主似的目标（“十五年内超过英国！”）都是时机过早或一厢情愿的事例，这使许多中国人付出了沉重代价。

毛泽东本人在国外被认为是狂热的田园诗人，相信农民知识胜过相信受过教育的技术人员的专业知识。与国外的想像相反，毛泽东从未停止过促进快速工业化的进程，并坚定不移地相信有必要从其他国家学习最先进的技术。“我们必须两条腿走路，”他告诫说，意思是中国必须同时包容现代性和传统性，走技术和自力更生的道路。⑬考虑到中国所面临的巨大障碍，没有人会怀疑他们取得的显著进步。实际上，如果毛泽东时期没有建立拥有先进技术基础的强大的现代化社会，西方强国就不会像以前的尼克松总统1972年所做的那样，不得不要求进入中国并讨价还价。对国外投资者来说，中国健康有利的基础设施（现在，它拥有比除美国之外的其他国家更广泛的高速公路系统，以及更令人羡慕的高科技基础设施）成为它相对于其他发展中国家的主要优势之一。

对奢侈品和现代化的追求。摄于上海淮海路保时捷汽车经销处

实际上，中国政府自20世纪50年代以来一直在通过正常交易持续引进技术。起初技术转让主要来自苏联和东欧国家——包括数百家设备齐全的工厂，外加完整的设计图和说明书。此外，1万名苏联技术人员来到中国，多达1.5万名中国人在苏联被培训成工程师。在两国关系破裂后，这种交易转向了日本和西欧。到1979年“四个现代化”被写进中国宪法，宪法规定了允许引进国外投资和国外技术的重要决定。如果中国要实现现代化目标，则需要开放政策以吸引国外资金以及专业知识，包括管理和市场知识。⑭

过去是“指令性的”，而现在却以“技术”为导向。人们经常以邓小平的著名言论来说明这一观点：“不管白猫还是黑猫，能抓老鼠的就是好猫。”政府实行这种务实哲学将对刘宏建之类的工程师的作用带来什么影响呢？而新一代技师正在将技术卖给出价最高者。

现在人们已经没有义务与那些受教育程度较低的群众分享知识了，当然要入党则不一样——它还将帮助你的事业，特别是在你为公共部门工作时。另一方面，国家建设对多数中国人来说仍然是一种生活方式。如果有什么区别的话，那就是在20世纪90年代政府在教育系统纳入大量爱国主义教育内容以后，它变得更加明确了。[15]对于刘这一代那些无论如何不愿意坚持热情洋溢的政治观点的工程师而言，他们强大的爱国主义凝聚力是确保中国日益上升的强国地位的关键。技术现代化仍然随着来自海外的包裹进入中国，这个包裹被贴上了跨国资本主义的管理需求和期望的标签。但当他们打开包裹，重新处理其中的内容以及快速传播结果的企业化能力，预示着在不久的将来这个国家将能完全依靠自己的双脚站立起来。[16]

为了在国家建设中发挥这种作用，新一代上海的工程师必须尽可能现代化。他们必须熟悉国际商业操作的方式，无论他们是在IT服务部门还是在精密制造业领域工作，包括讲英语、直接沟通、接受市场习惯并理解技术、商品和知识在国家之间的循环方式。所有这些都包含在被冠以“知识转移”标题的西方商业技能包里。所讨论的知识不仅限于技术层面，更是一个植根于资本扩张规则的完整的精神状态。

但是在传播西方化的市场文化之外时，这种变现代的激情的影响却是难以预料的。在我进行本书研究的早期时候，某苏州工厂的一位美国经理自豪地对我说，他的员工由他所称的“现代中国人”组成。当我问该公司的中国籍业务经理这是什么意思时，他皱着眉头大声说：“没人知道什么是现代中国人。”从那以后，我问了我采访的所有人这种概念是如何被应用于他们的生活的。大多数人都认为自己更加传统，而不是更现代，其中包括许多在令人头晕目眩、心跳紊乱的上海市长大的人。这也引出了一个同样有趣的问题：在这种环境下，什么是传统的中国人？对我采访的大多数人来说，“传统”似乎是一个民族主义的字眼。对那些可能被视为想成为西方人的中国员工来说，它是表达忠于其乡土理想的一个机会。

灰领工人的兴起

我在上海碰到有一个叫肖恩·陈的灰领工人，在上海最优雅的静安区长大。他的父母分别是英语老师和城市规划设计师，从小就让他接受新的开放思想。他英语能力非常出色，穿浅灰色圆领汗衫，戴黑色厚框的设计师眼镜，他看起来可能来自香港、多伦多或曼哈顿等城市的时髦地方。我有一段时间对他熟知比席琳·迪翁或后街男孩更广的音乐所迷惑。他证实他一开始就是 Outkast 说唱乐团的乐迷，并曾喜爱过酸性爵士乐，他对这种音乐的品位即使在它数年前的全盛时期也是不同寻常的。我本来不会想到他还会喜欢尼古拉斯·雷带有怀旧情绪的影片。但还有与其外表不大一样的另一面："我不赞同随意性爱以及拥有不同的性伙伴。"在这个有昂贵的、充满异国情调的女性内衣、全功能移动电话和一流品牌成为年轻人的流行的城市里，他并不喜欢淮海路上的时尚消费群体及其另类（亚文化时尚群体）。"我对品牌文化感到很不适应，它就像是一种疾病。另外，我们中国人所做的一切并不新鲜，都是一些复制品或外来物。"

他厌恶地宣称，更糟糕的是茂名路上的夜总会这种地方，而这正是棉棉（《糖》、《啦啦啦》和《盐酸情人》的作者）和卫慧（《上海宝贝》的作者）之流的夜总会的年轻人们在其出格的"鸡仔文学"（chick-lit）中所推崇的。当这些小说正在描写与西方伪反叛颓废派同步的上海新一代年轻享乐主义的形象时，他已经成年。政府审查员马上以西方腐蚀影响为由禁止了这类书籍，而且我认为陈也可能做了同样的事。如果这种生活方式是现代化的缩影的话，"它没有朝着健康的方向发展，我不会以现有的生活方式来换取这种方式。我们的传统是能使我们内心强大的方式。家庭和朋友是第一位的，如果我们忘记这些，我们将不再是中国人。"

陈并不认为自己对国民经济有什么重要贡献。“作为一名软件人员，我没有感到很特别，”他若有所思地说，“如果我是一名太空工程师，或者是物理学家，我也许会。像我这样的人可不是民族英雄。”他也不认为作为一名受过良好教育的都市人的相对优势是长久的。“我猜想我们上海人总是典型的、傲慢的，”他开玩笑地说，“小瞧来自国内其他地方的人。繁荣时期到来时，”他笑着补充，“我们拥有他们所有人都想要的机会。”获准登记为城市户口曾经是通向好生活的通行证，但在1992年浦东开放后的几年间，上海户口成为最吃香的东西。类似张、刘与陈也在忧心忡忡地看着大量的求职者。“我很幸运，”他说，“但我不认为我的好运气能持续。压力正在增大。另外，据说现在在中国，在你刚满24岁时，雇主就认为你老了。”⑰

除了面临缓解快速增长的总体失业的趋势外，政府官员也特别关注熟练技术工人的短缺问题。到2005年春季，中国政府承认，每个有经验的技术工人都有88个空缺的职位在等着他，而每个工厂工程师则只有16个空缺的职位。⑱如果不对受国外资金刺激的增长加以控制，这种短缺将变得像迫使许多三角洲工厂交错生产的能源短缺一样严重。2004年初，教育部发动了一场为这些工作额外培训百万工人的活动。劳动部门已经开始将这些工人正式称为“灰领”。作为国家计划的一部分，短期培训还将面向300万技术层次的学生，该计划动用了500余所专业培训学校和1 400家公司和企业。灰领涉及的工作范围很广，包括了从时装设计师到软件工程师、从作家到数控技术人员之间等。⑲招收的学员预计用来填补非技术蓝领工作与多数院校毕业生所渴望的白领专业和管理岗位之间的空白。⑳除了无孔不入的女性内衣广告和移动电话广告，上海地铁站还挂有介绍这些工作和招聘需求宣传的公示牌。

陈认为自己正处于这种位置。“我绝对不是白领。他们的工作和生活比我的更受人控制。尽管我是一个低层程序员，我却更能凭自己的想像控制自己的环境。”有些被指定的灰领职业是最受那些希望促进“创造性产业”的大城市欢迎的好工作。如果中国在国外投资的恩宠下想继续它在价值链上的长征的话，那些不大诱人的工作确是必须的。长江三角洲地区的每个制造商都需要熟练的技术人员，不仅是为了保持生产水平，而且也是为了通过组装和测试来改进工厂，以适应产品工程和设计之类的高级业务需求。在上海的IT服务部门，从“编码农场”这种工业程序提升到知识富集型商业战略咨询王国的努力，要求类似的技术投入。没有这些技术的过度供给，薪资膨胀和高人员更换率将继续打击国外投资者的离岸扩张计划。

公司自然向政府寻求帮助，以此解决他们的问题。通常情况下，劳动力短缺问题通常不会与中国联系在一起的，不像世界上任何其他地方，中国可以大量提供。尽管没有与建造三峡大坝的那么大规模，旨在培训能干灰领工人的倡议也是一种大规模的人力资源补充努力。它同时也是中国政府通常在那些仍然自认为是自由贸易受益人的投资者的优惠清单上添加的一剂镇静剂——优惠条件包括实际免费的土地、大量的税务减免，以及执行劳动法（在字面上是世界上最好的）软保证。

陈主要希望与有过软件行业经历的经理和工程师共事，他曾在上海浦东软件园的一家印度IT公司从事其第一份工作。从第一天起，他就开始意识到促使两国进行竞争的因素：基础设施质量、劳动和社会保障成本、中国市场的潜力、语言和其他配套技能以及客户的满意程度。“中国劳动力很廉价，但相比之下，却并不是最廉价的，”陈一语双关地说。“意识到这一点对我在工厂的表现产生了较大影响。”尽管面临着压力，他也不投入那些被视为在IT产业典型存在的额外时间。在印度公司，员工时间比较灵活，但我发现员工每天工作时间通常不超过八九个小时。即使这样，他们仍在谈论他们即使在下班后也在受“未解决的问题”的困扰。对知识工人来说，则无法逃脱这种职业风险。一年后，陈的月薪是3 000元人民币，略低于上海IT市场的平均薪资，但他觉得他正在接受该行业最富经验者的培训。该公司的多数客户是日本人，但也有一个在中国有大量业务的美国客户，并刚与另一个正在向长江三角洲转移业务的美国客户签订了合同。陈不久将在美国专项业务中与该客户直接打交道。

面对他即将从事曾经由美国人从事的工作，他对“夺走”这份工作有何感想呢？“这份工作也有可能曾经在印度，”他推诿说。在我的催问下，他承认美国人难以保住这种工作：“他们必须重新培训，并找到更有价值的工作。不管怎么说，他们更具创造性，但我能与美国人一样做好这份工作。而且如果与亚洲客户打交道，我能做得更好。现在他的工作尚没有受到威胁。”虽然如此，他认为与印度相比更恰当一点。他的经理、一位孟买人经常告诉他，中国人永远无法赶上印度过去15年建立起来的软件优势。陈对中国的前景更乐观：“我们学习很快，而且我们在拼命工作。由于我们起步较晚，我们必须加倍努力才能赶上。中国最终会赢得胜利。”毋庸讳言，上海的IT经理们都太清楚充分利用陈之类的员工的爱国主义是刺激他们的生产力的有效方式。

即使拥有较高的生产力，与印度相比，上海在成本方面仍然存在劣势。陈的经理找到了简单的解决办法：外包到内地。“我的理想商业模式，”他宣称，“是在上海建立拥有一二百名工程师的基础设计劳动力，而在成都等地则有两三千人负责实施——编码、编程、产品开发、测试和低层次工作。”

一位在华的美国商人：谁适应得早，谁就能赢

在上海市区拥有办公室的IT启动公司Bluem的总经理埃里克·罗尼（Eric Rongley）也有类似的计划：“我所看到的是，公司撤离时在美国留下约50人到处寻找不同的项目，在上海部署约200人——项目经理、商务分析员以及其他一些人员，然后在西安或成都部署约2 000人。这样我可以节约近一半的成本。”有一段时间这两座城市的名字被大多

数上海的 IT 公司经理们经常挂在嘴边。它们拥有低劳动力成本、高质量技术大学和研究所以及现存的软件群，使其成为工作转移的当然选择。它们和上海之间长达数千公里的距离与浦东和洛杉矶之间的距离没有太多的差别。

罗尼坦率地谈到了在西部雇佣人才相对当地的成本优势：

如果他们是当地人，那就意味着他们年龄在 25 岁左右，并可能仍就与他们家人共同生活。这里的市场过热，在人才交易方面上它是一个卖方市场。比如一个上海员工小李每晚 8 点回家，而他的邻居则 6 点回家。父母们开始谈论，而小李的父母开始给他施加压力。"你为何 8 点才回家？邻居家的孩子回家可没有那么晚。"而对那些不在上海的人，他们父母却不会给他们施加这种不可思议的压力。上海人已经养成期待任何事情都很轻松的习惯。而我对上海的这种工作习惯看不惯。你会想，"第三世界国家的人们必须勤奋工作。"这里确实有人在努力工作，但当你环顾四周说，"哇，这小伙子确实工作很努力。"而仔细一打听，这人却不是来自上海，而是来自西安或成都。

当时就任美国商会信息与沟通委员会主席的罗尼，是在上海的美国软件外包的形象代言人。在来到上海建立纳维昂（Navion）——他称之为"中国首家成熟软件工作室"之前，他在班加罗尔有过多年的从业经历。为第一资本（随后被印度 IT 巨头 Mphasis 收购）创建那家公司后，他积累了足够的资金用以创建 Bluem。起初是准备试探中国市场，这家公司在与当地商业的几次毁灭性遭遇中遭受了沉重打击——当交易陷入困境时，要么被欺骗，要么被指控参与间谍活动。"中国消费者企图从他们的卖主身上榨取所有一切，然后接着榨取下一个，"罗尼说，"你以为他们会说，'你在为我做一个系统，因此我想试着帮助你。'而实际他们并没有这样做，他们是在与你斗法。他们都不老实，都是同一种文化。"面对这些残酷的耍弄，他集中精力将 Bluem 发展成为针对跨国银行和保险公司的离岸发展中心。作为一种羽翼丰满的外包机构，离岸发展中心通常有四五十名员工完全面向客户——满足所有意向，他们是事实上的大公司员工。比如，一家银行无法像离岸发展中心一样使 IT 员工高效工作，因此它不仅可以通过外包节约巨额资金，它由此也“获得”了大规模缩小的劳动力，即可在任何时候裁减它们而无需支付解雇费。当业务流程外包全面繁荣发展起来后，这个自认为是美国人、中国人和印度人的有机结合体的公司已经完全准备好承接美国公司的外包业务，尽管它目前尚且无法与上海的跨国公司相竞争，如惠普、IBM、电子咨询系统（EDS）、毕博和花旗等，这些公司占有了公司外包合同的多数。罗尼雇佣了一些印度高级工程师来到上海，从事向中国员工培训的工作。另外，Bluem 是我从员工那里听说此事的 IT 公司之一，即这些公司的员工明确被要求更加努力工作，因为他们在印度的同事们比他们挣得更少。不久前，罗尼正运营两个为美国客户服务的离岸发展中心，第三个正在筹建之中，并且他正计划在泰国创办一个离岸中心。在该公司获得 CMM5 级证书（软件产业最高层次的证书）后，他确立了成为中国首家上亿美元软件服务公司的乐观目标。

因为 Bluem 在外包工业中所处的位置与美国经济是血脉相连的，它的前景（以及它的员工工资）随着美国经济发展的快慢而兴衰。罗尼是否认为他的公司与美国工作损失相关联呢？刚开始，他做出了习惯性的自由市场商人的反应：“市场力量自有它的方式，它们是无法阻挡的。每个人都必须适应，谁适应得早谁就能赢。”但随后他给出了他自己对 IT 产业挖空现象的分析。在他看来，真正的元凶是 H-1B 技术签证计划。20 世纪 90 年代，这一计划带来了廉价印度程序员的“人为供应”，压低了 IT 行业员工的薪资。他说，结果美国学生“选择成为律师而不是程序员。现在美国程序员供应低于市场环境所需。”当削减该计划后，“则你有需求而市场却没有供应。”罗尼认为，他正通过提供离岸员工来“暂时”和“人为地”填补这一空白。换句话说，他的员工并没有抢走美国人的工作。他们最多在取代那些通过 H-1B 计划并未经签订任何特定工作合同而专业代工到美国的印度人。

罗尼有充分的证据证明他对 H-1B 计划的估计。人们普遍认为，美国信息科技协会之类的雇主集团联合虚构了 20 世纪 90 年代 IT 工人短缺的假象。[21] 由于他们的游说，政府的 H-1B 计划允许他们享受廉价的印度员工和更低的薪资基础，但却没有充分的证据证明它关于损害了国内供应的观点。即使在科技繁荣期，美国技术公司也拒绝雇佣快到中年的员工，而寻求更年轻和更廉价的劳动力。当在工业界纳斯达克指数暴跌显示其代价后，大量剩余技术员工正等待工作。罗尼自身的商业模式与隐藏在 H-1B 背后的就业计划也没有太大的区别。当所有事情都为人所说并所做之后，专业代工、长期临时工、外包和离岸已经成为一丘之貉，每项都为公司提供稍有差别的方法，以逃避支付市场薪资并为“满负荷工作的”员工承担社会保障金。这一问题的根源比罗尼对供求的分析简单得多。

在资本可以享受无限制流动的自由贸易经济里，投资者也希望能够随意转移他们的人力资源。不管你是被重新分配到最便利的员工储备库还是被编入政府的进口工人救助名单内，都没有太大的区别。中国处于萌芽状态的呼叫中心产业就是一个佐证。在大家都还在全面关注印度呼叫中心部门时，中国已经有效获得来自日本、韩国、台湾地区和香港地区客户的业务。有些地方公司也为美国的华语消费者提供服务。多数这些语言中心以及许多其他面向亚洲客户的业务流程外包公司都建在大连。这座北方城市曾经被日本占领，拥有少量讲日语的中国人。该地区还有大量讲朝鲜语的朝鲜族人。上海则没有这种可用作廉价地方资源的储备。能够讲这些语言的上海人则宁愿从事为日本和韩国客户提供服务的待遇更高的工作。有些公司曾经从朝鲜雇佣讲朝鲜语的员工，但却发现这些员工的口音和交流技巧，通常无法胜任与易怒的客户进行沟通的工作。公司需要找到更直接的途径来引进廉价的讲日语和朝鲜语的员工。

下一个焦点——驻亚洲的美国咨询公司已经通过让员工工作学习相结合的计划解决了这一问题。该计划利用了日本人和韩国人正这习中文的流行风尚。一名公司执行官琼·来恩（Jean Min）解释说："学生被带进来一年。我们为他们提供在这里学习的机会，同时要求他们为我们工作。因此他们利用一半的时间学习汉语，另一半时间从事电话接线员工作，我们将给他们提供学费、住处和机票费。"这些尚未完全准备好从事真正的第一份工作的学生们，能在他们的简历中添加重要的商业经历，而公司则获得了绝好的劳动力——操地道口音的处于最可有可无的位置的低廉成本员工，他们在国外的脆弱性使他们在雇主的手中变得格外温顺。

白领小姐：从国企跳到外企

随着白领外包的出现，语言能力成为影响工作和资本投资全球再分配的重要因素。从前，全球出口组装平台上的离岸工人讲什么语言并没有太大影响。实际上，工人要是听不懂雇主的语言则更好，这样他们就不清楚他们在工厂权利和他们劳动的最终产品。新型的白领外包则差别很大。新加坡、马来西亚、菲律宾和香港地区，特别是印度等国家和地区在利用曾经受英国统治和文化影响的经济优势方面，正处于一个矛盾的位置。比如，他们的客户服务呼叫中心依靠现成的廉价而又熟练的讲英语的人，但即使是工厂技术人员也越来越多地被要求必须阅读进口技术操作手册上的外文说明。英语正在成为纯粹的劳动力力量。在这点上，中国大陆处于劣势（经理通常悲叹"即使说英语时他们也在用汉语思考"），但他们正在快速弥补这一鸿沟。当地政府广泛开展的双语教育旨在培养全中国幼儿讲英语。[22]这种计划走得如此之远以至引发了民族主义者的反对。他们指出，对英语语言培训的巨大公共投资对多数人来说是不必要的，而更神圣的母语却受到了冷落。[23]他们还引用了一段关于韩国人的极端轶事来支持他们的观点来抨击双语教育。这段轶事说的是一些韩国人通过外科手术来剪断他们孩子舌头下面的粘膜，以期他们能

代表上海白领小姐形象的雕塑

讲出地道的英语。㉔

改革15年后，英语技能成为受过良好教育的年轻人进入国外公司——中国经济中有利可图并较有吸引力的岗位之一——的自动通行证。在流行文化中给人印象最深的是20世纪90年代的“白领小姐”。她们是城市中心外企的员工，她们以其时尚感、国际气息和以薪资为基础的社会独立性而著称。詹姆斯·法勒（James Farrer）认为，在上海，她们是“上海女孩最新的典型化身”。在上海，女性的强烈意愿占支配地位。实际上，如同法勒所指出的，盛行的上海家庭妇男式的典型形象是每个中国妇女所期盼的，他们的所有业余时间都花在购物、做家务事和看护孩子上。㉕

国外经理需要当地经理来监督公司的中国员工，他们也需要为他们调理在华日常生活的行政助手，后者是必不可少的，并且总是以个人助理的身份出现，然后再被提升到管理位置。这里有一份典型的职业介绍

（摘自流行的招聘就业网站）：“你将在指定领域从事一般性日常和非日常文书协助工作，以及其他 1 001 件对保障我们运营业务至关重要的事。当你通过努力取得进步后，你将运用你在商业、关键客户、公司业务、程序和步骤等方面的知识来协调、管理程序、项目，并且在团队领导层面协调、管理人员。”

我对外国公司的访问基本上都是由高级办公小姐安排的，我也经常遇到和采访从办公小姐位置上提升的行政管理人员。她们的职业经历是在中国改革时期令人痛苦的历程。“我曾做过办公小姐”，某英国复合材料公司经理王英（音）回忆说。“我们有尊严，因为我们是从许多求职者中选拔出来的，我们为这种称呼感到自豪。随后有人做了一期关于我们的大众电视节目，尽管我没有做过任何一些人在节目中展示的疯狂的事。此后，人们用小姐来称呼某些不太文明的事。”小姐这种称呼是她们这些改革时期的一代人在工厂的第一种性别标志。“此前，不管男女老少，每个人都被称为师傅或同志。作为小姐，我们站了出来，我们是外资企业里中国人的面孔，因此我们是新型中国妇女。”

她说，这种名声值得品味片刻，但公司一旦开始将其外籍人员的岗位向当地人转移时，她发现女性通常不能享受平等薪资。然而更加明显的是有形障碍，“尽管没有人，”她发现，“真正承认它。但是西方人或出生在美国的中国人或在国外接受教育的归国人员占据了更高的位置，如果这种工作经转变和转移到中国后，薪资会大幅度降低。它不是一个仅针对女性的无形障碍，男性也受它的影响。由于我们不允许比较薪资，我们没法改变这种局面。”

她有曾在国有企业和合资企业工作过的经历。目前她就职的公司是一家外商独资企业，因而能够较好地比较工作经历。每家公司都有其独特的文化。当多数学生们仍然根据他们的入学考试表现接受专业分配时，她已经成年。她因持有无机化学学位，被分配到一家国有电子企业从事技术工作，这个专业是她“从第一天起就讨厌的”。从事这份工作期间，她每天只需工作几个小时（“三人的工作五人做”是流行的说法），因此她有许多时间从事她作为公司工会主任的社会活动。放电影、看望生了孩子的女性员工、参加退休人员的葬礼、组织节日聚会和社交出游以及调解工会成员的家庭矛盾等。“我们没有为薪资讨价还价，没有人这样做。你的工资由你的学历和工龄决定，仅此而已。如果你工作了 5 年，你的工资就是 100 元人民币；工作 10 年就是 120 元。你干多干少都一个样，甚至什么都不干，你的收入也不会变。因此为何要努力工作呢？”这个问题非常直白。王从小长大被教育要认真学习，她将她的工作经历主要当成一次学习别人的机会。

当这家公司从美国引进生产线时，需要语言方面的支持，她的英语能力使她成为必不可少的人物。当这种优势变得明显时，她很容易就更进了一步。这次是到芝加哥投资人和一家中国汽车部件公司联合创办的合资企业。在那里，她成了总经理助理。“我认为我的工作效率提高了很多，仅仅因为我每天都有很多事要干。我也觉得老板给了我自行作出一些决定的机会，这也是老板所提倡的。不像在中国工厂，在那里，我每天都知道我要做什么，并且没有一件事需要那些能使我的生活充满色彩的新思路和新东西。”王简要阐述了她的不同老板之间的管理风格和状态的差别。在以前的公司，“员工牢骚很多，但并不是因为他们希望改进什么。他们只不过是想让老板知道他们感觉不舒服，因此他们就抱怨。但是在合资公司，如果他们发现有需要改进之处，他们就向老板报告，效率也提高了。”当然，他们也可能被解雇，因此他们说话很小心，“老板说的就是定论”。国有企业的经理则没有这种权威，而且经常成为蔑视或个人威胁的对象。“有一次，”她说，“我看见工人在打主管。”

合资企业的工会更软弱。“我从未听说过工会解决过争端，”她回忆说，“工会主席通常是‘老好人’，他们总是偏向老板而不是工人。”他们从不与老板争论，并试图劝说工人接受现实。中国人也不愿面对直接冲突。他们试图避开冲突以保住面子，或在事过 3 天后才说出来。这对一个真正的、对管理至关重要的工会来说不是件好事。”与她的新老板在一起，作为一名办公室主管，王已经熟练掌握西方管理技巧。中国人的某些特点导致了商业效率低下，尽管她自己也认为“面子”是与人们打交道的更有人情味的方式。“两种方式我都喜欢，”她说，但像我采访的多数人一样，她发现难以却又有必要“平衡西方和中国方式”。实际上，国外经理在多数技术岗位不鼓励面子和关系之类的中国特点，但在销售、市场和其他面向客户的工作中，这些特点被认为有一定的优势。如同王认为的一样，“客户需要的是服务，而中国人在这类技巧方面训练有素。我们知道如何使人们感觉重要和受欢迎。”

至于在行政管理方面，王觉得女性在上海仍有较大的优势。她们的人际关系技巧更加成熟，如果她们有能力从文化角度让外方经理感到舒服，她们也能满足中国经理更传统的标准要求。本地化的进一步深化意味着他们其中一些人能爬得更快和更高。在我采访的年轻些的行政管理人员中，我发现为企业经理工作的选择比品牌公司的诱惑更受人欢迎。外国公司来到这里足够长时间了，以至于某些个人以他们所在企业的名气为自己赢得了发展机会。比如，珍尼·李在通用汽车公司的一家中美启动公司谋取了一份工作，因为她“想通过学习成功的老板找到成功的捷径。我等不及获得提升，我应该带走我能从老板那里学到的知识，并用它开创我自己的事业。”

用此类充满斗志的语言，她说出了比王那一代人更有信心、更有闯劲的一代人的心声。然而她解释说，她勇气十足的态度只是来自同辈的压力或环境的结果，而不是她个性的一部分。“我压根就对实利主义不感兴趣，但我认识的每一个人都对未来感到焦虑。他们觉得机会不会持久。也许是因为中国的历史，或者可能因为公司转移得太快。现在我的朋友要找到一份好工作已经难得多了。残酷的竞争，”她觉得，“并非是我们所要的生活方式，我们需要更加平衡与和谐的生活。”在她这样的办公室员工中，跳槽现象并不比其他部门少见。据一份调查表明，2003年，所有办公室员工中约有1/3更换了工作，21%的人跳槽了两次，8%以上的人跳槽超过两次。㉖

不像我采访的多数人，作为上海本地人，二十多岁时，李就曾到过一些上海著名的夜总会。月薪6 000元人民币使她明显可以纵容自己享受时尚。我和她说话的那天，她戴着一顶扁平粗花呢帽子，披着昂贵华丽的开司米围巾。但像肖恩·陈一样，她外表现代的风韵掩盖着她对变幻莫测的消费者现代性潮流的厌倦。“我不是个内向的人，”她向我保证，“对我来说，现代意味着肤浅，那不是真正的我。我喜欢写我自己的小说、阅读所有时尚杂志，并且画传统国画是最让我感到幸福的事。”对于中国，她的爱国心是不容置疑的——“我当然爱我的国家”，但她觉得个人没有义务为国家建设作贡献。“政府为我的父母们描绘了蓝图，随后‘文化大革命’毁灭了它。”她觉得也没有任何理由相信雇主，尤其是那些把她的城市当成驿站的外资企业。“我们只能承受对家庭的忠诚，”她开玩笑说，“这就是我们从历史中学到的上海人的故事。”

李有充分的理由怀疑一切。过去50年间，像她这样的城市中国人曾4次被要求重新调整工作状态：第一次，指引他们为新的共产主义国家服务；第二次，缩小与农民之间的差距；第三次，在“文化大革命”期间怀疑老板的权威；而最近是学习西方的商业模式。经历了如此之快的定位转变，谁又能怀疑他们谋求自身利益的谨慎与本能呢？他们正充当全球化的士兵，但并不意味着他们被需求蒙住了双眼。相反，在价值链集团内的工作，正是维持他们自身意愿和各自命运感的一种方式。

四、塔塔先生进城

——进入上海的印度企业

孟买国际机场却大不一样。野狗可能会窜入跑道，机场设施破旧肮脏，周围是游客一眼就能看到的贫民窟市场。没有机场高速公路，也没有通向城市的隔离道路，朝任何一个方向走都可能遇到交通阻塞。公共交通系统过度紧张，糟糕而广受欢迎的郊区铁路负荷超出客运能力的两到三倍。

在2001年衰退后的几年间，美国和英国的多数白领工作都流向了印度，特别是在IT带动的服务（ITeS）领域。这种新的投资潮流明显受公司底线的驱动，但同时也服务于美国政府的地缘政治意图。当面临新德里与北京之间的选择时，前者更有可能成为美国温顺的同盟。在强硬的新保守派中，中国被视为应当受包围遏制的战略对手。当美国国务卿康多莉扎·赖斯于2005年3月访问新德里时宣布“美国的政策是帮助印度成为21世纪的世界强国”，这明显地暗示将利用这两个振兴中的亚洲经济巨人的其中一个来平衡另一个带来的影响。

没有哪一个印度精英集团成员会错过这一大好时机。抗衡中国曾经是数十年来的区域特征，最近又已成为了严重的经济担忧的根源。但华盛顿亲近印度的结果却无法保证。就在赖斯声明之后两个月，中国和印度就宣布将举行有历以来的第一次联合军事演习，这预示着美国对中国遏制政策将命运多舛。[①] 实际上，中国和印度在诸多工业部门建立了广泛的双边贸易关系，标志着中印合作新时期已经开始。至赖斯声明时，这两个亚洲国家之间每年的贸易额已达136亿美元，并且两国政府都在忙于签订新的协议，开辟新的合作领域。

在ITeS服务领域也出现这种势头，这是印度企业向国外投资的主要领域。ITeS 首次繁荣期之后，印度的工业界的会谈话题都是关于中国这个未来的竞争对手的。实际上，在 2003 年夏季，著名的甘特咨询公司的一份研究报告表明，到 2006 年，中国将超越印度在软件开发和 ITeS 领域的全球领先地位，吸引 270 亿美元的生意。[②] 这种巨大的增长率（年增长率超过 600%）明显得益于中国的归国企业家、中国加入世界贸易组织以及主办 2008 年奥运会等因素。

类似的预测注定会引起习惯于将中国视为军事领域致命对手的印度人的警觉。印度软件公司全国贸易联盟 NASSCOM（印度国家软件和服务企业协会）趁机开展了自己的研究。它总结说“中国威胁”是真实的，但它同时对其成员来说，也是一种明显的商机——“中国挑战”，其中有些成员是全球领军软件服务公司。甘特报告同时估计，印度公司仍然能够最终控制中国 ITeS 贸易的 40%。[③]NASSCOM 的部分职能是鼓励印度公司进入中国，并很快在上海取得了成果。所有印度大公司——Satyam、Mphasis、Wipro、NIIT、Infosys 和 TCS 都蜂拥而至，在许多已经吸引了 IBM、HP、EDS 和毕博等美国跨国公司的区域开设了离岸办公室。中国政府也采取了相应措施，设立了中印合作办公室以铺平道路。开设业务的风潮不可避免地引发新一轮关注，人们纷纷比较在这两个世界上人口最多的国家。[④]

在 20 世纪 40 年代末，两国在两年内先后摆脱了殖民统治，并且都迅速采取了强力措施以减轻对国外资本的经济依赖。当时，他们各自走上独具特色的现代化道路，两国都面临着类似的巨大而贫穷的农村人口与较小而发达的城市人口之间的人口失衡。数十年来，他们各自建设国家的努力都是建立在国家调控的工业化和旨在取代进口的自给政策的基础之上的。双方最近都已对国外投资和贸易自由化开放——中国始于 20 世纪 80 年代，而印度则始于 1991 年。当时，由于过度负债，印度经济被迫受世界银行和国际货币基金组织的控制。开放以来的多数时间里，印度追随着中国在公共卫生、预期寿命、扫盲、教育、土地改革、消除贫困和真正人均国民生产总值等诸多方面取得一些成就。几乎在每一个

提拉米苏餐馆外的印度 IT 经理，摄于上海浦东软件园

发展指数上，中国这个共产主义国家所取得的成就都高于其多党民主制的邻国。

自 20 世纪 80 年代中期出现以来，印度软件服务产业在全球信息经济中留下了它的足迹，然而这个国家却几乎没有值得一提的国家 IT 基础设施。除在大城市以及高科技较发达的马哈拉斯特拉、古吉拉特和安得拉等邦之外，其他地方的计算机还很不普及。相反，中国已安装的个人计算机数量是印度的 3 倍多，因特网应用则是其 8 倍。中国已经是仅次于美国和日本的全球第三大技术硬件供应商，并已迅速挺进微芯片生产领域。中国政府已投入资金，建设覆盖所有省级城市的全国性基础设施。这种生机勃勃的综合因素不仅强烈吸引着 IT 行业的国外投资者，也吸引着那些技术定向型的制造业的投资者。不过，中国网络发展不平衡，政府意欲控制国家内部网络的本能——“中国防火墙”，延缓了其骨干网络上的数据流。理论上，政府能够发现任何流入或流出中国的因特网信息包。但是，几乎在其他每一个方面，对于离岸业务所要求的那种全球通信说来，它都拥有一种比印度更可靠的技术环境。[5]

然而，硬件不是一切。印度软件产业的动力部分来自于国内创新，其国内支持者从不放过任何机会以发展其工程师的灵活性和聪明才智，这是它成功的秘诀。"培育人才，"如一名印度 IT 经理对我所说的，"比建设基础设施时间要长得多。在印度，我们已经建立了人力资源基础。"

这个人力资源基础也是廉价的，至少目前是这样。印度大城市的工程师的现行薪资低于中国东部城市的水平。这是一个鲜为人知的事实，国际商业媒体习惯于将中国视为薪资最低的地方，因而经常进行如此宣传。[6] 相比之下，对印度制造业劳动力成本最常见的估计数字高于中国 60% 以上。即使在 ITeS 部门，对于这种工资比较的认识分布也不平衡。然而在 21 世纪前的几年，这两个低薪国家之间的竞争开始成为考察白领工作如何流向亚洲以及流到哪里等问题的因素。

这种竞争不可避免地成为工厂向员工施加压力的一种手段。比如在印度，员工被劝告要努力工作，否则他们就会像其他人一样被中国人抢走工作。在上海的 IT 公司中，我经常发现员工被告知必须更加努力地工作，因为他们的印度同行薪资更低。"我的经理经常提醒我，公司给我支付的薪资高于支付给孟买的程序员的薪资。"驻上海某印度办公室的一名员工说，"我肯定他认为这样会促使我更加努力地工作，而且说实在的，它确实有效。"劳动密集型产业的雇主，早就在使用这种威胁策略来提高其员工的工作效率或赢得其员工的妥协。现在这种管理方式已经用到被分为几处的白领服务行业。这种结果注定要对整个亚洲的劳动力分裂产生决定性的影响。也很难想像它不会影响到区域性权力平衡和不断复杂化的美国实力政策，而这种政策旨在拉拢印度遏制中国。

塔塔集团在上海的经营史

当我们踏上游艇前来参加塔塔集团的欢迎宴会时，中国的春节假期已经正式结束，黄海上的和风正在吹过浦东的公司高楼和黄浦江。巨大的霓虹灯广告牌耸立在我们这一侧的河岸边——爱普生和 TDK——放肆地嘲笑着浦东那一侧的品牌——佳能和 NEC。我们船上的贵宾是一位显要人物，他的名字就是一个家喻户晓的品牌。印度领军工业集团企业塔塔集团举止优雅的总裁拉丹·塔塔（Ratan Tata）已经来到上海。同时，集团的首席执行官和一大批亚太地区的执行官们也来到了这里。公司现有和潜在的客户也受到邀请，另外还有一些银行家和商业要人。在宾客名单上还有一批精选的公司高级工程师。印度总领事和印度工业联盟中国部主管是热情的联合东道主，前者向听众讲中文，后者非常热情地迎接每位来宾。至少在他们看来，印度最著名的商业人士的来访并不亚于一项国事活动。实际上，这次访问是当时的印度总理阿塔尔·瓦杰帕伊于 2003 年 6 月具有划时代意义的对华访问的结果。瓦杰帕伊访华期间就双边经济与政治合作问题签订了一份新的具有里程碑意义的协议。⑦

塔塔先生来到中国东部是为了巩固塔塔咨询服务 [Tata Consultancy Services（简称为 TCS）] 与当地 IT 企业的关系。当然，与瓦杰帕伊一样，他还有一些外交方面的安排，包括拜访上海市副市长、北京方面的官员和杭州市市长等人。杭州市市长授予他杭州市荣誉经济顾问的称号。实际上，他在游艇上的简短讲话也带有外交意味。他告诉我们，作为全球经济中强大的新生力军，世界上这两个人口大国拥有独特的合作机会。对于这一点，拉丹·塔塔最近作了更详细的阐述：“我经常自问，如果中国和印度能够建立由他们自身的 20 亿人口组成的经济集团将意味着什么？”他曾对 CNBC 记者说，并进一步补充：“中国是世界工厂，而印度也许是世界IT或高端服务中心，难道（我们）就不能共同做一些令人惊叹的事吗？”在中国人听来，这可能并非最讨好的建议——印度提供脑力，而中国则提供劳力，这也许正是为何我们无须聆听这一独到见解的原因。

那个星期晚些时间，在中国中央电视台的《对话》栏目中接受长时间的采访时，拉丹·塔塔重申印度公司“将中国视为一个机会，而不是对手。”他哀叹印度劳动法有一种“反常表现”，使得“公司难以实现现代化，增强全球竞争力。”他同时对印度商业人员“为我们那种类型的民主付出代价”表示遗憾，他解释说，那是一种“巨大的投资障碍”。他的推论是在中国则不存在这种商业障碍。在这里，政治家能轻易铺平道路，而且所有管理类法律执行力度都很轻。拉丹·塔塔关于合作的呼吁在那个星期的媒体上并不是独一份的。巴西反传统偶像总统路易斯·伊纳西奥·卢拉·达席尔瓦刚从新德里回国。在那里，他曾经敦促印度与中国和巴西一起建立他们自己的经济集团。卢拉的合作蓝图的动力来自于冲破北美经济压制实现全球化南美的政治议程。相反，塔塔对中国和印度合作的设想只是一种纯粹的经济权宜——让我们来做一笔交易。

当我们的轮船在河面上航行时，经理和银行家们已经开始建立交易网，在长长的自助餐桌旁来回走动，互换名片，而级别更低些的人则用食物装满自己的盘子，在餐桌两边就座。当时，我们正徐徐经过外滩上灯火通明的建筑，这里是塔塔的前辈吉姆舍提（Jamsetji Tata）的货栈和码头旧址。这位塔塔王国的创始人在145年前就已从事对华贸易。他的创业故事提供了中印贸易史的有益教训。

1859年，吉姆舍提在上海和香港创建家族贸易公司分厂，这是他的首次商业冒险。[⑧] 随后，塔塔家族一直维持在上海的商业，一个小而有影响的帕西人群体在此繁荣起来，直到20世纪40年代后期。帕西人自称是传说中的索罗亚斯德教派波斯人的后裔。几个世纪以前，他们的祖先为摆脱穆斯林的征服，被迫逃离家乡来到古吉拉特。该群体的多数人及时转移到孟买，并且在与东印度公司进行短暂的竞争后，他们中的许多人成为英国人和印度人之间的商业中介。他们因此能处在从对华鸦片贸易中大量获利的位置上，无论在英国人前来控制这种贸易之前还是之后都是这样。[9]尽管他来得太晚，未能赶上分享其他帕西商业巨子们的鸦片利益的时机，塔塔在中国的风险投资仍然从这种交易中获得了可观的收益。更多的财富来自于美国内战期间孟买棉花繁荣期的投机买卖，当时印度暂时取代美国南部成了兰开夏作坊的主要棉花供应商。

然而，吉姆舍提最重要的行动是于1874年从曼彻斯特运回一些拆除后的纺织机，修复后用于创建印度第一家完全机械化的纺织品作坊——中央印度纺纱、纺织与制造公司。这是塔塔集团促进民族工业自力更生的名声的由来。自由印度的未来毕竟需要部分依赖本土制造业的建设，而塔塔家族一直是这一努力的先锋。塔塔的第二个最伟大的行动是于1903年在孟买建造奢华的泰姬酒店。1907年塔塔钢铁公司的建立将印度推进钢铁时代。随后，该公司几乎充当了所有经济领域的先锋：电子和能源应用、消费品、印刷、化学、空中旅行、汽车、化妆品、工程、茶叶、咨询、出版、计算机软硬件、货车和卡车、电信和IT服务。1998年，该公司发布了印度首款本土设计、开发和制造的汽车英迪加（Indica）。毫无疑问，任何地方的任何公司都没像塔塔家族一样在印度工业史上占据支配地位。

他们的记录与其在英联邦孟买最大的对手沙逊（Sassoon）家族（被称为“东方的罗特希尔德”）形成鲜明的对比，而沙逊家族逃离中东的时间更晚些。在那些于19世纪中早期逃离腐朽的奥特曼帝国来到大英帝国的亚洲中心的巴格达犹太商人中，沙逊家族证明是最成功的。他们在整个亚洲建立了商业分支机构，基本上插手了穿梭于这一地区的每一笔丝绸、香料、羊毛、白银以及最重要的鸦片贸易。在苏格兰公司怡和洋行放弃它对鸦片贸易的控制权后，沙逊及其帕西合伙人几乎形成了垄断。实际上，林则徐总督于1839年在广东查获的鸦片袋子上就印有沙逊的名字，正是这次事件引发了“鸦片战争”。在随后英国和其他西方列强迫使中国“开放”的事件中，沙逊贸易业务发挥了重要的中间作用。

该家族通过其孟买大门——沙逊船坞开展贸易，聚敛了大量财富，成了印度最大的财富家族之一。然而其第四代继承人维克多·沙逊于1929年选择将公司基地转移到上海，以期更轻松地获利。公司在孟买的纺织作坊受到罢工和工人骚乱的困扰，并且沙逊面临即将实施的旨在规范工作环境的更严厉的工厂法。在上海国际租界，不大可能通过此类立法，实际上也没有任何影响利润的规章制度。租界市政委员会甚至拒绝了1925年关于禁止常规雇佣童工（每天高达16个小时）的法律提案。⑩在上海这个法外商业天堂，沙逊也无需承担英国税务。⑪

对那些认为公司外流是相对较近的新生事物的人来说，沙逊向上海的业务转移是一个关于雇主向海外转移以尽其所能逃避限制、自由剥削劳工的明显事例。在其解释为何离开印度的一封信中，他说："中国向外国人提供了更好的场所，因为南京政府已认识到外资的必要性。"⑫实际上，到20世纪20年代，旧上海只是一个首要的离岸地点。继日本于1895通过《马关条约》正式取得一些特权后，外国列强也夺取了开办工厂的权利。中国第一个最大的工业中心迅速在上海苏州河以北、黄浦江以东地区兴起。根据通商条约，上海外资工厂的产品尽管是在中国生产的，但也享受与西方进口商品同样的低关税。不存在劳动法和工厂规章，买办们可以利用无穷尽的农村劳动力资源，他们中许多人受契约的约束，纷纷涌进闸北、虹口和浦东的棚屋区或苏州河的舢板居民区。尽管有许多声名狼藉的竞争者，上海仍堪称拥有一些世界上最恶劣的工作条件，其20万工人在工厂内耗尽血汗，还有更多的苦力在码头、仓库和黄包车环路工作，直至累倒。⑬正因为如此，中国首批无产者对这些恶劣条件的反抗，促进了中国共产党于1921年在上海的诞生，同时，工人们通过一系列工业大罢工促进了它的成长。⑭

在进行一些投资的过程中，沙逊很快发现最大的回报来自于房地产行业，并迅速地积累了一个房地产王国。在旧上海玫瑰色的记录中，他最著名的行为是在南京路拐弯处的外滩最好地点建造了芝加哥学派哥特式风格的华懋饭店（现在的和平饭店）。与塔塔的泰姬酒店非常相似，它是外来人在华赢得胜利的最明显的标志。类似塔塔家族,沙逊家族(与其他著名的巴格达犹太人和帕西人一起)是自成一派的企业家,即使他们效仿了殖民者的方式——在他们发展的过程中,有些人甚至被封上了英国头衔。因此,他们在商业世界里的作用也与那些确保为国外大班榨取日常利润的中国买办无关,甚至也与那些将一半资金投入到中国首批合资风险企业的当地企业家无关。首先,他们的非内部人身份迫使他们通过稳定的捐助重新分配他们的部分财富,大体上给予他们的同宗群体和在华的印度人。结果,印度和上海的许多犹太教会堂、公共建筑、教育和福利基金会以及其他慈善机构都带有沙逊的名字。现在,塔塔的名字在印度慈善机构中更加常见,其中许多人都从年度塔塔股票红利中获益颇多。这种慈善活动非常类似于那些从 19 世纪工业化中积累了财富的"慈善资本家"的贵族恩惠。而对帕西人和犹太企业家来说,他们作为外来者的社会地位只会强化这种义务。

华懋饭店和泰姬之类的酒店是它们各自主人在强大的西方人之间成功充当中间人的史证。作为社会热门场所,它们是满足国外精英需要和疏通他们的投资周转的理想去处。当首先是日本人,然后是共产党控制这座城市时,华懋饭店的主要酒吧成为那些哀叹他们即将到来的逃亡前景和当地财富的损失的大批上海人的避难所。沙逊自己不久也加入他们的行列,将他的财产转移到巴哈马群岛(指望建立另一个财富王国)。他以殖民地居民特有的冷漠自嘲说:"我对印度不抱希望,而中国对我不抱希望。"

沙逊家族再也没有回来,但塔塔又再次出现在上海。现在是新型全球贸易的玩家——向跨国公司提供软件服务,该公司将游刃有余于那些寻求从中国劳工身上榨取利润的强大西方人之间,甚至涉足中国国内市场,以再次证明它是一个可靠的中间商。这一次,来自亚洲自身尤其是日本的一些最重要的客户为此欢呼,但印度企业家这次却是谨慎前来。毕竟这两个邻国之间存在较长时间的互不信任,并导致了 1962 年中印边境战争。这一伤口最近才得以愈合,进入中国的印度公司实际上承担启动外交关系恢复的任务。至于贸易额，软件并非最重要的产业部门，铁矿石、钢材和药物贸易占据2004年中印双边贸易总额136亿美元的大部分（使中国成为印度第二大贸易伙伴）。但是来到上海的塔塔和其他印度ITeS公司品牌头戴耀眼的光环。他们带来高科技企业形象的诱惑，他们在制造头条新闻，并且他们帮助上海树立信息产业中心的形象。

印度的繁荣

在那个年代，鸦片承办商激起了永无止境的反感。特别是在英国，自19世纪40年代以来，公众对“鸦片贸易”的反对呼声持续不断，直到1913年国际运动最终迫使英国政府禁止其国民进口这种麻醉品。最近的一轮对印商业加工外包引发了另一种不同的反感，面临失业的服务产业员工中的某些情绪带有种族主义色彩。IT行业的这种反应有其历史背景。在20世纪整个90年代，通过H-1B签证（颁给熟练专业人员的）来到美国的印度工程师，遭受了各种虐待和歧视。因为公司低薪雇佣他们，他们总是被其美国同事视为劳动工贼或被当成工贼对待。工程师自身也经常被招聘代理人欺骗，这些人在印度招聘工程师时说得天花乱坠。而来到美国后，印度工程师经常被分配做最差的工作：深夜晚班、无超时薪资和低级办公室任务。由于抗议可能导致驱逐出境，他们通常被动接受这种现实。美国同事对这种沉默的态度一点也不同情，他们习惯了技术业界内部特有的无所顾忌的公开谈话。

当IT外包开始繁荣时，在美国的印度员工面临更大的敌意。[15]但这种恶意攻击却源于南亚次大陆的工人。多数不满来自于一些高端工作正在被转移的事实。印度程序员、工程师和设计员似乎在一夜之间就转而为在印度的西方技术公司从事研发工作。仅在IT行业，研发外包量估计每年增长32%，预计将从2003年的13亿美元增加到2010年的91亿美元。[16]在其他专业领域不久也出现了类似现象，印度会计师正在估算美国的税收回报，财政分析员正在为华尔街撰写股票分析报告，医生正在为卫生维护组织（HMO）提供诊断，药品和药材公司正在进行试验和实验室研究，而律师正在提供各种咨询。这些专业服务为印度构成了知识加工外包市场。根据一份估计，该市场预计将从2004年的7.2亿美元增长到2010年的120亿美元。[17]

但多数新工作要求印度员工从事后勤保障工作——跨国公司的日常事务，如处理申请和账单、准备发票和薪水表、管理账目或答复各种客户要求等。但在所有各部分中，呼叫中心的员工最吸引媒体，所引来的敌意也最大。他们的薪资仅占美国现行薪资的1/10至1/8，却被要求与美国和英国客户直接通话，这些客户经常在个人感情上为自己在国内的询问被转接到远在千里之外的电话线上的某个声音而感到气愤。当这些声音经过包括最新俚语的口音培训以求模仿客户的地区土音（以平复当地的种族偏见）时，或呼叫中心的员工更了解他们国内的事务时，只会使愤恨的情绪进一步激化。

在印度，呼叫中心工作已经成为那些渴望成为世界公民的院校新毕业生的好机会。工作场所在广告中被描绘成超级现代的网络乐园，聪明的消息灵通的人在里面轻声交谈——一个远离美国那些腾出这些工作的欧美员工的世界。一个典型的客户服务专员和声音和腔调培训师工作广告宣称给申请者提供机会，在拥有“超酷自助餐厅、诱人的奖励和减压游戏厅”的“工作娱乐相结合”的环境中,通过“与全球最好的公司互动”，成为“自己未来的‘设计师’”。此类工作的薪资远高于白领实习生的平均薪资，并且它们还带有点名流色彩。在某些城市中心，院校毕业生应聘夜班工作，忙于答复关于美国商业信息电视短片内容的来电，为减肥药和乔治·福尔曼代言的烤炉之类的产品提供信息和建议。欠费客户被敦促及时付费，并听到单调的美国口音向他们问候“祝您度过美好的一天”。员工们还被迫通晓英国人对天气详情的迷恋，有些员工被鼓励虚构他们个人家史，以加强客户服务关系，但情况却远不够理想。这是一种服务行业，要求出众的社会技巧，并掌握一定的计算机技术，但这种工作的劳动力组织却带有残酷的工业化特点。雇主偏好快速的人员更换率以确保听话的劳动力，因此员工流失现象异常严重。在这个行业根本不存在职业发展前景，其工作压力大也是有名的。[18]

然而，关于呼叫中心员工的工业化个性的争论却是最引人注目的。许多客户认为，员工模仿口音是一种不诚实甚至是令人讨厌的行为。对印度批评家来说，这种模拟勾起了对殖民时代残余的苦涩回忆，托马斯·麦考利（Thomas Macauley）在其 1835 年的“印度教育备忘录”中对这段声名狼籍的历史进行了概括。麦考利宣称英国殖民政府有责任“教育那些目前无法通过母语得到教育的人们”，并建议培养一批双重身份的印度人，作为这种努力的可靠的中介：“目前我们必须尽全力建立一个阶层，以充当我们与我们统治的数百万人之间的翻译，这是具有印度血统和肤色，但在爱好、观点、道德和智慧等方面却像英国人的一种阶层。”[19]

呼叫中心的模拟者是麦考利主张的双身份印度人的最新传承，作为工作的一个条件，他们被迫模拟西方口音和个性。在全世界，掌握英语技巧和西方商业文化已经成为年轻一代在全球化经济部门谋取职位的先决条件。但是在印度，这种境况的屈辱是一个特别敏感的话题。类似阿鲁哈提·罗伊的公司全球化批评家认为，假冒他人表明：“一个古老文明是多么容易被迫完全贬低自身。Sushma 变成 Suzie，Govind 变成 Jerry，Adavani 变成 Andy。”评述受执政的右派印度教民族主义支持的本土主义时，她认为呼叫中心对西方的模仿背离了他们的宗教原教旨主义。[20]

随着呼声的提高，呼叫中心开始放弃对员工进行他们国家口音培训的措施，转而选择中性或“国际英语”口音。这对雇主来说有两个优势：其一是削减了语音培训成本，其二是更利于内部调整工作人员。因为随着来自新地区市场的业务不断涌入，日益要求他们接听来自世界各地的呼叫。对员工来说，这种转变消除了他们必须装作在巴尔的摩或伯明翰而不是陈奈说话而带来的屈辱感。然而，这种模仿在本质上难道就比任何其他需要某种表演的服务工作更可耻吗？毕竟有越来越多的真人服务岗位要求情感或舞台表演方面的培训，以加强在职员工的发展。[21]

如果说这种结果对印度呼叫中心的年轻院校毕业生来说是伤害自尊的话，那么对正在丧失呼叫中心工作的发达国家的员工来说则是另一种卑微的体验。我生长的低地苏格兰城镇就是一个佐证。它曾经处在19世纪工业化的前沿，也是当地首批受去工业化影响的地方之一。造船业、陶器制造业、工程业、制陶业、绳索业、纺织品业、玻璃制造业和酿造业等公司业务先后呈现繁荣发展的景象。该城镇周围还有几个煤矿中心，尽管该工业自20世纪60年代以来持续下滑，但仍在维持。但当我成年时，这里大多数制造类工作已经消失，直到现在，几乎仍没有新的替代工作。20世纪90年代初，呼叫中心来到这里，当时任何工作广告都很少见。熟练和半熟练工人学习如何耐心地、强作幽默地接听电话，但他们来自在以制造产品为荣的群体，在这些新工作中几乎不可能感到舒适。因此，当呼叫中心关门时，在丧失生计的绝望中也混杂着些许安慰。这种矛盾的反应在整个西欧和北美地区都很普遍。在那里，客户服务工作很快取代了崩溃的制造业和采掘业。

在印度，业务流程外包繁荣一夜之间就带来了成千上万份工作，并且将来还会带来很多。软件产业的就业水平经过了近20年时间才达到50万的记录，因此这个新的就业增长是迅猛的。更反常的是，随之而来的关于外包的争论将印度直接置于关注的焦点，而它对此还不习惯。当大家都在谈论印度时，印度国民经济年增长率达到8%，并且其财政状况指数使之成为亚洲最新热点。对已拥有众多外包合同的ITeS公司来说，这种繁荣证明了他们在全球经济中的幸运位置。执政的印度人民党政府雇佣了聪慧的顾问策划了一个国家品牌——“闪耀的印度”来赢得民心，并将它的大部分政治赌注下在ITeS的 增长上。

印度多数人口缺乏基础教育，但是“闪耀的印度”的鼓吹者却将它称为不久即将到来的知识型社会。这种断言主要立足于印度工程师队伍的高质量、培训机构的实力及其软件和ITeS公司的声誉和快速增长。

确实，在全球获得产业最高认证 CMM5 的公司中，有一半来自印度。然而他们对国内经济的影响却停留在表面，而且不管怎样主要集中在少数几个天堂城市——孟买、班加罗尔、海德拉巴和德里－诺伊达－葛岗走廊。印度 80% 软件业务完全依靠出口——为海外客户提供“终端－终端解决方案”，并且基本上所有 IT 硬件都是进口的。相反，中国政府系统地投入资源，以创建一个广泛的国家 IT 基础设施，并用尽一切办法吸引、吸收和开发能充分发挥其潜力的技术和技能。

关于新的外包工作的大肆宣传掩盖了贸易自由化造成数百万印度人失业的事实。由世界银行前任执行官、国有股减持部（Minister of Disinvestment）部长阿伦·绍里耶（Arun Shourie）管理的公共部门私有化造成严重损失。多年来用公共资金积累的国家资产，未经公众同意就被卖给出价最高、经常也是最腐败的投标人。土地改革进程被逆转，国外跨国公司控制作物种类和种子，获得土生土长了数百年的主食的专利时，印度农民们却束手无策。[22] 工匠和工人被转为临时工，而服务业则快速发展。事实上，自从 1991 年印度开放经济到现在，它的不平衡增长模式已经类似于其他被迫进行出口定向型发展的国家。在为全球公司提供服务的城市，钱袋越来越满，导致房地产价格猛涨。随着服务业的繁荣，绝望的农村人口涌入这些城市，加入从传统的受国家支持产业的失业工人行列，由此产生了大量的不幸贫困人口。孟买过半的人很快进入贫民窟，很大程度上是由于公共机构因服务预算被大幅削减而被迫放任不管，而信息密集型产业却舒适地享受着“闪耀的印度”拥抱公司全球化所带来的温暖。这一结果是四处漫游的跨国公司，在特定国民经济中留下的足迹。

随着技术衰退，印度也像美国一样经历了失业恢复期。还要感谢所有离岸合同，正因为有它们，公司利润和国民生产总值数字反弹，服务行业极其兴旺。但是向自由化经济的“过渡”所伤害的人却远远多于它所帮助的。年龄在 14~25 岁之间的 2.12 亿工人中，仅有一半人有工作，自由化受害者尤其是农民的自杀现象变得很常见。[23] 有些地区的政府匆忙培养业务流程外包所需要的劳动力，将越来越多的教育资源用来满足这种就业需要。结果造成兴建基础设施的投资有限，并且政府更少关注提高基础教育和普通人口的生活标准。在实现闪耀的知识社会的过程中，“知识”被狭隘地定义为能够作为赢利出口商品进行打包发送的一整套技能。[24] 被排除在这一定义之外的，是其他更可持续的传统社会知识体系——技术、信仰和价值观，这些都是数代农民、工匠和工人赖以生存的宝贵财富。

那些被遗弃或受排斥的人终于有机会在2004年大选中表达他们的心愿。印度人民党遭大多数选民的反对而落选，这些选民在“闪耀的印度”这个自由市场信仰中没有得到丝毫利益。最惨重的损失来自于南部泰米尔纳德邦和安得拉邦，它们曾经应国外技术公司的要求率先开始“IT 革命”。安得拉邦首席部长钱德巴布·奈杜（N. Chandrababu Naidu）曾经以迁就跨国公司、不惜一切代价推动软件出口而著称，但在此次选举中却遭受重创，其执政党丧失了3/4的议会席位。[25] 在这个以农业为主的邦的农民遭受旱灾、能源短缺和水、电、农用物资价格上涨等困难的时候，奈杜坚持向海德拉巴高科技园大量供水，以保持园内景观。为吸引国外公司进入这一园区，曾提供折扣的杂费和实质上免费的土地。[26] 他坚持，计算机应该普及到每个村庄，以便居民跟踪了解政府工作的透明度。[27] 事实证明，奈杜高科技福音主义给贫困的城市和农村选民带来的证明是太过透明了，那些选民大声抗议偏向那些他们称为信息贵族的富人的政策。

上海、孟买两座城市的故事

印度媒体和政府精英长期压制了国内对贸易和投资自由化的抗议。而当美国立法者迫于公众压力寻求通过阻止外包保护美国就业的立法时，他们被激怒了。多数情况下，印度国家软件和服务企业协会（NASSCOM）和工业领袖通过宣称印度员工提供的是高质量的服务，而不仅仅是人力成本的节约，并重复最终受益者将是美国和英国，以平息国外的反外包情绪。媒体评论忠实地引用美国政府声称就业损失数字估计过高的报告。[28] 然而美国参议院仍然于 2004 年 1 月通过了保护联邦投资合同免遭离岸的议案，在印度的媒体引发了一场抗议风暴。当时的总理瓦杰帕伊猛烈抨击了“所谓的自由化的倡导者”，指出发达国家明确“要求发展中国家放开它们的市场经济”，而这些不公平的“法律却在印度年轻一代正在全球 IT 和软件产业创造生存环境时颁布。”[29] 新德里现在有机会重复北京的长期抱怨，抨击美国政府奉行的双重标准，指责他们在要求发展中国家坚持自由化政策的同时，却为了政治利益在国内采取保护主义措施。[30]

另外，印度业务流程外包公司也在英国引起反响，英国工会大会主席采取了特别强硬的立场，指出了印度离岸地的缺点，包括“英语口语能力不强、高损耗率、薪资上涨和频繁切断电力供应”等。[31] 英国客户调查显示，业务流程外包非常不得人心，印度呼叫中心收到的“强烈反对的呼叫”不断增加。公众压力使几家在印度的英国公司产生了动摇，以对印度员工的服务质量表示担心为由，从印度抽回了客户支持业务。英国的 Littlewoods 和 Axa 公司以及美国的戴尔和雷曼兄弟公司是其中的主要返回者。他们连夜转移业务的决定，不仅反映了围绕离岸经营的极高敏感性，同时也反映了这类商业操作明显的短期特性——今天在这里，明天在那里。

为挽回广为传播的对公共关系的损害，上市公司掩盖了他们离岸活动的任何消息，即使公布成本节约通常会抬高他们的股票价格。为保护国外客户以免因糟糕的公共关系而遭曝光，Satyam、Wipro、TCS 和 Infosys 等印度大公司也停止了向外公布他们的新客户。[32] 相反，IBM、HP、Accenture 和 EDS 等美国公司却非常乐意公开，因为他们自身在从事外包工作，或通过进入印度市场得到繁荣而获益，或吞并国内公司，像 IBM 吞并 Dasch 和 Bharti 公司一样。但也有证据证明，强烈反对造成的曝光率提高了公司对提高成本效益的认识，进而带来了更多的业务，特别是那些根本不会考虑到离岸业务的小公司。据一份调查估计，反外包骚动为业务流程外包工业带来了价值高达 8 900 万美元的免费宣传。[33]

如果说个别公司经常争夺公共关系的掩护的话，而商业新闻却是热情洋溢地公开宣传从业务流程外包中榨取的利润。《财富》（*Forbes*）杂志将印度国家软件和服务企业协会主席卡林·卡尼克（Karin Karnik）选为 2003 年“年度人物”后，杂志读者压倒性地选择“白领外包”作为本年度最重要的商业趋势，占选票总数的 44%。[34]《经济学人》（*The Economist*）、《华尔街日报》和《商业周刊》等其他媒体则开始发动攻击，嘲笑那些声称白领工作正被离岸“挖空”的人。[35] 美国技术和商业杂志《商业 2.0》甚至无耻地将 2004 年 8 月刊的一部分编辑工作以低于普通成本一半的价格外包给印度的一个自由撰稿小组。这一决定帮助宣扬了外包工作的慢慢爬升至“创造性”行业，这个行业的工作现在也变得脆弱。路透社宣布了把多数编辑人员从美国和英国转移到班加罗尔的决定，并且许多报纸和新闻媒体也开始朝同一个方向转移。[36] 这种对专业知识行业的渗透随处可见。在许多公司内部，法律部门减少了对美国顾问的依赖，并越来越多地依靠印度和其他国家更廉价的律师。人事外包已经快速发展成巨大的产业，而销售部门则在跟着做，包括数千名神职人员的英国制造业技术工人联合会（Amicus）甚至报告为死人提供的宗教服务和祷告也在印度进行着。[37]

自 2002 年以来，对业务流程外包的需要是如此迫切，以至分析家几乎立即预言将面临这方面的劳动力短缺。随着外包年增长率高达 50% 或以上，印度根本无法满足对既讲英语又具备计算机基础知识的员工的需求。印度国家软件和服务企业协会与麦肯锡于 2004 年夏季的一份联合研究显示 IT 和 ITeS 行业缺少 20 万人。这种短缺预计在未来 8 年中将增长到 360 万。[38] 随着这种短缺冲击的显现，薪资膨胀——年增长率在 10% ~ 40% 之间——吞并了离岸业务的一部分成本节约。[39] 成本套利和紧张的劳动力供应，只是造成商业外流到其他国家的诸多因素中的其中两项。不久，分析家的业务流程外包预言的地理范围远远超出了印度。根据德勒（Deloitte）的一份调查，试图抢占业务流程外包市场份额的第二梯队的国家包括加拿大、中国、捷克、匈牙利、爱尔兰、以色列、墨西哥、北爱尔兰、菲律宾、波兰、俄罗斯、西班牙和南非等国。第三梯队的国家包括白俄罗斯、巴西、加勒比地区、埃及、拉脱维亚、毛里求斯、新加坡、新西兰、乌克兰和委内瑞拉等。甘特公司预测印度在业务流程外包市场的份额到 2007 年将从 80% 下降到 55%。[40]

在第二梯队的低薪竞争者中，中国显示出最大的潜力，最明显的理由在于其先进的基础设施。印度商业中心孟买的居民们羡慕地关注着长江出海口上那个中国竞争对手的转变。比如抵达上海浦东国际机场的游客压根就看不出已经到了一个发展中国家。机场设施造型类似于月球火箭发射场，使人有种太空旅行的感觉，而不是穿越中国东部的世间旅行。世界上最快的商业磁力悬浮火车在呼唤那些在浦东城区有约会的人们。通向上海的高速公路和天桥平坦干净，路上的多数汽车都很闪光崭新。对国外商务人士来说，快速通过路边宣传公司园区、豪华别墅和高科技服务的广告牌的感觉就像真的到了西方的梦幻之地，而这种效果是刻意保持的。在他们到达市区时，令人窒息的现代化高楼大厦很容易使人忽视低层不达标建筑的翻新处理的存在。

孟买国际机场却大不一样。野狗可能会窜入跑道，机场设施破旧肮脏，周围是游客一眼就能看到的贫民窟市场。没有机场高速公路，也没有通向城市的隔离道路，朝任何一个方向走都可能遇到交通阻塞。公共交通系统过度紧张，糟糕而广受欢迎的郊区铁路负荷超出客运能力的两到三倍。公司汇聚的港口所到处都是，与那些散布在整个城市的杂乱的破旧贫民建筑隔离开来。2004 年 1 月我首次到达机场时，该城市报纸上的就业广告分为两大类：要么为新的呼叫中心招聘员工，要么为保安岗位招聘身体强壮的申请人。我的出租车司机在拥挤的道路上艰难前行，他对我说："只有那些偷了钱的人，才需要武装保安来保护他们。"他不是当地外包发展的热心支持者，而是自由化给孟买所带来的一切的尖刻批评者。“有许许多多绝望的人们，”他咕哝着说，“不管是富人还是穷人。”

尽管在基础设施方面存在很大的差异，这两座城市有很多相似之处，都在承诺成为世界最大的都市。[41] 类似于上海，印度港口主要是一个19世纪遥远的帝国主义商业贸易的产物，不管是过去还是现在，它都是难民们的世界性的避难所。基督教徒、帕西人、古吉拉特人、犹太人、锡克教徒、印度教徒、耆那教徒和各派穆斯林混杂在一起，这些人在职业和生活方式上与印度传统等级制度模式格格不入。上海、孟买两座城市都曾经历过繁荣时期——海运贸易、房地产和纺织品，并且都在经历从制造业中心向未来的全球金融服务中心的痛苦转型。与伴随新的快速积累财富而来的高消费形成鲜明对比的是，大量营养不良、住房条件差和处于就业不足状态的市民，这些人多数是从农村来的移民。作为各自国家的金融中心，上海、孟买都在政治和高层文化事务上让步于首都北京和新德里。在冷战时期的数十年间，西方流行文化被禁止，而现在却过度繁荣。

孟买官方已经决定效仿上海。2001年，孟买第一（Bombay First）专责小组委托麦肯锡公司撰写了一份展示这一道路的报告。这份题为《望眼孟买的未来：把孟买转变成世界一流城市》指出，1987年的上海还是“一个灯光昏暗、未加装饰的金融残骸，”但通过20世纪90年代的彻底检修后，“其道路、交通和电信都已成为世界一流。”该报告概括了一份八步转型计划，并建议10年内斥资400亿美元，主要用于改善孟买的基础设施。[42] 马哈拉斯特拉邦政府已经于2004年开始实施部分该计划。但即使所有资金全部到位，孟买官方也无法拥有上海官员拥有的那种单边自主权。环境保护主义者和孟买贫困人口支持者，猛烈抨击了这项旨在扩大私有化和促进房地产开发的计划。他们质问是否应将如此之大的公共投资，优先用来满足城市金融部门及其有车族精英的需要，而将大众福利和环境利益放在次要位置。[43]

孟买林业工人联盟反全球化的游行场景

此类利益冲突是我专程前来孟买参加的一次活动的主题——世界社会论坛，这是全世界标新立异的全球化积极分子的一次年度聚会。孟买迁就跨国公司造成的社会不公正好符合论坛提倡从底层开始促进全球化的想法，这使这座城市成为合适的主办地。[44] 超过 10 万人的超大规模聚会展示了印度充满活力的民间社会景象，然而遗憾的是只有极少数人来自中国。没有中国的加入何从谈起全球化？我参加的一个关于技术工作外包新浪潮的讨论小组阐明了这样做的危险。在讨论快结束时，一位英国工会官员警告听众，外包工作今天在这里，但明天可能就会在中国（与经理用来驯化印度员工的威胁一模一样）。他引用了墨西哥组装工厂经济快速恶化的事例。从美国转移到墨西哥的工作仅作短暂停留，之后工厂就被转移到中国。他认为，这种从北到南然后从南到东的工作转移方式也很有可能在服务型经济中重复出现。在欧洲，制造业也经历了同样的模式，法国工作首先转移到北非，德国工作转移到东欧，然后正从这两处转移到中国。在这场熟悉的角逐之中，贫穷国家正在相互竞争中走向最后。

对这场角逐的失败者来说，互相沟通和团结是改变竞争规则的基本方式。不幸的是，中国官方劳动力联盟也没有做好提供任何一种工具的准备。作为国家的官方机构，它们在国际前沿的呼声和行动能力受到了严重制约。独立劳动倡导者小心翼翼以逃避审查和反控。中国已经成为全球化链条中最大的一个环节，但在建立有效的国际劳动联盟问题上，它也是最薄弱的环节。上百家国际论坛没有中国代表的事实使这一问题更加突出。

外企老板对中印员工的不同评价

对印度人来说，对中国经济实力增长的恐惧是建立在对其最大邻国的军事实力和核能力长达40年的多疑症之上的。然而不只是印度政治家和企业家对区域竞争感到担忧。业务流程外包繁荣也给北京带来了许多关于印度将取代中国成为国外直接投资的亚洲吸引地的担心。2004年2月，经济学家黄亚生（麻省理工学院的教授）和塔伦·卡纳（哈佛大学商学院的教授）联合发表文章，首次预言印度将成为新的卓越国家，在当时引起了轰动。尽管中国在许多标准经济实效指数方面都处于优势，但教授们认为印度银行机构的不良贷款数额小得多，其资本市场实效强得多，其外汇收益率更高，并且不像中国，它已经产生了数量可观的世界级私营企业。[45]《人民日报》（“中国会被印度取代吗？”）在头版介绍了这篇文章，同时还附有编者按，告诫中国要避免被取代，“不仅要使自己成为‘世界工厂’还要成为‘世界办公室’。”[46]

印度 ITeS 公司自然希望与中国官方达成良好关系，通过坚持他们在中国新开设的办公室正在帮助中国实现其发展的远景。虽然如此，他们起初很难劝说中国客户相信他们并签订服务合同。在纽约大学取得了工商管理硕士学位的上海人迈克尔·米负责 TCS 在中国的商业开发，他认为这是他面临的最大问题之一。“中国人不愿意有被闯入的感觉，”他说。“TCS 就是进入中国市场的‘泰坦尼克’，每个人都感到害怕。另外，”他补充说，“中国人也无法理解印度，他们只是通过一两部电影和几则新闻了解印度的。”基本上，信任缺乏来自“穷邻居之间的互相轻视”。他承认，在印度公司雇佣像他一样的中国归国人员是建立信任的关键，但这类员工却并不廉价。

另一个大的挑战当然是在紧张的就业市场留住有经验的员工。他说，“我们试图不招聘那些简历显示其在工作 3 个月后就跳槽的人，我们希望在组织内部保持最高质量的培训。”TCS 招聘刚毕业的程序员以降低薪资成本，但当它需要招聘更有经验的员工时，也碰到了常见的薪资膨胀和供应短缺问题，拉丹·塔塔访华后，迈克尔·米收到 500 万美元启动资金，用于在多个中国城市创办离岸中心。像颇有名声的甘特报告一样，事实证明对中国 IT 商业快速膨胀的预言显得过早，但 TCS 的所有竞争者都计划在上海之外扩张其中国业务。有了可供转移价格稍低工作的城市，他们将处在控制劳动力成本的更佳位置。终究挤压型的管理艺术对印度公司来说显得尤其关键。不像西方跨国公司，他们并非为了更廉价的劳动力来到中国的，至少对他们来说中国是一个薪资代价更高的环境。

实际上，据 TCS 亚太地区主管吉里贾·班尼估计，与印度员工相比，公司为中国东部人力支付的薪资高出了 20%——如果把较高的社会保障费和房地产价格等因素考虑进去，甚至更高。在距上海往南两小时车程的城市杭州，TCS 建立了它的第一个离岸中心（为履行与 GE Medical Services 签订的巨额合同充实人员），这里的薪资比大城市更低些。但如果你想找到劳动力成本低于浦那或班加罗尔的地方，则需要到内地或北上到大连。但在短期内，中国薪资总体增长速度（4%）预计将远低于印度工业（15%），因为它正在苦苦挣扎寻求新的资源以满足业务流程外包的需要。[47]

当然，印度决定离岸也还有其他原因。班迪证实，他的日本、韩国和新加坡客户感觉在中国与中国员工共事更舒服。在有些情况下，他们已经在绕过印度公司直接外包给中国软件公司。[48] 然而在中国从事业务并要求提供现场服务操作的美国和欧洲跨国公司，则倾向于与更熟悉的印度公司合作。最后，印度自身也存在着日益严重的实习生短缺问题。在中国的办公室并不只是次要的应急措施，它们也是工业的未来。TCS并不是塔塔集团唯一朝这一方向发展的公司。专攻更高难的科技型外包业务的塔塔科技也将采取行动。区域主管普拉斯那·拉胡特设想，中国分公司将成为"灾难恢复等困难时期的应急选择。一旦印度经济下滑，"他坦白地说，"客户也不会丧失服务。"另外，他设想他的公司将能通过中国和其他亚洲合同"发送我们的一些可再用解决方案套装"。但他最关心的是保证美国大客户满意，他的竞争对手与他在同一条开往上海的船上。

拉胡特已经咨询了他在上海的外籍朋友关于找到合适的工人的可能性问题。在他的一次考察旅行中，我采访了他。他们说，中国人是"一个非常勤劳的面向过程型群体。一经培训，就能出色完成任务。"但技术工业不是以产生创造性想法为基础的吗？"创造性人才，"他回答，"经常是过程定向人中的少部分。无论如何，你实际上只需要10% ~ 20%的创造型人才来构思解决方案，将概念转化为应用是一个面向过程型行为。"

拉胡特并不只是在转述酒吧间里的道听途说。印度经理也像美国和欧洲商业侨民一样坚信中国员工是过程驱动型的并且缺乏创造性。[49] 上海–印度商业联盟主席、上海印度团体主要人物浦凯旋·梅农（Prakash Menon）详细阐述了他自己对这一看法的理解：

我们发现，当需要找到解决具体问题的方法时，中国人非常出色。

当碰到概念应用时，问题就来了。中国人极难理解概念，并将其应用到10个不同的地方。因为对IT工程师的要求（进行应用程序设计时）是解决问题。遇到问题时，他需要运用所掌握的知识，将它们放在一起综合分析，然后才能找到解决方案。当你要做一无所知的事时，你会怎么办？我们发现问题就在这里。定好方案后，中国人可以出色地执行，绝对一流。但如果你要他们告诉你程序的独特性时，你就会遇到问题。因此，教育系统必须克服这种障碍。

梅农的公司NIIT，早在1998年就来到上海，他认为该公司正在弥补中国教育系统所缺少的东西。该公司的地区教育中心（提供3~4年的IT技能培训）达到125个，分布在26个省份，学生人数达到了3万个。为满足那些没有上大学或需要工作转型者的需要，该课程旨在提供网络和编程所必需的培训。许多地方官员呼吁将这一大纲纳入公共教育课程。另外，上海中心已经启动培训项目经理和信息结构与产品设计专家的计划。在梅农看来，这是一种针对他所说的“中国思维”与“印度思维”之间的差别的培训：

如果你想手把手教印度人解决问题，你不会得到结果。印度人会期待你始终拉着他的手。管理印度人的技巧不是抓住他的手，而是让他自己去探索、去跨越障碍。你一旦帮助他一次，他就会反复回来找你。如果你什么都不告诉他，他就会从第一问题开始振翅高飞，并且压根就不需要你。他知道怎么办。如果你让中国人也这么做，你将会面临、彻底地失败，因为中国人完全以另一种方式行事。你必须拉着他的手，否则他就会稳稳地坐下。他不会想去探索，我不知道什么原因。我们也不知道是不是受爱面子之类的古老文化的影响，但他就是不动。你必须抓住他的手，帮他翻过墙，给他自行飞翔的机会，然后他就会了。

由于找不到对中国人自我约束的最终原因，他承认“中国思维”也许超出了他的理解力。[50] 但他的比较仅限于国外经理对员工如何在工作场合响应要求的理解。更坦率地说，它只是以对IT服务产业所要求的特定技能的评估为基础的，其中有些是日常性的，其他则更适合于问题的解决和概念的开发。根据梅农的对比，由于“中国思维相对印度思维更加自律，”它的力量在于执行指示和命令，而“印度思维在执行方面则极弱。”但是对于高端任务他们却很在行，“软件上最有价值的是非常缺乏纪律的思维（我从正面来使用‘缺乏纪律’一词），以便探索可能性或概率。”

TCS 的迈克尔·米赞同“中国人在传统上更习惯于干要求他们干的事。对业务流程外包来说，这可能真是优势，因为你是被要求做事。外包的主要目标，就是首先外包方要确保事情按他们的要求来做，严格遵守原始的说明。”考虑到需要远离客户进行操作，遵守命令的员工正是IT 外包所需要的，这也是制造商聚集中国的原因之一。在所有关于评估创意和出色解决方案的技术工业讨论中，完全遵守命令的艺术在多数软件服务工作都是惯例。据 Mphasis 的上海中心总经理艾伦·钱所说：“在软件开发领域，我们不需要太多的创造性。尽管他们将其称为高科技，它实际上并非很复杂或困难的业务。实际上，外包方只是要求中国员工做一些他们要求计算机做的事。他们已经知道怎么做，因此并不需要太多的创造性。”

与 Mphasis 在印度寻求有经验的工程师的规划相反，钱重点招聘应届毕业生。“他们还是新手，所以我能教他们，”他解释说，并且“他们愿意做任何一种工作。”然而最主要的是应届毕业生“愿意在薪资上进行妥协”。钱是上海本地人，他对中国员工比不上印度员工的说法很生气。“与印度工程师相比，”他坚持认为，“中国人更出色，中国人总是在寻找更聪明的方法来达到目标或找到答案。”但与美国人却没法比。在他看来，美国工程师控制了所有“最先进的软件资源，”并被“鼓励按他们自己的想法去做。”“所有其他国家，”他认为，“只是在追随美国技术。我们没有发明任何东西。”

在比较国家专门技术的游戏中，印度人和中国人显然是在想诋毁对方。比如在另一家印度 IT 公司，我接连采访了两位经理。第一位是印度人，大言不惭地发表了他所在行业重视想法和创造性的陈词滥调。“这就是我们的一切。我们必须有直言不讳的员工、自由传递信息和主意的年轻人。”在印度，他指出，“我们有那种民主、公开的环境。”他没有直接说中国工程师缺乏这种首创精神，他说“他们只会跟从说明书，比如从不打断讲话提问题。”第二位是一名有国际经验的上海人，他说的正好相反。“印度工程师才是几乎完全面向过程型的。他们明白你想要他们开发什么代码，他们从不偏离这种或那种模式。”

民族自豪感显然影响了这些评论，但在这些观点中存在许多疑点。中国和印度的技术工人即将在国际劳动部门发挥新的作用。这些作用还没有定型，而经理们关于“印度思维”和“中国思维”各自力量和弱点的评述，却已经开始影响对何时何地分配什么任务的决定。鉴于预料中的外包业务的轻易转移，短期因素在作出这些决定的过程中将是最重要的因素。比如，这位印度经理对其中国员工评价低的情形，并没有使他无视所有技术经理们都无疑欣赏中国员工的一个特点：“中国工程师，”他认为，“还没有学会如何私藏信息。其他任何地方的技术人员都会隐瞒一些以促进个人优势，但中国人至今都还太天真了。遇到公司有要求时，他们会毫无保留地上交。”从这位经理的角度看，在他们学会如何将他们的知识用作讨价还价的工具之前，他们的天真，在受跳槽和薪资膨胀困扰的行业中使他们成为无价之宝。

他们在某些方面也许是天真的，但我采访的新雇员却完全明白自己的表现将如何使一个工业的某些部门在当地对投资者更具吸引力。如果结果在短期内更有利于他们，他们也认识到风向会很快转变。他们知道雇主和投资者总是会到别处寻求更大的回报，他们的离岸经理不得不加强对他们的管理，并且他们自身的技能和熟练程度只能暂时胜任目前的工作。约翰·陆在上述的印度经理手下工作，他描述了这种看法是如何形成的：“中国人与外国经理打交道的经验不足，我们就是不能总是明白他们要什么。我的经理有时要求我遵守手册，有时他又要我解决新的问题，并问我如何解决，但有时我确实不明白他要什么。我想学新东西，但我也喜欢合乎逻辑，在工作上也一样。他也不会永远是我的经理。”

艾莉斯·罗是陆的项目小组同事，在同一名经理手下工作，她有另一种说法：“他不知道如何应对一些新合同，因此我们也受到他的困惑的连累，有时我们会拿他开玩笑。”陆也很清楚她的技能的相对价值。“我永远不会流利地说英语，因此印度人比我相对来说有一种优势。但在其他领域，我们的训练和文化能带来更大的价值。印度公司在中国能二者兼得，因此从理论上讲，这对我来说是一份长期的好工作。但这个产业在变，技术发展也很快。我还年轻，我需要为自己作好应对转变的准备，否则就会落伍。”当我问她对国家经济的意味时，她笑着回答，“我不相信中国会再次落后。”

陆和罗对其经理、IT 服务产业、其国际前景以及保护自身未来的必要性的理性分析提醒我们，任何以工厂为基础的对“中国头脑”的概括都可能是拙劣的和不充分的。经理们也没有静下心来真正了解他们的员工以改变那些陈腐观点。尽管他们都是为同一个跨国公司工作，这个跨国公司在战略上分布在几个国家，以确保持续占有日益发展的全球市场的份额，陆和罗都对他们自身对雇主的承诺很无所谓。各自证实，一旦从公司获得了足够的培训后，他们将继续向前，加入日益壮大的行业跳槽大军的行列。陆问我是否听说过“信息超级高速公路上的撞死动物”（源于美国电话电报公司的广告）。“我要避免走到那一步，”他最后说。

五、聚焦苏州

鉴于所有中国新兴工业区环境质量急剧下降，苏州的绿色发展计划是迟来的反应，是否令人满意尚未可知。政府官员将倡导均衡的、在某些方面甚至超过发达国家城市中心的都市化政策。但评论家们认为，苏州能够这样做的原因主要是靠两个著名工业园区的巨大成功——苏州新区和苏州工业园所带来的经济实力。

“中国制造”的标签已经变得无处不在，以至于需要较长时间才能改变中国只是一个制造业大国的形象。尽管主要城市中心的IT和其他服务产业有了长足的发展，但向中国大陆转移的多数工作仍然是制造业方面的，远多于其他行业，不过，已不全是劳动密集型工作了。高科技生产规模的不断扩大有赖于一支能够不断提高技能以满足国外投资者需要的劳动力队伍。在上海待过一段时间后，我就发现公司对技术工人的这种依赖性对中国沿海地区的持续发展来说绝对是至关重要的。许多公司作出的全球投资分配决定都是建立在此类劳动力资源的潜在可用性的基础上，这也决定着中国高价值工作从业人员的命运。另外，如果当前的技术短缺被证明只是暂时的，那它将鼓励华盛顿和其他国家政府那些认为中国的高科技卓越成就将严重威胁亚洲乃至其他地区权力平衡的人们。至少有些人认为，刚毕业的中国工程师是新的“黄色威胁”的来源。

为实地采访这些熟练的技术人员，并发现他们如何应对这些巨大的压力，我不得不离开上海，沿江而上。自20世纪80年代后期以来，上海市政府就开始将工业设施从上海移出，而上海曾经是一个多世纪以来中国主要制造业中心的城市。寻求更廉价工厂用地的投资者不得不沿着长江三角洲走廊走向内地，而这条走廊已经成为中国技术驱动型制造业的重心。2004年第一季度，长江三角洲经济圈内日益繁荣的城市（苏州、昆山、镇江、无锡、南京、杭州和宁波）占据了中国外贸总额的35%，其中包括400亿美元的出口和430亿美元的进口。[①] 2003年，该地区的国外直接投资已达到255.7亿美元，比上一年度增加了50%，远远超过了珠江三角洲的137.4亿美元，它仅比2002年增长了18%。[②] 经历改革初期10年发展的滞后期后，长江下游地区正在重获传统意义上的中国经济轴心的地位。

在去往该走廊的旅途中，很容易发现这片大地上所发生的变化。在穿越具有数千年农耕历史的长江三角洲的路上，很难看到空旷的地带。这里看不到四处蔓延的城市风光，取而代之的是各种生产方式混杂、繁忙的景象，从传统的农业耕作到高科技生产，包罗万象。因为这里是中国最富饶的土地之一，果园和农田仍然保留了下来，仍在使用灌渠和水库构成的密集的灌溉网，水面不时反射出耀眼的光。破旧的小船停靠在草棚和凉亭遍布的村落旁。垃圾随处堆放，洗过的衣服到处可见，树上、篱笆上、小船上和所有能用的横杆上都晾晒着衣服。毛泽东时代遗留下来的破旧的烟囱厂房的水泥墙上，仍然保留着忠于国家生产的大字标语。一处处柳园式中国庭院——拱桥、鱼塘、垂柳和上翘的屋檐，与新式复合住宅混杂在一起。整洁的新建高速公路四通八达。那些成群出现的是新的工业建筑——平顶、方正、覆盖高科技房顶的仓库，一排排像货运列车一样长的低矮厂房，以及许多光彩照人的后现代主义的盒式建筑。这些盒式建筑带有业主的商标，但谁也不知道在里面发生着什么。到处都可以看到起重机在忙碌。

沿着这条工农业繁荣地带前行约1/3的路程，就到了古老的丝绸中心苏州。它在上海西侧约130公里处，垄断了中国在这一地区的制造业。实际上，在2002年流入中国的520亿美元国外投资中，最大的一部分（100亿美元）就流向了苏州，甚至超过了流向上海的数额。[③] 同年，苏州市（人口约590万）国民生产总值达到250亿美元，成为继上海、北京、广州和深圳之后的第五名最富的城市，而苏州人口却远低于前4个城市。到2003年，年度人均可支配收入已经上升到1 271美元，其工业产值位列全中国第二位。2004年2月在我首次访问苏州时，它已经容纳了多达1.34万家的外资企业，国外注册资金达到470亿美元，其中315.5亿美元已经到位。在当年的前两个月，投资合同比上一年度同期增加了50%。超过90家的财富500强公司在苏州创办了近250家企业，并且其他企业正在紧跟齐上。

中国东部和南部各地的政府官员对这一数字都非常羡慕，因为他们的政绩是直接通过国民生产总值来评价的。尽管苏州官员有许多理由偏爱这种评价系统，但不久后他们仍然宣布将在该城市一些乡镇实施一项试验性计划，以取代几乎是国民生产总值评价系统。它看起来是很大胆的一步，而这正是对中央政府可持续发展新政策的一种回应，也是为了避免地方官员虚报统计数字。④ 这个新的业绩评估标准旨在促进均衡发展，或中央政府所说的"科学发展观"。⑤ 拥有著名的运河和受联合国教科文组织保护的园林，是一个水乡城市，使苏州具有独特的优势。除了是生产模范之外，还将成为环境保护模范。它已经实行市区建筑限高7层的规定，并已快速启动回收政策、轻轨和水路运输工程、全面清理计划和天然气出租车试行计划。⑥

鉴于所有中国新兴工业区环境质量急剧下降，苏州的绿色发展计划是迟来的措施，是否令人满意尚未可知。政府官员将倡导均衡的、在某些方面甚至超过发达国家城市中心的都市化政策。但评论家们认为，苏州能够这样做的原因主要是靠两个著名工业园区——苏州新区和苏州工业园的巨大成功所带来的经济实力。这两个园区分别建立于1991年和1994年。这座城市良好的位置和科技驱动型制造业的适时聚集，给它带来了许多城市竞争对手所无法比拟的资源和力量。它的这种既能上升到更高、更环保的工业层面又不丧失吸引国外投资者的能力将受到密切关注。

但在目前，投资者的目光主要放在苏州制造业繁荣所带来的过热劳动力市场上。在长江三角洲城市中，上海令人灰心的人员更换率状况并非独一无二，苏州的情况最糟糕。一份人力资源调查显示，2003 年，该城市总体人员更换率达到 17.8%，而上海为 14.5%，中国平均为 13.1%。总体薪资增长率为 9.86%，也高于上海的 8% 和全国数字的 7.5%。[7] 之后几年这两方面数字的增加，使人们对苏州作为高档消费品制造商的低成本天堂的典范地位及其未来产生了怀疑。

苏州工业园的创建始末

这种审视对苏州来说并不是什么新鲜事。它长达两千多年的丝绸中心历史是其工业生涯的开端，苏州人至今仍引以为豪。在中国古老的贸易从黄河峡谷进入长江下游之前，其丝绸制作就因其先进的工艺和相应的劳动力系统而著称。参观苏州丝绸博物馆的观众会了解到，早在商朝和周朝（公元前 1766~ 公元前 221 年）就已存在“百工”这种特殊的劳动部门。这一系统在长江三角洲的苏州、杭州和吴江等地的生产各部门——养殖、编织、纺织、印染、制衣和刺绣，都已经实现专业化。业内劳动力动荡现象也比较常见。苏州城市博物馆展出了清朝后期禁止丝绸工人罢工的石碑。

马可·波罗访问该城时发现，苏州丝绸贸易主要得益于它拥有“各工艺行业能干的商人和熟练的从业人员”。它同时也在隋朝建成的大运河上占据了最重要的战略位置，可通过这条水路将商品北运到驰名的丝绸之路上。这个相互连接的路线网从中国的西安等城市开始，穿越布哈拉和撒马尔罕等中亚王国，一直通向地中海沿岸。沿着这些路线传输出去的不仅是珍贵的商品，也还有观念。这些传输贸易是中国接触西方最重要的纽带，反之亦然。苏州丝绸是中国大量销往西方的商品之一。流回到东方的占压倒优势的商品是白银和其他贵重金属。在某种意义上来说，这种交易关系在最近20年再次重现，此时国外投资流入中国，得到的回报是大量的出口。

因此像现在一样，中国与多数国家都有出口盈余，而外国人则为这种出口盈余支付银两，而这实际上是中国唯一需要的西方商品。许多世纪以来，中国的丝绸、瓷器、陶瓷制品和其他制成品出口统治了海外市场，而中国对白银的需求（15世纪中期中国废除了纸币）对全球经济造成了巨大的冲击。实际上，从美洲采得的白银和黄金主要流向了亚洲，尤其是中国，在那里再通过各种工艺加以利用。这些货币远不止用于贮藏或贵族的装饰目的，更多的用于刺激生产。因此，直到1800年，中国产量和人口的增长速度远远高于欧洲。[8]当然，西方从货币交易中获得大量利益，但只是因为商人能够通过支付出口来满足对白银的需求，这种出口的显著特点是中国制造业产量高而竞争成本低。

古中国的贸易现象和今天的贸易平衡类似吗？在某些方面，我认为相差不是太远。当然，最大的差别之一是技术的作用。由于廉价劳动力数量很大，劳力节约技术在中世纪和早期现代中国经济中并不是很重要。实际上，西方强国必须首先发展这种技术才能与亚洲制造商竞争，这就是欧洲工业革命的根本过程。为了在当今全球经济中进行竞争，西方工业家开始将他们的劳力节约技术转移到中国以节约国内成本。

苏州并没有丢失使之成名的工艺产业。它仍然在为中国丝绸出口作出重大贡献，仅中国一国就在满足全球此类需求的70%。对其他包括电子、药品、化工、机械和微芯片等产业的大量投资，使苏州丝绸生产业规模显得小了。该城市的位置再次显示出优势。这次取胜的原因是其面向位于东部的金融中心。如果说上海是“龙口”，那么苏州就是连接沿海大城市与内地的坚实“脖子”。另外，该城市被重工业包围（铁、钢、能源、汽车和谷物油料加工）的3个长江港口使它能够直接参与国际海运。通过公路或铁路，能够快速通向北京、广州和香港地区，并且出口加工中心允许公司在商品仍在苏州时办理清关手续。

当地政府官员已经学会处理国外投资者的许多需求和期望。美国电信跨国公司安德鲁（Andrew）的总经理、苏州工业园最早的投资者之一迈克·巴巴拉斯（Mike Barbalas）阐述了这种商业环境的相对优势："在广东，如果你有过硬关系的话，什么事都是可能的。在北方，由于严格的法规，任何事都是不可能的。在长江地区，美国公司感觉到很舒适，因为当地政府很职业。他们通晓相关法律，他们会告诉你如何在法律范围内运营。"他说："政府是亲商业的，既不亲中国人也不亲西方人，只是亲商业"。

从 20 世纪 80 年代初开始，苏州乡镇企业开始繁荣，人口剧增。随着市场改革的进行，当地官员决定促进国外贸易以帮助当地企业加强与全球经济的联系。刚开始投资分散，土地管理混乱，因此苏州决定采取开发区模式，为其建立完备的基础设施。昆山开发区率先建立，在中央政府正式认可其快速增长的国民生产总值之前，它一直处于法律上的灰色地带。昆山稳定地吸引了大批台湾投资者，其中许多人自认为是返回故土的流放人员，类似于被下放到西部山区公司的上海人的孩子，也正是他们成了台湾雇主的首批技术人才储备。到 2002 年，台湾十大笔记本制造商中有 6 家在昆山设厂生产，享受着这个低成本生产的港口，它的宽松管理颇有名声的。[9] 随后建立的两个苏州园区（苏州新区和苏州工业园）发展成为其竞争对手，国外投资团体经常将此说成是在华商业风险的典型案例。

20 世纪 90 年代初，当时的新加坡总理李光耀将苏州工业园称为所有合资企业的样板。拥有大量的外汇资本可供投资，新加坡经济师们正在寻求低成本生产港口以保持他们国内的竞争力。苏州官员向李光耀推荐了这个中心，李光耀随后提出了一项关于建立"一个小型新加坡"的计划，或更准确地说是新加坡旗舰裕廊工业区的翻版，该工业区成功将工业区与居民区结合为一个大型城区。这一计划得到了中央政府的批准。用李光耀的话说，他的智慧结晶是"一项政府间的技术协助协议，目的在于将我们在吸引投资、建立工业不动产和完成住宅与商业中心方面的知识和经验转移到苏州方圆 100 平方公里的未开发地区"。[10] 此项受到一个国外公司联盟支持的工程，历时将超过 20 年。期间，大陆人将向与其有密切的文化渊源的亚洲同伴学习如何发展对外贸易。一位苏州工业园官员对我说："新加坡人也是黄皮肤，但他们的观念却是西式的。"

受到中国政府最高层官员的支持，新加坡人有理由相信他们的投资将受到很好的保护。但苏州工业园却因中央政府与当地政府之间经常出现的分歧而陷入了麻烦之中。从一开始，苏州市政府办公室就热心地向潜在的投资者推荐他们运营的工业园苏州新区，削减苏州工业园的土地和基础设施投入。即使是在新加坡设有地区总部的摩托罗拉之类的跨国公司也被劝说选择新区。两个园区之间的竞争变得难以为继，苏州工业园的损失（每年约 2 400 万美元）越积越大。到 1999 年，新加坡政府决定退一步，将其对苏州工业园的股份由 65% 减少到 35%，成为小股东。"这是一次教训，"李光耀在他的回忆录中写道：

新加坡在海外的最大的投资，摄于苏州工业园

每一方都期望对方做的像自己想像的一样。不幸的是，尽管语言上不存在障碍，但我们的商业文化却完全不同。新加坡人想当然地认为合同是神圣的。对于苏州政府来说，签署的协议是严肃和真诚意向的一种表达方式，但却不必过于全面与细致，也可以根据情况的变化进行修改或重新解释。我们依靠的是法律和系统，他们是受官方指示与引导；而这些指示通常是不公开的，并且不同的官员对此有不同的解释。[11]

在华的国外投资者对李光耀所描述的经历已经非常熟悉，他们对协议的忠实定期受到政府官员心血来潮的冲击。对新加坡人来说，这种结果算是丢尽了脸面。这是这个国家远远超过其他的最大的单笔对外投资，却彻底失败了。

1999 年，重组使中国政府取得园区的多数股份后，政府确保了苏州工业园扭亏为盈。为了确保双方的关系，园区聘请苏州市党委副书记王建华担任新的主管。此前他是新区前任经理，作为苏州市副市长，曾经是两个园区投资竞争角逐中的前沿斗士。苏州工业园的工业租金一夜之间从每平方米 60 美元大幅下降到 15 美元，甚至还向最优投资者提供更多优惠。园区很快吸引了大批来自欧洲、美国、日本和韩国的顶级跨国公司，而且绝大多数都是高新技术公司（有几家公司甚至从其他园区搬迁到这里）。据苏州工业园投资开发经理称，园区年度投资目标从 10 亿美元增加到了 50 亿美元。它成为中国唯一无需北京批准投资上限的对外贸易实体。这种权力本身就超过了上海之类的直辖市。更重要的是，该园区的历史将用来展示中国人在掌权后是如何成功管理如此之大规模的商业园区的。

到我开始访问时，园区 70 平方公里的核心区（被称为“中国—新加坡合作区”）已容纳了 10 万名员工。更大的 260 平方公里的地区（包括现有的下辖 5 个乡镇）容纳了 20 万名员工和 23 万居民。苏州工业园已经吸引了包括 50 家财富 500 企业（国外直接投资总额达 150 美元）

苏州工业园居住区和工业区的比例模型

在内的 1 300 家外国公司和超过 600 家国内公司（总投资 38 亿美元）。据园区管理人员称，到 2003 年，运营中的 1/4 公司已经收回投资，园区出口总额为 59.6 亿美元。核心区的所有工业用地都已通过合同承包出去，每月都有耀眼的新工厂在菜地或新开垦的土地上拔地而起。为了追逐成为首次公开募股公司的梦想，他们面临着园区后勤方面投资者的巨大压力，这迫使他们扩大规模以吸引新投资，但最终决定仍处于保密当中。“关于苏州工业园的任何事，”一位官员警告我，“在政治上都是很敏感的。”作为减缓经济增长努力的一部分，北京已经采取措施阻止将耕地无限制地转为工业用地，并已关闭多达 2 500 块未经中央批准擅自开辟的工业用地。[12] 尽管面对全国性的收缩，2004 年 10 月，苏州工业园仍然获准增加另外 30 平方公里土地，确立了它作为国家最优先发展重点的优势地位。

就在工业租金下降的同时，苏州城市住房价格开始猛涨。苏州工业园住宅区打算在核心区最终容纳 60 万居民，现在已经开始为园区带来越来越多的利润。[13]不久前，苏州工业园住宅区土地价格已经从以前的每平方米 70 美元上升到接近 3 000 美元，是工业用地价格的 200 倍。它有低密度和高密度两种住宅用于销售和出租——部分是豪华型，部分为后勤方面的员工提供了补贴。园区引以为豪的便利设施包括几所国际学校和幼儿园、一个兴建中的艺术中心、一个大型的中心湖、一家五星级宾馆、大面积美化过的公园和花园、绿树成行的林荫大道，高达 40% 的绿化率，给人的整体感觉是规划整齐并严格分区。在急速保证制造业的合同中，官员们已经忘记苏州工业园工程的原名是源于新加坡花园城市原型的苏州工业城。即将成为能够满足公司阶层需求的现代化都市的远景，强烈吸引着外国人、归国人员和当地有车族，他们中有许多人将这里当成工作住地，周末才回到市区的家中。某新加坡公司一位经理这样描述它对外国人的吸引力："它看起来一点也不像中国，他们能感到安全和舒适，而且不必面对苏州的脏乱环境。"对当地人来说，它是未来"美丽城市"的模板。"总有一天，全中国都要像这样。"上述新加坡经理的一名员工说。他最近刚为购买离湖边中心商业区不远的一套住房预付了定金。

福利化的园区管理

事实上，像他一样的员工购买住宅的机会被实际写入雇佣合同。所有苏州工业园员工和雇主均参加社会公积金（SPF），员工可通过这项计划购买或租借园区的住房。雇主和员工均向社会公积金缴纳 22% 的薪资，然后将其分成两部分计入统一的公共账户和个人账户。失业以及大病或生育保险由公共账户提供，而员工通过更大的个人账户参加住房保险，并支付可自行选择的退休或医疗保险。另外，雇主还需向社会公积金缴纳与工作有关的小额伤害与疾病保险金。实际上苏州工业园已经成为有效建立自身福利模式的园区，政府除了通过苏州工业园权力机构管理基金之外，其他很少过问。

像园区一样，社会公积金也沿用新加坡模式——该国公民和永久居民强制参加的社会保险储蓄基金。该基金提供从退休金到孩子教育和购房等所有保障，推崇个人自力更生的原则。目前世界各国政府都已采纳这一原则，以减少对福利方面的主要义务。实际上，新加坡基金原型的目的在于减轻英国殖民政府对社会保障费用的义务。随着时间的推移，当它成功保证新加坡的高储蓄率后，政府进一步放宽了储蓄选择，鼓励了参保人进行于高风险投资——一般说来长期社会保障计划都是有风险的。在中国，社会公积金（苏州工业园所特有的）是私有化过程中的一个目的地。这一长征始于1978年，当时终结了农村公社，开始在农村实行承包责任制，这是一个独立的系统，目的是为那些处于稳定就业状态的人谋取利益。参加者可以随时存取各部分基金。这些基金如果是在政府管理系统内，通常会被计入长期社会保障账户。

寻求出租的苏州工业园管理层认为，这项计划将直接鼓励员工购买那些园区能从中获取巨额利润的房产。根据社会公积金条款，员工不能用他们的账户购买园区外的公寓。因此，这种基金也是对雇主有明显优势。首先，他们的捐助比园区外其他城市少得多。比如在上海，典型的雇主社会福利负担包括22%的养老金成本、2%的失业保险、12%的医疗保险、7%的住房保险和1.6%的伤残保险。[14]其44.6%的总数是工业园社会公积金22%捐助比例的两倍。苏州工业园雇主也免除了为全体苏州市或县公民缴纳社会保险的责任。通常会安排特殊折扣，比如对于非技术操作员，有些雇主可选择最低向基金缴纳14%。另外，社会公积金也被视为创造稳定劳动力队伍的一种途径。如果工人离开苏州工业园，他将丧失基金个人账户的一部分。员工留在原岗位有实实在在的经济上的动机，因此这一系统有助于缓解经理对留住员工的担心。

从19世纪中期开始，许多美国公司确信提供住房和个人福利能维持人才储备，符合公司自身的利益。这是支撑公司城镇的观念，并且它已演变成公司对员工生活方方面面的控制，包括道德和个人行为。限制性的环境不可避免地在整个美国造成劳动骚乱和暴动。当进一步的压制证明不可能长久解决问题时，许多雇主推断安抚工人的最佳途径是允许他们购买自己的住房。[15]大规模的市郊化很快使公司城镇变得荒芜，但通过所有权来安抚工人的原则却留传了下来。

苏州工业园并不完全是一个公司城镇，但它多少也有这方面的特点。为了维持拥有大量准独立员工的储备系统，满足它们的共同利益，许多公司都参与进来。社会公积金是将系统结合成一种慈善社会的社会凝聚力。但从新加坡发源地移植公积金概念的过程中，出现了许多明显的问题。首先，这种系统根本就不受非技术或低薪操作员的欢迎，因为他们根本无力在苏州工业园购房。他们只能抽出个人收入的20%来租房，并且无论如何他们都是最有可能离开的。人力资源经理很难向那些与园区未来没有太大利害关系的员工解释社会公积金的好处。这些员工（许多是移民）已经学会不相信政府或任何其他任何机构。社会公积金对他们有什么用？他们需要手头的现金，并且他们还太年轻，不会去考虑长久保障。

作为社会保障改革的模型，社会公积金显然对中央政府有吸引力，尤其是因为政府正在追求社会和人口稳定——这是共产党最优先要解决的事。但最近有太多的国家住房和工作保障承诺没有兑现，只有日渐减少的少数中国人口能够享受稳定就业。受到高失业率、巨大的流动工人数量、越来越多的私营部门偏爱灵活劳动力等诸多问题的困扰，未来10年，中国经济不大可能带来足以夸耀的任何形式的保障。建立在受高强度压力的劳动力与自由移动的跨国公司之间的相互信任之上的社会公积金之类的福利模式，不大可能成为最有前途或最可行的发展方向。

就苏州工业园而言，任何此类信任都取决于雇主是否愿意长期留下来。对此，现在已经产生了不少怀疑。有经验的人才，甚至是半熟练操作员的跳槽现象已经变得相当严重。每个有一年以上经验的技师或工程师都很清楚，路对面兴建中的工厂有更好的待遇在等着他们。新来到园区的外国公司需要熟练员工来提高业绩，也很容易用高薪把员工挖走。与外国公司本国的薪资环境相比，成本上的节约仍然是可观的，因此新来的经理很少考虑从已建工厂中挖人的后果。他们的职责就是启动并运营业务，但每一次抬价都将使薪资上一个台阶，并威胁到试图保持劳动力低成本的现有雇主的共同利益。园区的扩张吸引了更多的公司，以丰富他们的供给链和销售链，并进而给他们的商业创造利益。但如果新来者不遵守君子约定，结果将危及他们前来中国的首要动机——寻求廉价工人。

正如一些人力资源经理向我指出的，正是自给自足的福利系统造成了这一难题。根据社会公积金条款，员工有更多的理由留在园区，因此他们对苏州工业园劳动市场的熟悉了解，促使他们从一家公司跳槽到另一家公司。公积金在不经意间使他们处在与苏州工业园进行讨价还价的有利位置。因此，在园区能够很好地保留员工的同时，个别经理们却对影响他们每月业绩数字的高人员更换率感到极其恼火。如果不能解决这个问题，则长江三角洲最重要的投资吸引力将很快丧失。一位来自德克萨斯州的经理以天生的无动于衷的口吻对我说："我们将继续向前，就像'老西部'一样。在中国，总会在下一个城镇有更好的情况等着你。"

价值链上的工人群体

丰富的就业机会使苏州吸引了四面八方前来东部寻求就业的人们。该城市至少有 3 个人才交流中心，每天举行招聘会为不同的员工群体提供就业服务。招聘会传统上是为农业和蓝领工人服务，但近几年，高校毕业生和白领员工也频繁光顾招聘会，作为除使用 zhaopin.com 和 51Job.com 之类的大众招聘网站之外的辅助方式。其中一个就业交流中心设在苏州工业园。在这里，园区人力资源代理每周用五个上午接待雇主及其潜在的新员工。星期三，一群咯咯嬉笑的农村姑娘聚集在招聘会上应聘非技术类的操作员岗位。有些人是从不远处园区内 8~10 人一间的公司宿舍来到这里的。这种留居工厂的工作环境首先出现在中国南方的城市中，并与广东有名的血汗经济紧密相关，它在附近的昆山更常见。这完全是来自台湾地区投资者造成的。由于施加超强的薪资压力和执行苛刻的劳工纪律，他们在当地的名声是最坏的。

在苏州工业园，更高的劳动和安全标准确保了其中的跨国公司投资者的品牌不会受到压榨劳力的工厂曝光的困扰，非技术工人薪资更高一点。实际上，多数人的薪资通常高于苏州市 560 元人民币（约 68 美元）的最低薪资。有些有几年经验或在苏州市许多职业学校培训过的操作员月薪资，都能达到 1 000 元人民币（约 121 美元）。然而，他们可能需要参加 12 小时轮班（不保证加班费）才能得到这种报酬。苏州工业园人力资源指南建议雇主采用三班倒模式（早上 6 时 30 分至下午 2 时 30 分；下午 2 时 30 分至晚上 10 时 30 分；晚上 10 时 30 分至早上 6 时 30 分）或两班倒模式（早上 6 时 30 分至下午 3 时；下午 3 时至晚上 11 时 30 分），但我访问的 24 小时生产的多数大厂，通常都采用两个 12 小时轮班制。对工人来说，就是连续参加 3 个白天的 12 小时轮班，然后休息 2 天，再连续参加 3 个夜间的 12 小时轮班。通过普遍采用这种方式，园区的雇主能确保操作员无法跳槽到有更好轮班方式的地方。经理们，特别是那些亚洲公司的经理们通常希望延长工人的工作时间，经常远远超过每月 36 小时的国家法定上限。苏州工业园劳动局的一名官员解释，很难让来自不同国家或地区的公司严格遵守中国的劳动法。“国外经理带来他们文化和内部劳动法规，他们在如何对待工人的问题上各持己见。”他坦言，过度超时是个“大问题”，他偶尔会对两个月或以上未支付工人薪资的公司提起公诉。尽管他负责执行劳动法，但他却是为一个反过来偏向国外投资者的权力机构工作。他在人力资源部的一个同事谨慎地对我说：“我们在执行规章制度时既不太宽也不太严。”

苏州工业园的招聘会

刚开始，园区的雇主被要求雇佣当地员工，但受快速发展、劳动市场不断变化以及雇主权力的不断发展等诸多因素的影响，权力机构被迫允许招聘方雇佣来自西部省份甚至更远的内蒙古的各省市员工。因此，每天都有大量其他城市的人员来到这里，使火车站日夜拥堵（这是其中多数人能够休息和睡眠的唯一地方）。这些人在职业介绍所周围徘徊。如果他们能够找到工作，并保留三年，即使没有技术的人也能在苏州申请热切盼望的居民登记。对技术人才来说，他们只要找到工作实际上就能自动获得居民证（户口）。从表面判断，工作前景和机会似乎很乐观。每月都有新的雇主在苏州工业园或苏州市周围的其他几个工业园创办一家工厂。经理们知道，只需稍加培训，他们就能很快成立一支操作员队伍，而要求更高的技术类岗位却完全不同。

对那些有幸空闲一天或有几个小时随便走走的工程师来说，可到星期六上午举行的招聘会看看，但在星期四，这里会为电子集团之类的工业群体举办临时招聘会。我正是在这里碰到并采访邢星尧（音）的，他是来自江苏省北部地区的一名机械工程师。他毕业于南京理工大学，仅在10个月以前与一家日本电子生产商签订了合同。目前，他每月所得为2 000元人民币（约242美元），这是苏州机械工程师的平均薪资——电子工程师平均薪资高500元人民币。他为何要另找一份工作呢？“我不知道我该不该走，”他解释，“我必须考虑许多因素。但我对我现在的工作真的不满意。我们都应该学点东西，但却没有任何时间学习。我们必须一直待在生产线上，做一些维护或改进工作。”他说，工作周内，他很少在晚上9点钟之前返回公寓，并且他经常在周末还得回到工厂去。如果他有什么问题或建议，他说他的经理“总是忙得顾不上听。他只想看到生产不断得到提高，别的什么都不说。我想我在欧洲或美国公司能学到更多，那里的环境更开放，并且我也许能参加海外培训。”他的父母在同一家公司干了一辈子，建议他离开。“他们那一代人没必要做这种选择，但他们认识到我必须这样做。”

在招聘会站在邢后面的人是杨卫锋（音）。他是一名来自安徽农村的技术人员，他说他被昆山工业区的一家台湾公司套住了。“我要逃出昆山，”他有点夸张地叹息，“台湾人太了解我们大陆人了，他们只想要我们像马或像狗一样工作，一点也不关心我们的福利。”杨把他的所有业余时间都用来学英语，那是他梦想在一家欧洲或美国公司谋职的通行证。即使这样，他也不乐观：“我的英语太差了，而且有太多像我一样的中国人，”他沮丧地说，“我想我将永远是台湾公司的囚徒。”

由于邢的学历，他应当比他旁边的人稍好一点，但他明白他在测试市场方面并不是最好的。据他自己说，在目前这个工作岗位，他并没有接受过太多的培训，他期待并为此辞职的高薪资，其潜在的雇主可能会认为他并不值那么多。他也听说过美国和欧洲经理不大愿意雇佣从日本或台湾公司出来的员工，因为相信他们被培训成只需服从老板并遵守过程型规定的人。邢特别担心他比不上新来的春季毕业生。他是我采访过的看过《苏州日报》上最近刊登的一篇预测起步薪资将大幅度下降的文章的几个人之一。同时来到招聘会场的李小明（音）即将从南京大学毕业。他在电子工程系的教授告诉他，预计月薪约 2 500 元人民币（约 302 美元），几乎只有他 3 年前校友的月薪的一半。邢知道，经理们几乎肯定会利用机会从今年更廉价的毕业人才库中招聘类似他这样的新员工。另外，跳槽在苏州已经成了一个不好的词。那些跳槽过多的人被视为高风险新兵。

邢正在考虑走，但他意识到这样做可能会降低收入。“如果你还年轻，金钱就没有职业发展重要。”如果他暂时原地不动，再过几年，目前的人才短缺将变成过剩，那时他将陷入薪资逐步下降的漩涡中。他必须与他潜在的雇主一样，准确地估价他在劳动市场中目前和将来的位置。邢面临的两难境地绝不是他一个人的情况，它精确地反映了中国下一轮工业化开始时的情况，就像他受雇监管的制造业过程一样精确。

因为他们在制造厂工作，我在苏州工业园公司采访的工程师比在上海的 IT 员工更切合实际。不像后者正在学习开发商业解决方案的模糊艺术，苏州工程师已经准确无误地了解他们所处的位置。像邢一样，他们完全清楚他们的技能在劳动市场上的价值，并了解他们的雇主向他们的工作场所转移高价值业务的演算方法。他们走留决定的累积效果，将影响投资者必须支付的价格。某德国公司的流程工程师温特·陈这样说：“公司坐等市场改善，人才储备一旦成熟，他们就把研究与发展部门迁到这里来。”他边说边弹了个响指。对陈来说，升级来得正是时候。“它对我的走留产生了重大影响。我现在要为客户调整生产线时，我只需要找研究与发展中心的人，我能在下一幢楼获得高水平反馈和支持。而在以前我要为此花上一个多星期。我在工作中也能学到更多知识。”

我时常发现员工对公司的忠诚度建立在公司文化之类的“软”因素上。在我访问的苏州工业园公司中，诺基亚工厂就是这样一个例子，在那里，员工认识到能在别处挣更多，但害怕失去他们现在所在的公司倡导的“尊重员工、以人为本的文化”。尽管这种评论很少见，并且以官方口吻说出来，我并不认为这是一种人力资源口号。更有趣的是，诺基亚芬兰经理们的社会个性被形容为“容易被中国人所接受”。英国人和美国人的沟通方式通常被认为过分“直率”。相反，芬兰人的“沉默、优雅、不太直接”的沟通方式，被中国员工看做与他们更加志趣相投。

但在苏州工业园工程师所处的完全标准化环境中，“企业文化”的影响因过于无形而难以计算。在跨国公司里，每项任务都必须接受成本效益分析，与世界各地其他多处地点的同类任务相对比。如果陈之类的员工能在争取其劳动权利方面处于优势地位，并不是因为他们的工作质量，而只是他们正好在合适的时机处在合适的位置。陈的父母也曾是中国首批拖拉机制造厂的工程师，为实现农村公社机械化作出过贡献。尽管制造厂在当地很有名，但他们自身的薪资和技能在河南所在城市之外却并不重要。相比之下，他们儿子的薪资待遇和职业道德，却是全球工业链中的一个关键环节。

鉴于他们如此执著地追随和认同他们雇主考量工人技能与寻找合适地点的方法，陈和其他人梦想开办属于他们自己的公司一点都不奇怪。他们想像几年后自己和朋友也能积攒资源并走向政府指定为下一个机会前沿的西部省份。天知道他们会不会甚至先于他们的雇主到达那里。“我们想为自己做点事，”他耸耸肩说，“在苏州，所有大的决定都已由从遥远地方来的人做了。”

同样的机会主义观念也经常融入他们的政治和哲学倾向。我在苏州采访的许多人都是共产党员。有人估计工苏州工业园公司内有 2 000 余名党员。一开始他们都不愿说明这种身份，但谈到这个话题时他们通常会兴奋起来，并且几乎总是为他们的党员身份显出几分自豪，但这种自豪与政治狂热没有任何关系。在理科学生通常被免去马克思主义课程的大学里，能选为党员被认为是件有威望的事。党组织仍然只吸收最优秀和最聪明的人，能入党仿佛最高荣誉毕业生一样荣耀。在私营企业，特别是在国外企业，党员身份实际上没有任何好处，但我在这些公司采访的人当中没有一个退党的（尽管需用 4% 的薪资来缴纳党费）。党员身份被视为潜在的宝贵财富，在未来的职业生涯中说不定哪一天会成为个人发展的资本。苏州工业园内的党员会议目前被视为促进社会人际关系的一种机会。

人们以一种更务实的态度接受毛泽东思想。有些低层管理岗位的员工，断言他们运用了毛泽东思想来提高他们的管理技能。如果这是真的，这也是与党内领导干部学习企业知识是相一致的。作为纪念伟大舵手 110 年诞辰（2003 年 12 月）活动之一，中央文献出版社出版了一套以毛主席思想为基础的四卷商业管理丛书。该书引用毛泽东关于哲学、政治和军事战略的论述，提出关于项目管理、交易活动、员工激励和启动计划酝酿等方面的建议。我采访的有些人甚至进一步声称毛泽东更富哲理的论述可以直接应用到工厂。一位半导体工程师举例说，他在解决技术问题时就经常运用毛泽东最精辟的辩证唯物主义观点——“一分为二”。“看似不同类型的故障，”他说，“实际上是同一问题的两个方面。”我问他毛泽东会怎么看待苏州工业园之类的地方。“毛泽东会说，‘看！这都是我的杰作。’”他咧嘴笑着说。

这种实用主义是否延伸至他们的个人生活了呢？像很多上海员工，我采访的大多数苏州人都骄傲地认为在西方化工厂之外的生活上是传统甚至是保守的。其中一个人说“我的生活一点也没有新意”，以此自豪地表明他是如何坚守这种传统的。作为原则性的问题，酒吧、俱乐部、最新时尚乃至高科技小玩意一概受到唾弃。对这种现代工厂与传统家庭之间的反差如此众口一词，让人觉得它与其说是一种倾向不如说是一种规定行为。

当然也有例外，这些人难以分清工厂内外。琼·赵就是其中之一。她是苏州本地人，毕业于南京师范大学，受雇于苏州工业园一家较大的台湾公司。她的工作时间很难熬——每天 11 个小时，大多数星期六和星期日上午也要上班。她微笑着说：“得知我工作这么辛苦，尤其是在周末，我父母很震惊。”在不到一年时间里，赵已经被提升为质量控制副经理。在她的公司里，女性工程师提升很快，她本来能很快提升管理职务的。但她最近已要求转到项目工程师职位上，并很快获得批准。“我事先没有经过技术培训，”她承认（她的专业是英语），“我想试试能否从零开始使自己成为一名真正的工程师。”我很少碰到申请降级的员工——这样甚至会降低她的薪资。但赵似乎乐于接受降低收入的现实。“我的所有朋友都是老师或记者，”她说，“我是唯一会在工作中弄脏手的人。”

她即将进入她所谓的“黄金时期”。“对中国妇女来说，”她解释道，“就是25~30岁之间——妇女在成家前的二十几岁期间是最能干的，而对男人来说，是在28~35岁之间。”但赵并不是有意用她的工作经历去换取职业资本。“我可能会成家，但不管怎么说，几年内，我肯定会选择别的工作，也可能重返学校，从头再来。”尽管她处在好位置上，身处能够给她在技术层面和就业记录带来丰厚回报的商业环境之中，她仍然决定要走自己的路。她试图用性别差异来解释她的决定：“男人的压力更大，他们必须及时把握机会。女性的这种感觉没有这么强烈，因此当今她们实际上有更多的选择。”她是我在中国遇到的唯一认为性别与个人雄心或实现个人雄心的能力有某种关系的女性工程师。大多数人断然否认性别是一种因素。

当赵提到她喜欢阅读古代哲学时，我料定她会高谈传统价值。我采访的一些人为证明他们对中国文化的依恋，通常会谈到对民族音乐或历史文学的感悟。老子是她喜欢的哲学家，但她对道教的理解却完全不正统：“他告诉我，我们的生活毫无意义。”这并非随意的评论，也不是玩世不恭。道教的无为的核心思想——通俗地说就是“顺其自然”，揭示了世间万物的自然本性，精辟概括了无需费力推动自身进程的现象。赵的解释更接近虚无主义。她向我保证这并不是一种误解，而是她自己的创新。“如果你同意你确实无法对世界造成真正的影响，”她解释，“你就能自由地思考和行动。”

她对老子思想的解读提醒我们，“创新”并不是她的技术工厂的专利，它同时也反映了像她一样的中国人是如何继承传统知识和价值观的。在为介于现代与传统之间的中国中产阶级分类时，如果想把赵之类的人包括进去是完全行不通的，他们完全是属于自己的一类。

外企经理们之间的热门话题

苏州工业园的工程师们表现出来的实用主义观点同样也是他们经理们所迷恋的，这突出表现在他们不得不定期举行会议，讨论共同利益问题。他们可能是与他们的竞争对手在同一个房间，但他们却有更重要的原因与其共享信息，保持劳动力成本低廉是他们共同的首要目的。Spansion（一家生产闪存卡的 AMD 分厂）的马来西亚籍经理皮·洛是电子集团的主管，该集团绝对是目前苏州工业园工业集群中最大（占公司总数的 60%）和最强的集团。他对“新来者一来就不假思索抬高价格、挖走我们有经验的员工”的掠夺性行为表示叹息，并说“相应提高薪资不是个好的人才保留措施”，并自夸他自己公司负责任地抑制薪资膨胀的方法。他证实在“总经理俱乐部”，众所周知的是，“首要话题总是关于雇佣人员的自我控制”。为说明这一点，他拿出最近一次会议的记录。与会的一名经理报告，“我们公司正在进行关于离开这里的可行性研究。我们的员工更换率为每月 3% 或 4%（每年 36%~48%），我们不能在这里待下去了，除非人才保留状况有所改善。我们正在积极考虑迁移出去。”

在他们集团内持这种观点已经有一段时间了。“两年前，”洛解释说，“这里的薪资只有上海的 50%，但现在已经接近 75%，因此那些不喜欢上海的工程师的外国公司，有更充分的理由来到这里。但它同时也意味着苏州工业园内的跳槽现象会更普遍。”“这是它可怕的一面，”飞利浦公司的新加坡经理 KG Ching 评论说。“与 1997~1998 年度相比，薪资已经增加了三四倍。我们是因为低成本才来到这里的，但这有点吓人。苏州工业园有些公司的人员更换率已远超过 20%，有时你必须加倍薪资才能留住原有员工，而这只不过是为了节约花在他们身上的培训时间。而对核心员工来说，你必须给他们支付上海水平的薪资。一名好经理的成本与新加坡的甚至台湾地区的相差不多。”Ching 自己公司内工程师和操作员的成套技能难以带走，因此人员更换率相对低些。另一个问题是生产率。如果用飞利浦总公司的“标准工时”进行衡量，荷兰工人的生产率是 95%，而新加坡则在 85%~90% 之间。在中国，他的工厂的生产率只达到 60%~70%。

洛和 Ching 一致同意，招聘应届毕业生比较容易。不像 Ching 在苏州招聘总人数 80% 的员工，洛的政策是“从外省招聘员工”以保持低成本，保证“不同背景的人们”之间的多样性，使工人能最大限度地集中精力工作。他发现，当地人精力更分散：“他们的精力容易被其他问题分散——他们的家庭、父母和购房等。”通过这种方法，他能够最大限度地管理新员工。但从长远来看，这种做法并不能缓解更让人头痛的“两年周期”难题，这是中国东部国外经理对跳槽现象的常用说法。如果其他经理不愿意合作的话，这种局面也无法得到控制。

国外经理都乐于诋毁其台湾同行更低的劳动力薪资标准。但在一方面台湾人却有其令人忌妒的优势。他们能够非常有效地团结在一起来控制劳动力成本。在整个中国南部和东部类似昆山的集中区域，通常以高尔夫小圈子为基础组织的非正式商业联盟牢牢控制了薪资待遇。尽管国外公司并不想尝试，但他们似乎无法形成此类集体秩序的组织。

自 20 世纪 80 年代末以来一直在上海从事商业的中国通约翰·巴特利特（John Bartlett）讲述了该地区早期的美国制造商是如何努力控制成本的：

我们没能走到一起，而是互相追逐。首先，我们必须估计国外合资企业能支付的国内薪资。我想我们刚开始有十六七个标准等级，然后上升到几百个。我们会环顾四周，然后问，“你在支付多少，我们如何解释这个等级？”在那些日子里，讲英语的人不多，他们都是开路先锋。达成的基本共识是避免挖墙脚和过高的价格。当时还没有惩罚措施，因为我们规模都很小，而且我们知道我们会经常见面，足以形成一种默契。

数量那么有限，我们可以相互参观各自的工厂。

当合资企业成为标准时，他和其他经理发现与他们合伙的每个中国机构方法都不同："他们在发展的过程中制定规则，因为合资企业对中国人和美国人来说都是新鲜事物。他们不知道采用何种标准。他们只知道外国人愿意为他们的工人支付更高薪资。"

因为巴特利特经历了商业环境的不断变迁，他很清楚国外企业为能够操纵自身业务获得让步的同时，丧失了哪些优势。尽管在合资企业时期，经理们被迫吸收了额外的工人，但同时他们也被免除了许多繁重的义务："劳动纪律、按时上班、报告生病、照料孕妇和生小孩，所有这些事我们都无法控制。我不用担心这些，中国方面的系统会管理好这一切。有工会负责解决家庭困难和纠纷。"但当中国政府允许开办全权外资企业时，它将这些包袱甩给了外国公司，同时还有社会保险、健康和养老金成本、救济金以及所有隐性费用和成本等财政负担，而所有这些在吸引外国公司投资时都没有提到。"我猜想，我们失望的原因之一，"他充满想望地总结道，"是我们期待着证明中国正是我们想要的廉价处所。"

长江三角洲的工人通常比中国其他地区的工人薪资更高，原因是他们的劳动合同受到更严格的法律监管。这是流动工人为何离开广东涌向这个地区的原因之一。实际上，有证据表明南方的技术工人短缺比更适意的大上海地区的短缺更加严重。即使是在广东薪资最高的城市中心深圳，市政府也报告，2005 年春季，仅有 5.3 万人申请已公布需要技术工人和技师的 10.5 万个空缺岗位，该城市发展急需另外 200 万名技术工人。[16]

2003 年秋季，江苏省人民代表大会通过了一项针对苏州员工的额外法规，给以现有劳动合同法更有力的监督。员工只要提前 30 天交出辞职报告，他就不再因为违背合同而受到惩罚。雇主现在必须提供长期合同，试用期薪资也提高了，并且在没有适当理由的情况下，禁止雇主在合同期辞退员工。

在我参加的讨论和会议中，我听到了对于这项新法规的大相径庭的解释，部分原因是其措辞含糊。苏州工业园劳动局方面的官员说："我每天都必须仔细解读措词。我们要找的许多相关的事情根本就不包括在内。"然而，这种混乱在极大程度上源于经理们对该法规在苏州工业园的执行力度的猜测。苏州工业园人力资源副主管莫莉·沈解释说，"我们尽量在工人与管理层之间处于中立位置。实际上，我们别无选择，因为我们必须同时保护投资者和员工。"有冤屈的员工前来她所在的机构投诉，该机构则需在提交仲裁之前设法解决纠纷。她承认颁布新法规后，员工投诉和人员更换率都有明显增加。

看到省立法机关和劳动市场都在日益走向员工这一边，苏州工业园的公司经理们相应采取了集体行动。到 2004 年 3 月，经理俱乐部施加的压力产生了效果。苏州工业园政府机构临时出台了一份禁止公司相互挖人的契约。因为没有惩罚措施，因此它纯粹是一份君子协定。有些经理立即着手谋划如何在员工加入其他公司之前中止他们必要的试用期。苏州工业园一位官员坦率地指出它是"政府的一番好意"，另一个人则称之为"纸老虎"。虽然如此，55 家公司很快签了字，官员们也在逐个游说其他未签约的公司。而对那些仍然必须雇佣一支劳动力的新来者而言，情况则完全不同——他们没有签字的理由。为鼓励他们配合，园区人力资源机构承诺将帮助它们从北部和西部省份招聘新员工。机构成立了新的中层人才部门，并与这些地区部分城市的大学和技术学院建立了招聘关系。

在苏州工业园经理群体中，我问到的每个人都坚持这些措施并不是政府干预"自由劳动市场"的事例，但却很难得出其他结论。苏州工业园的服务——类似于所有其他开发区提供免税期和基础设施免费服务的——是政府对国外投资者的优惠。园区的税收刺激范围包括从大量减轻和免除公司和地方税务到减少增值税和其他进出口关税的诸多方面。半导体和软件产业还能享受特惠政策，甚至还有公共事业费退款一项。原材料和产品能在园区内部或在中国其他出口加工区之间免税流通。至于物流方面，园区建立了引以为豪的高效绿色通道。通过一站式服务，一家独立的关税办公室可提供全天 24 小时清关服务，甚至在公共假期内也提供此服务。当地政府正在建公共宿舍，以便于雇主为其操作员提供住房。此外，还免费提供大量其他的基础性服务。苏州工业园有自己的供电系统，保证投资者不会遭受长期电力短缺的影响，相反，该地区其他地方的公司在夏季则受到这一问题的严重困扰。工厂厂房可将其最肮脏的废物和污水排放到中心处理管道内，再输送到园区自己的处理设施。"如果你想从事净化业务，"一位官员对我说，"这是你要找的地方。我们帮你管理一切。"

面对如此众多的让步和补贴，再谈自由劳动市场是荒谬的。说到做到这一切之后，中国像离岸市场的其他国家一样，实际上是在购买工作岗位。投资者一到这里，就指望政府用合适的工人和合适的价格来填补工作。苏州工业园官员的生计建立在取悦外国投资者的基础之上。他们几乎不可能无视跨国公司投资者的联合呼声，尤其是面对卷起铺盖走人的集体威胁时。避免因失业造成社会动荡，是全国各地方政府的首要任务。国有企业人员下岗的影响可以暂时得到缓解，因为政府有能力支付最低生活保障费。而现在私营部门已经成为国民生产总值的主要动力，因而国外公司利益必须加以保证。

经理们因为薪资膨胀威胁离开苏州工业园意在胁迫，但那也是一种客观存在的事实。2004年，超过20家公司离开了苏州工业园核心区，多达45家公司离开了苏州工业园大辖区。"绝对没有任何事能阻止工作从苏州流出，"安德鲁公司的迈克·巴巴拉斯（Mike Barbalas）泄气地摆着手说，"所有这些厂房和土地最终都将变成废墟。"像他一样的经理以为工作（不仅是劳动密集型工作）将不可避免地走向西部，它就像吹向东方的喷气流一样自然。许多苏州工业园经理正将目光转向长江北岸的土地——江苏省相对贫穷和不发达地区苏北，甚至远至西部和长江上游地区。"我们多数人都在等待工业领军人物带头转移，"某德国化学公司主管解释说，"然后就会成群结队跟上。供给链的转移需要更长的时间，但在中国发生这种事的速度比以前快多了。"也有其他因素会带来巨大影响。"如果人民币升值10%以上，"飞利浦的KG Ching认为，"将意味着中国东部不再具备竞争力。我们必须转移到越南，或者到中国西部其他低成本地区。”

尽管雇主已准备好西移以寻求更大的利润空间，他们的员工却没有准备好这么做。如果有什么不同的话，那就是中国工人已经习惯于东进。但不管他们喜不喜欢，迁移都会给他们带来影响。他们没有职能代表来保障他们的利益，尽管苏州工业园多达300家公司都有官方工会。（许多国外公司都成立了“职工俱乐部”或“福利委员会”，取代传统工会提供社会服务，从而无需向官方工会支付强制性费用——占月薪金总额的2%）结果，没有技术的工人不能通过集体手段来改善他们在工作地点的条件。像2004年春节后流动工人未能集体返回中国南方工作一样，他们唯一能做的就是待在家里。但如果他们有技术或经验，他们跳槽的能力就将成为有力的讨价还价的工具。

曹飞震（音）是一名机床操作员，没有大学学历，在苏州工业园职业技术学院培训过。他在一家美国电子公司仅工作18个月后就晋升为技术指导，他很清楚跳槽的作用。“我知道与国家半导体（目前正在招工阶段）签合同能得到更高的待遇，我也敢肯定我的老板为了留住我将给予我更多。”他的自信得到丹尼尔·周的赞同。他是在同一家公司工作的大学培训的工程师，已经工作了两年，提出要到更高技术岗位上去：“我的职业生涯是首要考虑的，我可以把这告诉我的经理，怎么答复是他的事，但我不认为我会输。像我这样的中国人必须把自己放在首位。我们没有时间优势。”周承认他这种固执的态度很大程度上是由雇主背信弃义的行为造成的。“外国人找到更廉价的环境后就会离开，”他客观地说，“我们现在就像是在10年前的新加坡，当我们变得过于昂贵时，他们会立即离开，因此我们必须抓紧时间利用他们。”像他们一样的跳槽者告诉我，几乎无法想像美国、欧洲或日本员工怎么可能为同一家公司工作30年。

高和周之类员工的讲价能力总是以个人方式体现出来的，而薪资膨胀在苏州工业园公司的人力资源经理眼中却是集体性的。对有些公司来说，它已经成为决定他们是否长期停留的因素。对其他大多数公司来说，它直接影响着他们决定何时将高端业务转移到园区。这使周之类的员工处在全行业两难境地的焦点。他对更具挑战性的工作、进入更高技术层次岗位的渴望，只有那些正从成本更高的地点向这里转移高端业务的公司才能满足。然而只有当中国人的技能足够成熟来战胜这些挑战，并且这些技能的价格能够得到控制时，公司执行官才有可能向这里转移这些业务。

欧美同事不搭理我们的问询

苏州工业园的多数公司是从组装和测试开始的，许多公司已经开始从事基础产品工程。然而，从这一台阶移入类似原始概念开发之类的更高端业务是更大的一步，尤其是对园区相当大数量的精密制造商来说。园区多数工程师是在生产线上从事支持或维护工作，他们的能力仅用于提高产量。多数产品设计仍然在其本土进行，但时机一旦成熟，这种局面将改变。除对薪资膨胀的考虑外，多数雇主还担心知识产权遭剽窃。鉴于如此之高的人员更换率，有些员工很可能带着图纸和蓝图离开。实际上，公司经常被要求从他们竞争对手以前的员工那里购买技术计划。此外，转移设计和研究与发展部门的公司，还必须处理因解雇国内高端职位的员工所造成的政治方面的影响。

虽然如此，跨国公司研究与发展业务已经开始流入该地区。通用电气已经将其3个全球研究与发展中心之一建在浦东张江园区，IBM、微软、英特尔、爱立信、惠普以及其他公司也将随之而来。在苏州工业园，多达50家公司已经建立了研究与发展部门，有些隐藏在宽阔的制造厂的角落里，有些则建在地区院校内。其他则在苏州工业园科学园的独立设施内，在那里集中了一批包括集成电路设计中心和软件公司等创新机构，其中许多都在为美国和日本客户提供外包服务。来自客户的压力迫使跨国公司转移越来越多的研究与发展业务。许多经理报告，他们在中国的客户（包括国内和国外的）坚持要求他们增强开发和优化原始概念以适应当地要求的能力。某美国半导体设施总经理承认："为了同这里的国内市场进行竞争，我们需要尽快全面转移全球技术，否则我们就得向中国说再见了。"

在飞利浦，KG Ching 解释说，他的公司习惯于在迁移之前将高端业务从荷兰转移到新加坡，待业务成熟后再转到中国。然而，他们的客户越来越多地要求任何业务都直接转移到中国以削减成本。"如果你先到新加坡然后再到中国，你需要较长的学习过程，并且成本削减不足以满足客户要求。保守型公司，"他补充说，"为了保护国内工人，在转移技术方面有点犹豫。但如果你大力推动，则它很快就会跟上。只要我们能待在中国，我们就试图最大限度地转移。"

在跨国公司内部，将生产线转移到国外的过程已经成为精心安排的艺术。非公制的美国度量和标准有时会带来问题，但一旦准备好支持平台，转移所有"即插即用"的单元只不过是几个星期甚至是几天的事。在全球化的公司，文件管理是非常严格的，同样的管理文化经常应用到所有部门和地点，因此这一过程（常称为精确复制）通常非常顺利。在苏州工业园，到处都有大量车间空房和室外空地在等待着外国公司转移业务。转移技术知识的业务更加复杂。中国员工经常必须到岸内国家培训（激起了将被剥夺工作的岸内国家员工的抗议），并且必须不断通畅跨越语言障碍的沟通渠道。首要问题是，转移的知识不得超出公司行为的合理范围（亦即寻求利润）。这一过程还需要培养各种无形的品质，比如调动内在积极性、消除"面子"之类的中国文化特点的负面影响，以及疏通俗称为"关系"的人际关系。

调动当地人的"主动性"，无论对制造业的还是 IT 服务行业的经理来说都是一个问题。"一方面，"Spansion 的洛解释说，"我们的中国员工喜欢西式管理环境，但另一方面他们并没有完全摆脱中国古老的传统管理文化的影响。在会议或公开讨论中，你很难看到多数年轻人主动提出问题。同时你会发现他们眼睛都在盯着主管。他们指望老板指示他们做他需要做的事。也许是他们在无意中表现出来的，”他承认，但他们确实“将那种文化负担带到”了工作场所。管理层正在努力促使员工摆脱他们所熟悉的文化的影响。比如“面子”之类的当地习惯被视为有碍提高制造业工厂的效率。在经理们的印象中，中国员工为保住上级的面子，经常过于沉默，或喜欢绕弯子。但有时这种当地文化特性也可以转化为管理优势。洛承认他会利用员工的自尊心或对其部门的荣誉感来推动他们完成任务。他发现，害怕丢面子的心理证明是一种强大的动力。我无法通过我所采访的Spansion员工来证实这一结果，但在这家公司和苏州工业园的其他地方，我发现了一个与国家荣誉和个人脸面都有重大关系的现象。

比如，作为一名流程工程师，杰克·吴的主要任务之一是保证将生产线从他公司在槟榔屿和曼谷的工厂顺利迁移过来。因工作需要，他要常去这些地方，并与正在转移其知识的工程师密切合作。“那并不是很高新的技术，”他解释，“但我们仍然要证明中国工程师与泰国、马来西亚或新加坡工程师一样优秀。如果中国要进一步发展并真正在技术上有所创新，我们的工程师必须更加优秀，也许有一天我们会变得与美国和日本工程师一样优秀，然后就能真正从事高科技工作。”如果你从面子的角度来分析他的理由，则吴的工作动力部分来源于其民族自豪感。他当然知道结果会导致泰国和马来西亚工程师失业。“我想他们会遇到一些问题，”他冷静地分析道，“但中国也有许多没工作的人。”

吴的态度在与组装或调试业务密切相关的工程师当中很普遍。他们喜欢与一二十年前成为技术公司首批离岸地点的亚洲国家的同行们相比较。对产品工程师来说，则与较发达的国家相比较——日本、美国、欧洲等国，而且情况则更加复杂。“目前我们似乎仍然落后了20年，”某美国电子公司设计部门负责人李小林（音）估计，“但中国人学得很快，如果我们能够较好地接触美国先进的技术，我们国家也许能加快赶超速度。在我公司，我认为公司现在就应当给予我们更多的设计控制权，但他们有所担心。不是担心中国，而是担心我们能否留住我们的人员。”

当李之类的工程师如是评论时，难以判明他们究竟是为了雇主的利益还是为了他们国家的利益。当地员工对外国公司的忠诚意识很淡薄，但由于多数人希望从事更高层次的技术工作，促使他们在理论上尽最大可能地帮助他们所属的公司向中国转移。从这个角度来说，他们的个人野心与公司寻求离岸的目标是一致的。事实上，如果外国公司不这样做的话，他们的士气很可能就会低落下来。然而，他们倾向于认为最大的利益最终将落到中国自己身上。如同一位工程师所说的让人牢记的话：“中国总是在我心中的某个角落。”

这里所说的“中国”和他们前辈们隔代相传、谆谆教导要热爱的祖国的概念有所区别。他们毕竟已经接受技师和工程师教育，他们的思想是实用型而不是浪漫型的。[17] 当他们提到给中国带来的利益时，与他们从年少时就开始接受的国家发展教育有相当大的关系。实际上，自 1989 年以来，国家的宣传教育重点已经从鲜明的马克思主义教育转向建立强大的现代化中国的爱国主义教育运动。[18] 根据这一信条，国力虚弱是导致外国人统治中国长达一个多世纪的根由，新的教育基础建立在绝不允许再次出现这种局面的誓言之上。参观任何具有重大历史意义的爱国主义教育基地的人，都会感受到这一点。

最有说服力的事例是我对南京大屠杀纪念馆的参观。1938 年日本军队侵略南京时，屠杀了多达 30 万市民。南京市内到处都有屠杀旧址，纪念馆建在其中一个旧址上,部分挖开用来展示。纪念馆并非重要旅游景点，但在工作周内任何一天，都挤满了中国学生。对他们来说，这种参观就像是参观国家首都一样义不容辞。纪念馆的各种标志洋溢着关于过去和未来的沉痛教训。中山码头上的大屠杀纪念碑上写道：“国家衰弱，何谈安全？为免遭外国欺凌，国家必须完全独立自主。”展览的结语警告游客：“缓慢发展和落后的国家很容易遭受侵略和欺凌。因此我们必须尽最大努力将中国建设成为稳定、团结、繁荣和强大的社会主义国家。”

在南京大屠杀的 20 年后，毛泽东试图通过鼓励中国农民在自家后院建造和运转自制炼钢炉来加速“大跃进”，结果证明这种尝试是没有效果的，而且在某种程度上也是一个灾难性的计划。它在关键时期迫使农民忽视了农业生产，结果导致农作物产量急剧下降，造成了饥荒。但对毛泽东来说，目标不仅在于使工业产量提高到发达国家水平。该运动的众多主要目的之一是促使群众投身国家建设最前线，不能让技术开发掌握在少数专家手中。[19]这在现代中国史上是绝无仅有的。专业劳动部门被视为一种客观存在，同样，学习国外技术也被视为加强中国实力、确保中国摆脱免受外国统治的最佳途径。如果做对了的话，技术和知识转让是开创未来的钥匙，而工程师的忠诚度则是一把锁。

在短时期内，国外投资者将从中国员工的爱国主义精神中获益。工程师对中国获得技术知识的热情毕竟符合公司利益，能满足其建立一支渴望在工业价值链上攀升的劳动力队伍的需要。如果在员工的心目中，他们的最终目标是使中国摆脱对国外技术的依赖，那么其短时效果完全符合外国人收获海外利润的短期目标。邓小平的名言——不管是白猫还是黑猫，能抓老鼠就是好猫——无论对外国投资者还是对新型的共产主义爱国者都一样适用。

我采访的许多人都意识到了这种情况，但并不觉得矛盾。“我喜欢这种趋势，”李小林（音）评价说，“并且我们的政府正在正确引导我们沿着这条路走下去。10年后情况也许会改变，但目前对中国和西方来说都是一种双赢。”事实上，它一直都被视为一种双赢局面。但是当然总会有输家？“在其他一些国家，我确实听说情况不太好，他们正在丧失他们的工业，而且他们有时指责中国，”他补充说，“但中国也有太多的麻烦事，我们所有家庭都已承受得太多，而且我们有太多自己国家的人需要关照。”

在我的催问下，李承认亲眼看到过离岸转移者造成的一些国际摩擦。他的公司正准备转移新加坡和美国的业务。他的一些同事发现，那些海外地点的同事们已经停止答复他们关于技术应用方面的咨询。“他们也许对丧失工作感到不满，”其中一个人考虑后以外交口吻说，“因此他们不想再帮助我们。我能理解这种做法，我可能也会这样想，”她补充说，这是她预料之中的事。某美国磁盘驱动器公司负责从新加坡转移生产线的新加坡经理告诉我，他在新加坡的工程师同事曾鼓动他放慢速度，以便他们能多干一段时间。他对他们解释说，“系统”不允许他这么做。那些被指派过来向大陆工程师传授知识的人一点也不高兴。“但他们是专业人员，”他说，“并且他们知道如何履行岗位职责。”

同日早些时候，我在 Lilly 采访了一位中国工程师。此前他在特灵（Trane）公司就职，作为向中国转移生产计划的一部分，曾被派往威斯康星州拉克罗斯学习基础技术。“美国工人非常愤怒，”他回忆说，“并要求经理把所有中国人送回家。我也许会感觉和他们一样。”但不存在个人敌意，他补充说。“在工厂外，在酒吧，他们对我们都很友好。我们不得不到丹佛工厂接受培训。后来因为某些原因，生产线没有转移到中国。”好争的美国工人抵制工厂转移，而新加坡工程师因为他们的“职业精神”帮助转移。这其中的差别不只是一种阶层的差别。区域位置是很大的因素。新加坡人开始接受作为全球生产链中转站的命运。20 年前，他们曾经见证工作转移的到来，因此他们更能忍受它们的离去。相比之下，威斯康星州的工人到现在还没有收到雇主要发出的信息——抵制是徒劳的。

但如果他们不能与新加坡或苏州的同行们进行有效并且有意义的沟通，从长远看，他们抵制并不能形成太大的气候。在共识的基础上，共同行动也许有助于建立对共享生计的某种控制。相对于支持雇主正试图从一处转移到另一处的工作岗位，这种途径也许更有效。在国家工业化时期，许多国家的工人都能形成这种普遍团结一致的状态。因此，他们能够促成强有力的工会、累进式的税收以及员工利益的保护措施，这是建立相对公平和人性化社会的先决条件。在新的公司自由贸易经济——雇主在此可在全球范围内运营外逃工厂——中的工人必须从头开始，建立国际联系和相互信任，这将是给所有人带来公平所必需的。

六、走向西部

“重庆是我们可以预见的下一个拥有巨大商业机会的地方，”他抬高音调负责任地说，“但是，”他补充说，“如果说上海是龙头，你应当明白重庆绝对是尾巴。”他提到那是一个山区，并将它说成“地形崎岖且非常贫穷，很像西弗吉尼亚的阿巴拉契亚”。最后，他总结说，“优势比这里的苏州大得多。”

事实证明对跨国公司来说，苏州已经成为一个具有吸引力的城市，也成了商业游说团巡游线路上的一个常规停靠站。因此，中美贸易全美委员会理事鲍勃·卡普于 2004 年 3 月来到苏州动员他们的信徒，这一点也不奇怪。在模仿中国古建筑风格的苏州喜来登大厦的午宴上，他对听众们作了下列开场白："在我见你们的这一天，我们又遇到另一个危机。"除了时差反应外，还有什么能让他如此清醒？他说，劳联产联刚向布什政府提交了一份请愿书，指控中国的不公平劳动状况。这份新提交的请愿书宣称，通过压制众多的劳动权利，北京蓄意压低了工人薪资（47%~86%），致使美国丧失了多达 72.7 万份制造业工作。该组织估计这些政策强行地大幅度压低了出口价格，并要求政府作出反应，对中国进口产品征收高达 77% 的惩罚性关税。①

这是 1974 年《贸易法》第 301 部分被首次用于不公平劳动行为指控，让中美贸易人员大吃一惊。卡普的职责是联合成员公司，以他的组织为先锋形成强大的游说攻势。2000 年在国会进行的关于给予北京永久正常贸易关系的那场较量中，这一战略大获成功。那次，自由贸易游说团击败了由劳联产联、环境和人权组织、几个保护贸易美国商业组织以及形形色色的右翼美洲第一组织等组成的强大联盟。②"我们必须予以反击，"

卡普宣布，“因此我们将呼吁我们所有的公司进行协助。我们必须尽快得到你们关于当地情况的书面答复。我们有许多工作要做。”

谁也不知道公司游说团究竟做了些什么，但在数周内，布什政府很快就驳回这一控诉。这份控诉可是经过精心准备、适时抛出的，意在利用工作损失这枚重磅炸弹，在选举期间给共和党造成尴尬和损害。布什政府委任的商务部长唐纳德·艾文斯、劳工部长赵小兰和贸易代表罗伯特·泽奥利克将这份请愿书斥之为“经济孤立”的秘方，并宣布他们自己将向中国政府施加外交压力，迫使其承认美国自身很少遵守的国际劳工标准。[3] 布什政府非常热心于严厉抨击中国违犯国际法律标准，但通常只提到影响公司利益的问题，如知识产权和所谓的向美国市场“倾销”廉价商品。对北京执行国家劳动法不严的强烈不满和对中国工人困境的关注却不是使布什政府官员（或中美贸易委员会总裁们）辗转难眠的问题。

不管是在美国还是在中国，哪一个请愿建议都不大可能改善工人的处境。指责中国政府，而不指责利于公司的贸易政策对美国的工作损失负责是一种误入歧途的选择，隐藏在背后的是悲哀的历史。在有些人看来，在始于支持 1882 年《排华法案》的、操纵美国组织化劳工的反华情绪的历史长河中，这种请愿只是其中的最新纪录。[4] 劳联产联通过从未有过的抗议其他国家劳工压制，来表达该请愿的反华论调，并顽固地将中国当成美国工会成员不幸遭遇的替罪羊的行为，似乎是该组织冷战思维的令人遗憾的残余。[5] 与工业化世界的所有工会相反，劳联产联与中国中华全国总工会没有官方来往，而与中华全国总工会单独来往的美国工会成员很可能被指责受了中国政府的骗。[6]

在他发表苏州讲话后，卡普向我承认，中国劳动纪录很“糟糕”，但表示提高关税也许并不是帮助中国工人的最佳途径。另一方面，他的听众都是一些相信他们的员工薪资已经太高的外国经理。多数是新成立的苏州美国商会分部的成员，他们主要对能进一步削减运营成本的商业机会感兴趣。他们毫不在乎对中国蓄意压低薪资的指控。他们到哪里才能找到能提供更廉价劳动力的舒适的商业环境呢？果真，卡普讲话后的第一个问题不是关于劳联产联的请愿的，而是关于卡普刚去过的、远在1 500公里之外的上游城市重庆的商业气候的。“它是我们可以预见的下一个拥有巨大商业机会的地方，”他抬高音调负责任地说，“但是，”他补充说，“如果说上海是龙头，你应当明白重庆绝对是尾巴。”他提到那是一个山区，并将它说成“地形崎岖且非常贫穷，很像西弗吉尼亚的阿巴拉契亚”。最后，他总结说，“优势比这里的苏州大得多。”

这或多或少是他的观众所想听的。对他们多数人来说，并非马上就要走向西部，尽管时机可能很快就会成熟，他们必须为此做好准备。有些行业领袖已经转移了，从众思想将促使其他公司跟上。英特尔已经承诺在四川创办工厂。卡普注意到，福特公司已经在重庆设计制造了Fiestas和Mondeos两款汽车，并将沿江而下销往上海。当重庆成为中国陷入重围的战时首都时，由于它位置偏僻、几乎常年有雾，不少日本轰炸机在这里迷航。现在，对那些想在这里开采廉价人力资源的投资者来说，这些以及其他恶劣自然条件在后勤保障方面构成挑战。而能弥补这些不足的是重庆3 100万人口加上邻省四川9 000万人口构成的巨大的市场。受长江下游商业运营成本日渐上升的打击，投资者正将目光投向长江上游，期待在那里进行低成本生产和进入这个现成的巨大的消费市场。

西部：中国发展的新前沿

预期的国外投资者将在中国政府的全力支持下走向上游。实际上，他们将在实施新政策的过程中发挥关键作用。在20世纪最后几个月，中国宣布了一项旨在为西部受忽视省份和自治区带来一些国家发展利益的政策，这些地方包括甘肃、贵州、青海、陕西、四川、云南等省以及宁夏、西藏、内蒙古和新疆等地。它被称为“西部大开发战略”或“西进”，并将为此投入大量资金建设基础设施，包括高速公路、铁路、天然气管道、水资源转移、电力传输工程和通信网等。⑦另外，还计划进行大规模的绿化造林，一方面是为了恢复生态平衡，另一方面是为了缓解预期增长将带来的对环境的影响的担忧。政府官员诚邀国外投资者关注这个区域。为使这一政策显得与过去政策始终如一，北京某位官员总结了一句口号："发展东部，再转向西部。"

对老一代人来说，"转向西部"听起来很耳熟。实际上，在毛泽东时代的多数时期，国民经济决策者都在追随"内地第一"的发展政策，作为对通商口岸城市享受的不平等利益的一种补偿。从1953~1957年第一个五年规划开始，然后是1964年至20世纪70年度初的国防工业化"三线"政策期间，指令性经济将大多数国家投资分配到内地省份。然而，自1979年开始市场改革以后，因为忙于为沿海省份吸引外国投资，导致忽视和事实上放弃了这些政治性的努力。新的"西进"政策的出台是对那些被远远甩在后面的内地人的经济复兴迟来的关注。事实上，它是一项适应众多迫切需求、顺势而为的发展规划。

首要目的当然是减轻这一地区的贫困现象。该地区占全国总面积的72%，容纳了全国28%的人口，其中许多人家庭总收入仅有上海平均收入的1/10。25年来，中国创造了人类历史上消除贫困速度最快的记录，使3亿人口脱离了贫困，但仍有数千万中国人日均消费不足1美元。除缩小沿海地区与内地的收入差距之外，增加他们的可支配消费能力，将使西部人能够购买东部已经生产过剩的商品，因为东部的消费市场已经日渐饱和。另外，最偏远的省份还拥有大量的矿产和能量资源可供开发，并用于推动国家工业生产。中国无处寻求近距离的自然资源来满足其增长的需要，并且多数资源都在这些偏远地区。⑧

政府希望大规模发展能长期有效稳定农村地区的社会和政治局面。另外，"西进"也有助于防卫中国最薄弱的边境地区。中国在冷战时期对美国包围的恐慌，在阿富汗战争期间再次复苏和强化。期间，五角大楼在中亚的吉尔吉斯斯坦、乌兹别克斯坦、塔吉克斯坦和阿富汗等共和国建立了新的军事基地，加强了对新加坡、泰国、文莱、印度尼西亚、马来西亚、韩国和菲律宾的使用权，更重要的是，大幅度地增加了对台湾地区的武器销售。边境地区国外投资的存在，无疑是缓解这种威胁感的民间保险。最后但重要的是，北京必须找到缓解国内长期存在的失业问题的新途径。在西部创造就业，将减轻西部流动工人给沿海城市造成的一些人口压力，也将召回当地人才——"东飞的孔雀"，而正是这些人造成西部传统上的人员短缺。

评论家们迫不及待地与19世纪美国的西部扩张政策相比较——在全大陆范围内进行内陆开发的著名先例，结果只找到少数几个明显相似之处。中国西部是陆地包围的疆域，是试图逃脱规章制度的投机商和投资者满怀希望的富矿，也是解决劳动与财富不平衡的潜在"安全阀"。然而两者的差异明显得多，不仅是有些省份自夸其人口已达到5 000万至1亿，城市拥有先进的都市基础设施，拥有历代强大的王朝遗留下来的大量复合定居点遗址。然而与美国的相似之处是如此的诱人，以至于众多媒体报道这项政策。[⑨] 它形成了一种思维定式（在合资企业时期对许多投资者都是毁灭性的），认为中国改革后的发展总在以某种方式效仿美国模式。

在中国的新"前沿"，国家的操控痕迹非常明显，正如曾经在美国前沿发生的一样。当时，数百万英亩公共土地拱手送给了铁路公司和农场主，或以最低价格卖给了投机商。除了承诺在最初10年每年投入350亿美元的巨额公共投资之外，进入西部地区的国外投资者预计还将得到政府的大力支持。在降低公司税率15%的基本优惠以外，还将进一步减免特定产业的税收，有了这些优惠条件，各种有利交易都可做成。对于最大的投资者，因为有全球知名品牌支撑他们的投资，实际上任何事情都好商量。最重要的是，"西进"计划的大规模国家投资不受2004年实施的减缓过热经济发展的宏观调控的限制。[⑩]

涵盖如此众多领域的"西进"行动必须很快取得成效。官方统计数字显示，2003年和2004年西部地区增长率分别为11%和12%，大规模的建设创造了就业新纪录。更明显的是，大肆宣传招聘 6 000 名院校毕业生帮助西部开发的全国自愿者行动，吸引了约 4.4 万名申请人，而宣传活动仅持续了两个星期。入选的志愿者月薪只有 600 元人民币（约 72 美元），一到两年后，政府将帮助他们在该地区或其他地方找到稳定工作。[11] 为了启动国外投资，首先鼓励台湾地区和香港地区的海外华人，正像沿海开发的初始阶段一样。一些跨国公司，尤其是那些受到中央政府青睐的跨国公司已开始履行承诺。但首批国外投资者营造了比沿海地区更加封闭和恶劣的经济环境，到 2001 年，国外直接投资出现负增长。[12] 比如在 2003 年，全国只有 2% 的国外直接投资进入四川这个总产值占全国第九位的省份，而整个西部地区的国外直接投资仅占 4%。[13] 因此，还向国外投资者开放了曾经禁止他们涉足的采矿、旅游和农业开发等领域。[14] 2004 年情况有了好转，进入该地区的国外直接投资增加到 30 亿美元，比上一年度增长了 70%。[15]

尽管进行了大量宣传，并在当地实施大规模的建设，对这一地区的多数人来说，这项政策仍然更像是个概念而不是现实。在商业世界里，要有稳定的国外直接投资增长才能称之为成功。一旦资金注入实质化，这项政策将带来新一轮利用中国未充分就业和低薪资劳动力的低成本机会。对已经在东南沿海地区运营的国外投资者来说，走向内地就像是不出国的“离岸”行为。

重庆：从国防重地到投资天堂

在卡普发表讲话两个月后，我沿江而上访问了重庆经济技术开发区。它是西部第一个国家级开发区，已经吸引一些著名的跨国公司，如 BP、本田、伟世通、福特、爱立信、百力通和铃木等，多数都以合资企业形式运营。南区（9.6 平方公里）已被占满，新的北区是一个面积达 83.7 平方公里的建筑区，有推土机正在平整起伏的山地，壮观的场面不禁让人回想起反映社会主义现实主义某幅招贴画。动土是“山城”重庆长久以来的艺术场景，超大规模建设业绩的经验也帮助树立了建造远在下游的三峡大坝的信心。当我们进入工业园区时，在迷雾间隙，到处都可以看到被挖开的红土和巨石喷洒在新建高速公路阶梯路基上的壮观景色。

当国外投资者满怀期待来到这里时，他们想了解什么？我问开发区投资开发经理。“首要的问题是，”他表情极其冷漠地回答，“我到哪去打高尔夫球？”实际上，在我访问的那一天，开发区的高尔夫球场开始动工。在到施工现场的途中，我们经过了住宅建筑区，当地18万农民中有许多已被重新安置，即将成为开发区工厂现成的员工。难道这些农民会享受高尔夫球场吗？他向我保证，该球场将向所有愿意来玩的人开放，但他自己也怀疑会有多少农民会来玩。除了有一个还算过得去的十八洞球场外，宣扬自己是“投资天堂”的开发区还将向潜在的投资者提供通常的优惠措施。作为“西进”政策的一部分，除了这些慷慨的优惠，外国公司还能进一步享受税务方面的优惠。不征收任何地方所得税；免征头两年的公司税，在第一个赢利年后的两年期间征收50%的公司税；符合优先发展产业要求，特别是高科技产业的公司将享受更大的税收减免；而且还有其他增值税、出口和信贷优惠。当然，循环投资将享受更多优惠。[16]

园区管理处为了吸引全球品牌几乎想尽了办法。中央政府已经通过授权一些主要合资企业启动这一进程，福特和本田已被分别指派了长安和嘉陵这两个合作伙伴，这两家都是汽车和摩托车市场的著名企业。实际上，该开发区正被建成中国中西部地区的汽车生产中心。为便于运输，政府正在建造长江沿岸最大的货运港口和火车站。“西进”资金正用于改造横贯东西和西部内部交叉的高速公路。不久，从市区任何一个位置出发都能在20分钟内到达市中心，从农村出发则在8个小时以内，而以前，从农村来仍需要3天才能到达。

自从国民党政府于1937年转移到这里以抵御日本进攻以来，该城市就成了国防重地。当 20 世纪 60 年代末将三线国防工业设施转移到四川、甘肃、陕西和贵州以远离潜在的苏联打击时，重庆获得了大量的军工生产设施。1964~1971 年间，仅上海就向西部转移了 450 余家工厂，以及大批关键技术人员和工程师。到 20 世纪 60 年代末，该地区足足接受了国家固定资产投资的 2/3。[17] 武器生产成为巨大的区域支柱（支撑着长安和嘉陵之类的公司），外加在极其艰难时期被视为国家生产和安全之关键的其他工业，如铁、钢、化学和纺织等。就在我访问之前，由于一家化工厂发生爆炸造成致命的氯气泄漏，紧急疏散了 15 万当地居民。这次事件充分显示了割不断的军民关系。在受注目的最后阶段，动用了人民解放军的坦克，使用穿甲弹炸开了气罐以消除危险。勇敢的战士再次拯救了当地百姓。

即使这样，军工厂也没能逃脱国有企业的大规模下岗，部分已经转向摩托车和汽车生产。所有工厂都在渴望国外资金的注入。因此，作为众多文化献礼的一部分，该城市顺势建了一个友谊博物馆，以纪念美国在抗战时期帮助中国抵抗日本侵略所发挥的作用。该博物馆位于一处俯视长江的悬崖上，建在经翻建的约瑟夫·史迪威（Joseph Stilwell）故居内。史迪威是一名武官，当时任蒋介石的战时参谋长，脾气很暴躁。这个被美化的展览是为了纪念战时中美联盟。当时，在军事价值不高却备受关注的滇缅公路建成后，被称为“飞虎队”的雇佣兵大队飞越喜马拉雅山的“驼峰”,保护那些向被包围的重庆和西南地区运送给养的护送队。美国游客被特邀参观这个博物馆，以回顾“飞虎队”指挥官史迪威和克莱尔·陈纳德（Claire Chennault）的历史。可是，如果他们继续前行到西郊，将看到另一个博物馆——美蒋罪行展览馆，那里讲述的是不同的故事。该展览馆建在一座国民党监狱旧址内，这是日本战败后的内战期间，国民党政府用来关押和折磨共产党人的地方。这里的展览揭露了在这里发生的暴行与中美合作组织之间的关系。美国正是通过这个组织向国民党提供资金的。这个展馆馆的残破状态表明，在吸引美元的时候，它显得有点不合时宜。

此时，该城市的发展再次成为中央政府关注的重点，曾经是民族奋斗最前线的历史会帮助重庆成为“投资天堂”吗？这座城市的工人能恢复曾经辉煌一时的牺牲精神以迎接机会吗？在我访问一家英国投资的汽车部件工厂时，一位人力资源经理向我保证，他的劳动力能够继承该城市在国防工业领域工程技术的大无畏传统。但当我进一步追问时，他证实，实际上，他不大可能招聘30岁以上的人，最不愿意招聘从国有企业下岗的工人。尽管他们经受过爱国奉献精神的熏陶，他仍然认为这些工人是不合格的，受游手好闲的工作姿态的影响，他们与新的市场文明要求不吻合。

至于薪资节约，开发区的投资开发经理坚持认为，当地的高失业率，再加上普遍缺乏对劳动市场的了解，将为投资者确保低于长江三角洲地区的人员更换率和薪资膨胀率。几个星期后，重庆院校的一些应届毕业生在因特网上发起了一场运动，号召拒绝任何低于2 500元人民币（约302美元）的初始月薪的学生成立“薪资联盟”。这是对他的预言的一种打击。[18] 由于该地区应届毕业生预期失业率很高，这次运动举步维艰。到夏末，事实证明，已就业者的薪资比上一年度下降了1/4到近1/3。

面对西部城市和地区城市间激烈的投资竞争，重庆工人同样面临薪资下降的压力。每个地方省级政府都忙于宣传其投资环境和相对低廉的劳动成本优势。对技术员工来说，最激烈的竞争来自成都和西安这两个拥有西部最发达的高等教育中心的城市。来自这些城市的当地人员已经大量涌入沿海地区的技术公司，并且这两座城市都在偷偷超越重庆的各种高科技计划——包括光电工业园、数字港口、半导体研究与发展和医药工程基地以及国家软件园。[19]

成都：抱着金饭碗去要饭

我的下一站是被誉为中国下一个 IT 圣城的四川省会城市成都。作为一名气象爱好者，出发前，我查阅了气候频道网站。预报我到达前几天有“烟尘”。我从未看到过这种预报。再加上关于四川不规范发展带来的灾难性的环境影响的传闻，为免于呼吸困难我做好了准备。我的第一印象是这里的空气质量一点也不比中国其他大城市差，但随后我就发现，受漂移烟雾造成的低能见度的影响，机场航班最近已经改道。

美国领事馆（目前成都唯一的外国驻华领事馆，韩国和德国也将在此设立）的一位官员解释，农民习惯种植冬麦和夏稻，因为机械化使牲畜无用武之地，他们不得不烧掉多余的干草。该城市四面环山，漂散的烟雾加厚了造成成都盆地空气滞留的逆温层。环境保护局禁止燃烧农业干草的措施很不受农民欢迎。

农业部门的改革以及传统上的高额农业税，是造成大量四川流动工人加入沿海城市流动人口的主要原因。[20] 许多县有一半劳动力都在中国东南沿海地区谋生。2002 年，1 500 万四川籍流动工人送回的钱比四川省实际财政总收入高出 55%。[21] 那些留在城市周围耕作的农民一生都在承担土地被征用（以微不足道的补偿价格）来建造出口区的风险。实际上，农民已经在抱怨通过“西进”政策分配的资金，被全部用于城市基础设施建筑和公司税收信贷。这种模式只会加大城乡收入差距，而且西部省份的差距已经大于沿海发达地区。[22]

相反，当地官员必须通过吸引外资和提高国民生产总值才能保住自己的位置，并且因为各种原因，处于萌芽中的 IT 产业成为首选产业。处在内陆的地理位置使这座城市不适于成为高产出的出口加工地，因此聚焦高科技特别是软件的决定是一种很自然的选择。成都已经是国内市场信息电子产品的主要产地，其市民也已经成为这些产品的成熟消费者。该城市的IT基础设施很广泛，居民宽带接入百分比很高，私人拥有的移动电话和汽车数量在国内分别排名第二和第三。更重要的是，成都有数家全国重点院校，以其工程和技术专业毕业生而著称。实际上，对大上海和北京的IT公司来说，成都的22所院校和两千余家研究中心是首选的招工地点，这些地方以提供相对低廉的人力成本同时工作质量很高、工作努力的人才而著称。[23]沿海公司经常到当地日益增加的软件公司——总数超过400家，包括数家全国知名公司中搜罗有经验的工程师。

不像重庆，成都未曾成为过通商口岸城市，政府在处理对外贸易事务方面相对是新手。安然（Enron）曾经是四川省最大的国外投资商，负责非管制电力系统，直到深陷众多执行官调查案。然而到2004年，成都已经吸引了多达3 000家外资企业，并有约80家财富500强公司，其中包括微软、惠普、摩托罗拉、英特尔、Sun、甲骨文、爱普生、IBM、三星和思科等技术巨头。其信息产业部门坚定不移地推动该城市在低成本人力资源、公共设施、空运、税收和其他税务等多方面的竞争优势。

尽管我已向我会见的所有当地官员清楚表明我的身份，但我同样也被当成潜在的投资者来接待。他们并不厌其烦地对我进行游说。他们告诉我，沿海城市的薪资增长速度（年均15%）几乎是成都（年均8%）的两倍。“我们能为你找到快速获利的途径，”一位政府官员建议。“我不是来投资的，”我回答，“我只是来研究投资的人。”但这种提示并没有使他气馁。“你应当知道，”他继续说，“这里的人员更换率只有5%，而上海则高达20%~30%。”为了说明良好的投资环境，他还告诉我，这座城市有两个正式注册的很好的高尔夫球场。

尽管官员们非常热心地游说，但却无意向我兜售高科技淘金热的景象。成都IT产业的首选理念是为世世代代作贡献。官员们以当地的都江堰水利工程打比方。这项伟大的河流工程建于两千年前，使成都成为以物产丰富著称的“天府之国”。从长远来说，成都的 IT 基础设施将为信息业作出的长久贡献，应该像都江堰为农业作出的贡献一样。因此，许多当地软件公司有专攻信息化的记录——这是一项将信息和操作存入数字银行和集成系统，实现永久数字化存取的业务。

我访问的大公司之一银海软件就与政府签订了几份合同，帮助国家劳动和社会保障部门以及电信、电力和金融部门实现信息化。另外，该公司还接受了部、局机关授予的许多拨款、津贴和可偿还贷款，用于包括员工和英语培训在内的各种项目。源于“西进”政策的资金，帮助该公司在该城市高科技区购买土地兴建新设施。科技部提供了更多资金和激励措施以帮助银海之类的公司实现软件外包繁荣。[24] 这是政府给予私营公司最广泛的支持。

为鼓励 IT 产业的发展，当地国际贸易促进委员会于 2004 年 3 月主办了全国最大的软件贸易盛会——中国国际软件合作洽谈会。继上一年度举办类似的会谈之后，这次盛会吸引了大批与会人员，包括软件外包行业的所有印度大公司，以及印度各邦与 IT 服务产业有关的代表。有些代表参与此次活动是最近成都代表团对印度、尤其是对班加罗尔访问的成果。那次访问的目的是促使成都成为继上海、大连之后的新的外包地点。董越华（音）是成都西部软件园某国有企业的一名年轻程序员，他两次活动都参加了：“今年，所有大公司都来了，因此我对我的前途感到乐观。不久他们就会在这里招聘，因此我不必离家远赴上海去工作了。”像我采访过的所有其他人一样，从四川北部城市欣喜而来的董对他在这个迁徙地的生活质量非常满意，包括这里的气候、著名的茶社文化、没有压力的生活方式和较低的生活费用等。作为对这座四川城市价值的总结，他以典型的厨艺自豪感宣称：“这里很难发现难吃的食品。”很少游客会反对，西式快餐渗透进来并且收入日增，使得当地居民腰围渐宽。在某个城市街区，我隐约看到一家专治肥胖的新开的诊所。

董对当地的衷情表明，成都将提供一支期望值相对较低的稳定的劳动力队伍，这是东部沿海城市所无法找到的。然而，尽管中国国际软件合作洽谈会热闹非凡，仍是极端缺乏海外客户，特别是在新兴的软件外包业务领域。尽管成都是被指定的10家国家软件产业基地之一，却没有成为国家外包中心之一。城市官员正在积极游说以跻身现有的大连、南京、上海、北京、深圳和西安等外包中心的行列。比如，银海的经理们已经创办了自己的外包公司，主要为日本客户服务，但他们觉得国家的指定将有助于获得更渴望的美国业务。然而像银海之类的当地公司几乎没有希望直接在这种角逐场中引起注意。他们绝望的表现之一就是，他们甚至将我这样的人视为与美国客户建立联系的潜在机会。

成都在技术方面的主动性非常像主人准备了丰盛的宴席而客人却不来（或用一句常用来形容中国西部的俗话来说，就像“抱着金饭碗去要饭”）。然而，许多当地人觉得，随着英特尔于2003年决定在成都高新技术产业开发区建造一座测试和组装厂以来，风向已经完全转变。这条新闻使许多潜在投资商纷纷打探，尤其是向美国领事馆咨询，有些大公司随后宣布将向该城市注入新的投资。英特尔在市区宾馆举办的招聘会吸引了来自四川各地的数千名应聘者。尽管情况令人振奋，怀疑者认为英特尔维持良好的政府优惠的需要对这一决定产生了重大影响。当地工业支持者坚持认为，公司作出这一决定完全基于对区域成本结构的分析。

不管怎么说，参观成都高新技术产业开发区的新建摩托罗拉软件设施之后，就会发现当地政府是很愿意为美国跨国公司服务。政府独家出资为摩托罗拉建造了豪华的办公大楼，而该公司仅需支付微不足道的租金。“我们提供规格，”一位经理说，“而他们为我们建造了整个大楼。我们要什么，他们就给什么。这是针对首家到四川投资的公司的特殊交易。”摩托罗拉早在1986年就来到了中国，已经完成从组装业务上升到纯研究的工业模式。目前其纯研究工作在其北京和上海的实验室进行。产品工程（表现针对特定产品或市场的定制计划形式）是成都设施的重点。这是在中国唯一达到工业界最高认证CMM 5等级的软件设施。作为转移其国内设施的一部分，来自加拿大的工程师已经完成员工培训工作，其本土的相关工厂也随之消失了。我采访的经理在为摩托罗拉品牌招聘员工时没有遇到太多麻烦。但因为英特尔的原因，再加上政府正在非常努力地建立软件产业链的每一个环节，他预计人才招聘竞争将从即刻起迅速加剧。

留在上海的个别商业人士将摩托罗拉和英特尔在成都的商业存在斥之为政府操控的明证。“自由市场，”一位IT顾问宣称，“不会将他们带来那里。”政府政策和动机在任何地方都形成了利于投资的气候和环境。在成都，在促进高科技产业方面不可能看不到政府操控的影子。除了提供特许税务优惠外，政府机关全面插手开发自主知识权软件、培育新企业、建立产品市场、推动技术标准、鼓励企业与院校建立联系、制定人员培训计划、外派留学人员、吸引归国人员以及在国际投资招标上捍卫地方资源等事务。不单单是廉价劳动力吸引国外公司进入这一地区，同时也给国外公司提供了无法拒绝的优惠条件。

高科技区外资开发经理杰克·杨做了进一步的解释：“如果投资者想扩大和发展他们在沿海地区的初期投资规模，他们只能在此建造第二或

正在建设中的成都高新技术产业开发区行政大楼

第三个工厂，除此别无选择。”该园区自夸已经吸引了沿用这种模式的许多公司：除摩托罗拉和英特尔外，还有丰田、索尼、派克、爱立信、西门子、阿尔卡特、三井、科宁、住友、富士、伊藤忠商社和宏基等。其南区已经占满了，北区正在快速充实。尽管成都的时机似乎已经到来，但他已经想得更长远。“我们是下一个前沿，”他沉思着说，“但我们也许不是中国的最后一个前沿。”对劳动密集型业务，特别是服装和电子组装业务来说，中国还有许多这样的前沿。薪资膨胀、运营成本以及日益增强的工厂环境监督迫使低端生产商从珠江三角洲地区最初的桥头堡进一步走向内陆农业省份，如就在其北边的江西。西部省份正在等待他们的到来。[25] 20年后，杨预测，“我们的多数此类业务将流失到泰国和越南”。高端业务转移时间可能更长一些，不过当今任何人都无法低估完成知识转移的速度。

然而就目前来看，该园区的外国公司正在大量赢利。某航空供应商来自台湾地区的美国籍业主伯纳德·姚就是个典型。自1987年以来，他投资了一系列合资企业，“所有企业都惨遭失败。”他回忆说，“合作伙伴总是向我许诺独立经营，但他们从不遵守诺言，也从不及时兑现。”在他创办向波音、派克、通用电气和劳斯莱斯提供部件的新公司（外商独资）后，情况则完全不同，“开始，我们必须为‘中国制造’商标打折30%，”他说。“客户以为是‘中国垃圾’，但他们随后发现我们提供的都是高质量的部件。现在我们与美国制造商的美元价格已经持平，而成本却比他们低得多。”唯一的不同是中国官员想要好处——“他们指望午餐上有鲨鱼翅汤”——然而他提醒说，“美国公司不会也不应当做这件事。”

他对政府联系的定义明显忽视了这样一个事实，即他是在专门为降低外资公司运营成本而创建的开发区运营业务的。姚认为他是在不受国家干涉的市场环境中运营。国外投资者在看待他们在中国运营的整体优势地位时也普遍抱有这种观点。他们可以忽视相关的税务，元需与自由联盟形式的工会打交道，享受免费土地和便于他们出口的特惠手段——

投资者将所有这一切视为承担风险所应得的正当权利，而不是为了人为促进他们的利润而给予他们的特殊优惠。当 2005 年中央政府出台政策，将国外公司徒有虚名的 15% 的所得税率提高到与国内公司同等水平（30%）时，遭到了跨国公司的强烈反对。[26]

在他追求廉价技术劳动力时，姚说，他有意回避院校毕业生，“他们对薪资的期望值太高”。他直接从职业技术学校招工，这对他的精密制造业务来说已经足够了，而进入这一地区的技术公司却无法降低对高技能员工的需求。飞利浦半导体公司很快追随英特尔的决定，将菲律宾的一家组装和测试设施迁移到成都必盛半导体公司。2004 年 7 月，上海集成电路明星企业半导体生产国际公司，宣布了将在开发区建造一家测试和组装厂的计划，半年后，又有报导说英特尔将增加另一个组装设施。当地政府酝酿中的公司包括数家集成电路设计公司，并正在涌现满足该地区新的高科技集结需要的集成电路供应商。在政府的大力支持下，成都已经加入上海的行列，有了真正属于自己的集成电路行业。

乐山：穿越闹市送芯片

半导体工业需要非常专业的人才，如果在上海都很紧缺的话，则没有理由相信远在 2 500 公里之外的内陆会更充足。然而中国最早的集成电路设施乐山–菲尼克斯半导体有限公司（LPS）就坐落在成都以南 130 公里处。它成立于 1995 年，是摩托罗拉在中国的第一家合资企业，与具有 25 年历史的乐山无线电公司共同创办。随后，重新调整了业主身份，目前的大股东是硅谷的安森美半导体。乐山–菲尼克斯半导体一直在生产表面安装芯片，主要用于寻呼机、数码摄像机和移动电话之类的无线电通信产品。但现在它已瞄准全面集成，并因此正在中国西部建造其第一家生产 6 英寸晶圆的工厂。作为中国少数几家真正成功的合资企业之一，它赢得了访问四川的中央政府官员的频繁光顾，被赋予成为“世界上产量最大、成本最低的分离式半导体生产商”的官方目标。

新建的成都至乐山三车道高速公路将行车时间缩短了近1/4，使乐山（直到最近，拨打国际长途还要用手摇电话的地方）融入了现代商务后勤世界。这条路穿越肥沃的成都盆地，这里的每一寸土地，不管是平整的低地还是需要灌溉的山坡梯田，都种满了庄稼。与长江三角洲大不一样，这里沿途看不到什么垃圾。实际上，任何地方都看不到现代消费品包装的踪迹。多数农民都尽可能自给自足，因此除了种植水稻和小麦这些主要经济作物外，还种植大量的其他农作物，如玉米、谷子、红薯、高粱、大豆、花生、甘蔗和柑橘。乐山以在岩石表面雕刻的世界最高的佛像而著称，与相对繁荣的中国其他城市相比显得比较清静。我没有发现减肥诊所，但看到一家街边健身器商店将踏步机和拳击袋摆在人行道上用来兜售，大概是家用型的。

通往乐山 - 菲尼克斯半导体的老路穿过一个热闹的露天蔬菜市场。作为政府对该公司的一番好意，修建了一条称为安森美路的通往高速公路的捷径，以避免穿越充斥洋葱气味和街头小吃摊的闹市区运送微芯片所带来的尴尬。但穿越市场通道能从另一个角度看出公司的全面革新。它蜿蜒穿越破旧的乐山无线电公司这家国有企业的厂区——在此，人们在露天厨房、公寓楼和杂货铺周围忙忙碌碌，之后越过一条布满农作物的水沟，最后才到达整洁而没有悬挂公司标志的乐山—菲尼克斯半导体新厂区。光洁的高科技工厂仿佛一座生产大教堂，孤零零地坐落在那里，旁边是一片留待扩张的空地。尽管它通过控股方式与对面公司有所联系，这个船形的半导体工厂却与桥对岸的中国许多公司显得格格不入。正如乐山—菲尼克斯半导体总经理 CK Lee 所说：“在这里，系统是国王，而在那里，老板是国王。”尽管通过双边协议规定任何一方不得从对方挖人，“他们没有什么值得我们学习的东西，”李宣称。“我们试图教会他们使用我们的生产系统，但老板只按他的方法执行。主角只有一个，那就是中国方式，”他总结说。

李是马来西亚人，像其在全球公司的许多同事一样，他被带到这里来转移他本国的生产线。完成转移后，他被保证能在国内获得一份工作，但他很可能像他的同胞一样，转而在中国管理其他业务。因为兼有汉语和英语技能，并且受过国际商业文化的影响，他们在市场上很吃香。他是否认为转移是对他的国家的一种不幸损失？“马来西亚人已经变得自满，”他解释说，“而中国人在挨饿，他们必须努力工作。”为证明这一点，他说“在同样的生产线上，这里的产量比马来西亚的产量高得多，”并且“成本低得多”。至于产品质量，乐山工厂是全球安森美工厂中现场故障率最低的。即使这样，李对其 1 600 名中国员工缺乏对公司的忠诚度也感到很不耐烦。“他们想快速致富，因此他们过早地期望太多。”

他一旦聘院校毕业生招为技术人员，上海招聘方就用工程师职位将他们吸引走了。像我采访过的许多其他国外经理一样，李对此也有其文化上的分析：“中国人喜欢头衔，因为他们很看重‘面子’。”他不同意关于高人员更换率是雇主不大乐意控制的市场的一个特征（或者是因为他们不愿意招聘年龄更大的国有企业下岗职工所造成的）的观点，他倾向于认为员工的不忠诚是一种不良倾向，但这种倾向迟早会被抛弃。尽管损失了部分人才，该公司的人员更换率仍然低于上海，年均大约 11%（而直接劳动更换率更高些，达到 16%）。在四川，乐山 - 菲尼克斯半导体仍然是小池塘里的一条大鱼。作为一个高科技公司的雇主，它直到最近仍然没有太强的区域竞争对手。“现在，成都有几家值得我考虑的新公司，”具有 3 年工作经验的一名产品工程师张小林（音）说，“但我希望在我们自己明年开办的晶圆制造厂谋取好的工作，提高自身的技能。”

对新的微芯片工厂来说，招聘足够的富有经验的员工是个大难题。人力资源经理约翰逊 · 梅说，他的策略是从上海或深圳吸引回四川籍精英。“他们患有思乡病，他们想念家人和故土，而且多数人还想念这里的美食。这里生活费更低，并且压力更小。”虽然乐山工程师的初始月薪只有大约 1 400 元，约为沿海地区的一半，东部地区有经验的员工会获得更高的薪资，特别是英特尔和其他集成电路工厂正在迁移到附近区域。

像我在上海和苏州采访的员工，张非常清楚他在全球工业链中的位置。他拿自己的优势与其在上海、台湾地区、新加坡、马来西亚和韩国的直接竞争对手相比较："目前，我们没有感受到太大的压力。乐山—菲尼克斯半导体有限公司并不生产最先进的技术，"他指出，"因此我们不必在领先位置。但我们的生产率必须领先，否则我们就会失去一切。"在英特尔到来之前，他没有理由根据当地或区域劳动力市场作出同样的估价。现在，随着许多集成电路工业即将进入成都盆地，局面将发生变化。张对全球工业转移的敏锐评价必须考虑到四川因素，但贯穿在所有这些比较中的是国家利益。张毫不含糊地表述或定义了他所说的"中国的挑战"。"我们必须保证我们能够抑制自己的劳动成本，"他宣称，"否则美国所发生的事最终将在这里重现。"

张是在以一个未来的经理口吻说话，推想工作损失的威胁将抑制员工的期望值，还是作为一名爱国者所为，真诚地考虑中国人未来的安全？或者仅仅是为他自己的前途着想？至少在目前，上述各方面都没有冲突，至少是在这个被官方指定为中国下一个重点的地区。然而，在他从事的行业，工人遭受最直接打击的是在台湾地区，而不是在美国。中国大陆半导体产业的兴起，正在跨越海峡抽取台湾地区多数资本密集型产业及其最熟练的劳动力，将两岸政治和经济空前紧密地联系在一起。为了在我描绘的地区图上画上最后一笔，我决定下一站到台湾地区，也就是我访问的最后一站。

七、从台湾流向大陆

台湾地区的经济经历了40年才达到这个技术高度。商业界公认的看法是，大陆利用对外资开放不到10年的时间来跃升到同一高度。但仔细研究一下记录就会发现，大陆很难称得上是实施高科技发展的迟来者。

“是的，我非常担心丢工作。我们已经习惯于充当世界领导者，我们的技术工业处于世界的先锋地位，任何其他国家都没有比我们工作更努力的人。但如果我的雇主认为大陆人能以 1/6 的成本完成同样的工作，则所有这些都等于零。”说话的人不是美国人，我们也不是在硅谷经过精心美化的公司营区。吴晓林（音译）和我同在从他故乡台北驶往台湾高科技工业中心新竹途中的一辆轧轧作响的汽车上。在参加完纪念龙舟节的家庭午宴返回新竹的途中，他在思考他的工作和中国大陆微芯片部门的复兴所带来的威胁。他现在是实力雄厚的台湾积体电路制造股份有限公司（简称台积电）的一名产品工程师。“我们的技术，”他叹息，“将随着工作而去。”

尽管他关注的主要是跨越台湾海峡的高科技流通状况，但他很清楚他所处的这种两难境地将如何影响美国。“这种情况如果继续下去，”他指出，“你们美国的政府将无法使中国的发展慢下来。”他是指华盛顿过去半个世纪以来通过积极促进台湾工业化来牵制中国大陆的努力。台湾海峡曾经是持续时间最长的冷战壁垒之一，有效地“封锁”了中国大陆的贸易和其他关系。但随着高技能工作、技术和投资者的资金从台湾地区流向中国大陆，这种发展趋势，几乎挫败了企图阻止北京上升到工业阶梯最高层的那些人的地缘政治计划。

吴的雇主台积电最近的行动明确显示了投资方向和势头。由于英特尔之类的工业巨头为了建造和运营为之着迷的晶圆厂情愿出数十亿美元的高价，而小客户一般无法承受。为满足这些人的需求，1987年，台积电开始为小客户提供定制业务，成为践行微芯片铸造概念的先驱。在这一过程中，台积电从美国和其他高成本国家有效引进了集成电路外包业务。当时，在为全球生产70%以上微芯片的行业内，该公司正稳居首位，并正在收获工业繁荣带来的创纪录利润。它的晶圆制造厂的机器在超负荷运转，一天24小时生产。而在3年前，它们几乎有60%的机器在闲置，当时仍在科技繁荣后的衰退期和1997~1998年亚洲金融危机的余波中徘徊。[①]“我们需要在工厂内进行年度维护工作，”吴说，“但今年却抽不出时间，都在全力‘抓紧时间淘金’。”

尽管公司处于繁荣时期，台积电老板张忠谋最近仍然预言，由于中国新建芯片厂可能造成供应过剩，从2005年开始，将引发新的集成电路市场衰退。[②]他估计，大陆新建的晶圆厂不久将生产全球20%的芯片，将台积电的价格压低多达40%~50%。[③]作为台湾工业界的杰出人物，张忠谋曾经指责大陆新的生产商的扩张是不计后果的，从而赢得了台湾民族主义团体的赞赏。但这种批评几乎称不上是与其中国大陆的竞争对手进行交锋的有效办法。张忠谋曾经发过台积电绝不跨越海峡的誓言，但他于2003年改变了口气，并向台湾当局申请批准其建造一家大陆工厂——在上海的一家8英寸晶圆厂。张忠谋的转变成为2004年“总统”选举准备阶段广受争议的话题之一，这次选举的结果导致了独立派陈水扁颇受争议的改选。

为了恢复台湾地区领先工业（并在华盛顿的一些压力下）地位，台湾当局对正在向大陆转移其较复杂业务的高科技公司实施控制。为此成立了一个专门的部门，负责审议低于技术下限的申请。在日益增长的失业群体中，对掏空岛内工业的担忧随着流失到大陆的业务不断向价值链高端攀升而加剧。陈水扁在竞选中保证将进一步遏制流失，以安抚提倡贸易保护的当地人士。由于张忠谋的申请，台积电在选举前引起了激烈的公开辩论。但仅在计票结束两个星期后，该公司的投资计划就悄悄地得到了“经济事务部”的完全批准。[4]这家拥有一千余名员工的晶圆厂建在上海松江科技园内，于2004年底投入试产。

台积电至少寻求了一条经台湾官方批准向大陆转移业务的道路。它的主要对手台湾联华电子已将合同重新转给和舰科技。和舰科技是一家合同芯片制造商（在开曼群岛注册），2003年在苏州工业园开建了工厂。和舰在法律上处于相当灰色的地带，由一批联华电子以前的高级执行官和工程师运营，盛传是联华电子的后门业务。实际上，该公司的首席执行官因为向和舰转移资金和技术最终被台湾当局处以罚款。在这个案件中，台湾地区保护主义者曾寻求对此类行为采取更严厉的处罚。[5]

“台湾官方从来未能阻止投资者走向中国大陆，”吴评论说。“他们总能找到这样做的途径。我不认为我所在的行业有任何区别，它也将走同一条路。实际上，我每天都听到我的经理这样说，并且他知道告诉我这些能促使我更努力地工作。”吴的工厂所在地新竹科学园区的前任主管薛香川（音）最近发出过这种警告：“如果我们不进步，有些人会说我们将不得不在上海费力地找工作。”[6]鉴于台湾工程师已经占据中国集成电路公司的许多职位——有人估计已经超过50%，这将是一个令人难以接受的前景。到2008年，预计大陆将能满足全球芯片需求的24%（619亿美元的市场份额），对愿意跨越海峡的台湾人来说似乎机会颇多，但不久与大陆自身快速膨胀的工程系列毕业生库存的竞争将变得激烈。

吴自己并不想到上海去。不同于那些于20世纪70年代和80年代在美国取得学位、回来后创办公司的黄金一代台湾工程师，他就读于与新竹园区有后门关系（字面意思）的台湾“清华大学”。实际上，当他们毕业时，他和他的同学们只需将他们的物品从他们的大学宿舍搬到山上距离仅半英里的公司宿舍。由于工作安排繁重，他们几乎没有时间在宿舍里逗留。受其台湾本土闽南家庭的影响，他倾向于民进党的立场。自从2004年以来，中国政府已经措辞严厉地大力强化“一个中国”政策，强调台湾地区应当永远被视为中华人民共和国的一个省份。

岛内对工作损失的关注与美国关于外包的公开疾呼有很大差别。首先，台湾地区和中国大陆之间的政治对立僵局无处不在，任何事都无法摆脱它的影响。另外，美国在所有台湾地区事务上都是一个重要因素。台湾地区的高科技部门主要是美国技术公司的“原始装备制造商”，已经在受美国公司引领的全球生产链中找到了生存环境。另外，美国在这一地区的利益应当为台湾地区和中国大陆之间历史性的分裂承担主要责任，而来自华盛顿的压力继续使这种分裂长久化。吴的大多数的朋友对台湾官方挥霍无度、完全用来购买美国武器的军事预算感到不满。

他对岛内工作损失的感觉是否与许多美国人的感觉一样？“我们不将其称为外包。它比外包更复杂。鉴于这里的局面，在台湾地区，任何事都更加复杂。根据相关的规定，转移工厂的多数公司都在秘密行动，因此他们不是在外包，他们只是在逃跑，或潜逃。”第一批是一些三流角色，他们通过香港或通过维尔京群岛、开曼群岛和西萨摩亚群岛等离岸税务基地进行投资，在很大程度上促进了20世纪80年代早期以来广东和福建等地的出口加工业发展。他们中有许多在一夜之间就转移了，连本地工人的薪资都没有支付。他们遗留下来的工厂有些被以前的工人占据，经常一占就是几年，在工厂或土地被拍卖之前要求偿还拖欠的薪资。同时，他们在中国南部的新工厂，其中大多是服装、玩具和电子产品出口加工厂，因他们残酷的家长式管理行为而变得声名狼藉。⑦尽管他听说过一些关于中国南部血汗工厂的残酷事例，吴像许多与我交谈过的台湾人一样，得知大陆员工对台湾雇主的恐惧如此普遍之后确实非常吃惊。

美国、欧洲和日本的投资方式通常是大公司领头，后面跟着一批小公司。不同的是，台湾的投资方式是供应链的尾巴先移动。作为中国沿海发展战略的一部分，这些小型企业受到北京的谨慎欢迎，并且刚开始他们的到来直接违犯了反对向大陆投资的台湾地区的有关规定。这些规定在不断放松，起初允许在3 000种产品清单范围内的中型投资，1995

年以后投资范围进一步扩大，此时资金通过更大型的、公开列出的台湾公司进入大陆。最新的投资者倾向于在长江沿岸的江苏和浙江等地办厂，并将他们的资金投入资本和技术更加密集的业务，面向当地市场和出口市场。[8]

在世纪之交，在没有任何重要的多边协议、并且经常面对现有的政府控制的情况下，事实上的“大中华”融合——中国大陆、香港地区和台湾地区——仍然快速形成。台湾地区是中国大陆最大的贸易伙伴之一，也是最大的海外投资者（仅次于香港地区）。台湾地区从 1991~2004 年间的海外投资中有 48% 流向大陆，2004 年猛增到 70%。[9] 经济一体化是中国政府长期推行的一项政策。大陆官方向台湾地区投资者提供了特别优惠的条件（前两年免税，随后三年税率减半至 7.5%）。大陆官方希望这些台湾地区公司和个人能说服台湾当局，采取有利统一的更正式的措施。而投资者又反过来利用他们假定的游说能力向大陆官方索要更多的优惠。[10] 到 2002 年台湾地区对大陆多数形式的直接投资的控制被废止时，在上海生活的台湾人数量已高达 30 万。随后几年，由于对陈水扁台独企图的担心使越来越多的台湾人越过海峡，这一数量进一步膨胀（2004 年，估计有多达 100 万名台湾人生活在大陆）。随着台湾地区人力资源这块奶油正被一点点吸走，台湾人对被挖空的恐慌成倍增长。

在台湾地区制造业成为劳动密集型组装平台 20 多年后，劳动力队伍于 1987 年达到巅峰，占台湾地区劳动力总数的 42.8%。[11] 台湾当局面向高价值部门和服务进行经济重组的努力，部分地弥补了随后对大陆（以及对马来西亚和泰国）转移工作的损失。岛内计算机生产商将他们的低端工厂持续转移到岛外（首先转移的是键盘和电源部门，之后是监视器和主板，最近是笔记本和便携式电脑）。早在 1996 年，估计有 32% 的低端生产转移到了岛外，而且有些部门高达 86%。[12] 到 2003 年，在中国大陆的台湾投资者占有台湾地区 63.3% 的 IT 和电子产品硬件生产——价格约 567 亿美元的商品。[13] 就新加坡之类的亚洲小龙而言，作为深思熟虑的改良经济战略政策的一部分，台湾官方曾经积极促进低端转移。

比如在台湾地区，1992 年一项“规定”要求公司转移低价值业务，以便他们致力于台湾地区新的升级项目。⑭

曾经促进台湾地区在发展链上稳步上升的工业界感到了严重的恐慌。在这些行业，台湾地区每年批准的专利数量仅次于日本和美国。实际上，没有其他国家或地区如此依赖电子生产和出口。由于微芯片制造巨头（以及最近兴起的光电行业的重要玩家）正在越过海峡，对被挖空的普遍担忧上升到了新的高度。“我们台湾人靠电子生存和呼吸，”吴提醒我。“在这里，做一名工程师是一种生活方式。即使是槟榔女孩也在担心，她们是从她们的顾客那里听说的，”他开玩笑地说。此时，我们的汽车正开进富有活力的新竹市光复路地段。这里以灯火通明的沿街铺面里穿着暴露的美女而著称。

台湾的经济经历了40年才达到这个技术高度。商业界公认的看法是，大陆利用对外资开放不到 10 年的时间来跃升到同一高度。但仔细研究一下记录就会发现，大陆很难称得上是实施高科技发展的迟来者。了解其在 20 世纪五六十年代科技革新（或赶超）的经历是理解其民族主义特点的关键，中国领导人正是以这样的视角来努力与其他更发达国家或地区展开竞争的。

岛内工业：起步于跨国公司的技术转移

与其东亚地区的同行一样，台湾工业也是通过跨国公司的技术转移起步的，这些跨国公司早在 20 世纪 60 年代末就来到台湾开发廉价劳动力库存。相反，当中国大陆经济于 20 世纪 70 年代末开始摆脱指令性计划时，中国大陆已经有了 20 年以上的高层技术革新经历。在 20 世纪 50 年代，新成立的共产主义国家，模仿苏联模式建立了科技研究与发展网络，其电子工作者制造的几代计算机，在许多方面与资本主义强国差距很小甚至没有差距。中国于1958年研制了第一台计算机，仅比日本晚1年，并于1964年生产了第一块集成电路，仅比美国第一个专利品晚5年。1977年开发出微型计算机（甚至比IBM展示其个人计算机还早），1980年开发出微处理器，1983年开发出超级计算机以及与商用电器兼容的PC机。[15]像美国和欧洲一样，开发先进技术的最初目的是为了满足军事需要，大量尖端科技工程师干部进驻研究机构和实验室（许多都在中国西部），从事诸如原子弹和氢弹工程以及一系列卫星技术之类的自主研发。[16]1960年苏联专家撤出后，科技成就方面的自力更生目标是事关民族自豪的大事。[17]作出贡献的工程师过去和现在都成了名人。比如中国2003年航天计划实现首次载人航天后，全国为之欢腾。

在美国，1958年至20世纪70年代初，联邦财政占高科技研究与发展资金的40%~45%。到70年代末，私营部门的开发步伐和对商业研究

从小教育孩子——展望中国高科技未来的雕塑

与发展的投资数量超过了国防系统。[18]相反，中国几乎没有民间或商业需求，因此分布在各个研究室、往来很少的研究精英没有理由将技术革新转移给潜在的工业开发者。虽然如此，当政府于1985年实施系统改革，建立工业与研究所和大学之间的合作关系时，成效非常显著。四家新的电子企业（四通、联想、长城和方正）发展迅速，并垄断了新兴国内计算机市场，在许多出口领域处于领先地位。通过与美国和日本巨头进行合资或联合来获得技术转让，每家公司都在利用中国当地的特点（特别是需要改进产品以便具备中文能力），在早期阶段就挤身产品设计行列，比其他东亚国家早得多。有证据表明，这些公司能够如此快速掌握技术，可能是因为它们植根于中国从事技术研究与革新的坚实基础。[19]联想集团于2004年12月收购IBM的PC部门后，成了继戴尔和惠普之后的全球第三大PC制造商，这也是中国高科技投资全球扩张的一座里程碑。

稍显逊色的是集成电路部门，即使它被视为中国高科技发展的最关键因素。尽管投入充足资金（1991~1995年“五年规划”期间）以期在大陆培育出类似台湾地区的台积电或联华电子的冠军企业，大陆工业却远没有达到预期目标。集成电路制造业的成功必须依赖国际专业技术，且建造晶圆制造厂和升级机器的成本无法估量。中国政府最终通过外部人才和投资来建设全面竞争的工业。在鼓励台湾人进入这一领域之前，与NEC、摩托罗拉和飞利浦联合创办的合资企业开了头，向许多在世纪初年兴建的晶圆制造厂提供工程师和资金。

中国政府建立半导体工业的全国性运动始于1986年，当时一项旨在复兴电子工业的政策确定了在10年内进行批量生产的目标。[20]电子工业部制订了开发5英寸晶圆生产的“907工程”。1987年，第58微电子技术研究所从四川迁移到长江下游城市无锡，通过创办无锡华晶微电子有限公司来帮助启动国内芯片制造。虽然成功投产，但公司却亏损了，并且未能实现大量生产。虽然如此，华晶将成为中国半导体工业的仙童（一家美国半导体公司），将其训练有素的工程师输送到其他公司以帮助它们发展。在为招募工业人才的对台非官方多次访问中的一次，政府官员曾鼓励新竹园区茂矽公司创始人陈正宇接管并改造华晶晶圆厂。与香港地区投资者联合创办的一家合资企业（无锡华晶上华半导体有限公司）成立于1999年，并且仅在15个月后，该公司就通过面向国内市场生产低端芯片实现了盈亏持平。上华半导体成为中国首家开放式晶圆制造厂（为没有制造厂的客户定制芯片），并且在全球其他地方半导体业务陷入衰退时，它却繁荣一时。

无锡位于中国东部科技走廊的西端，毗邻两大水系——大运河和巨大的太湖，而这两大水系均于20世纪90年代遭到这座城市工业过度开发带来的严重污染。城市零售业的快速发展吸引了闪闪发亮的特大型集装箱，而这同样的集装箱曾经向每一座中国大城市中心悄悄运送大型购物中心。从字面上解释，该城市名称的意思是“没有锡”，让人回想起很久以前的工业毁灭史。最初被称为“有锡”，在汉朝，当这种宝贵的矿产资源被耗尽时，名称也随之而改。上华半导体靠近新版大运河。在这条长达1 700公里的古老水道上，这座城市的一段仍然有满载谷物的驳船在定期往返。它的背后是小山似的土墩，这里曾经是采锡的集中地。很难找到比这更能唤醒人们的回忆的地方，来建设这艘中国最新和最不稳定的工业母舰了。

上华半导体工厂与数家其他公司和研究院，分享一家参差不齐的工厂大院。这些公司也有过类似的经历，是从原来的国有研究机构演变而来。一家医院、一个发电厂和数家小卖部零散地分布在院内。所有车间都给人一种陈旧、单调的感觉，与下游苏州和上海等地的台积电、和舰、中芯国际和其他国际集成电路巨头的前卫晶圆制造厂形成了鲜明的对照。公司的员工队伍也很混杂，一脸稚气的年轻员工与国有和舰时代遗留下来的数百名员工在一起工作。张麦友（音）是那些不在意两群员工之间文化冲突的老一代人之一，他回忆说，微电子技术对他这一代人（八七届）并没有带来太多的激动。“我为‘907工程’工作过，”他解释。“尽管我们觉得那是一种特殊的工作环境，它只不过是另一项政府工程。你可能可以说有一种国家使命感，但我们并没有任何要特别卖力工作的压力。现在在这家公司，所有压力都来自商业方面，感觉很不一样。”张和他的同辈（原来的华晶劳动力的10%）知道，他们不大可能在那些渴望快速利润而倾向招聘年轻员工的工业中幸免于难。“我们现在做得更好”，是他为增强企业活力以及提高公司对外形象所能提供的所有热情。

那些负责策划形象的人，没有理由也不应当细述公司的过去，除非是把它当成无法理解现代商业世界的时代的副产品来加以抛弃。实际上，他们将计算自身附属关系的日期推到更晚的2003年，即上华半导体成为外商独资公司，由海外投资者投资并由完全国际化的管理团队运营的时候。在公司继续努力改头换面的过程中，老兵们被视为一种拖累，他们当初未能成功运营的公司被当成了笑柄。正如新的台湾地区经理之一轻蔑地对我所说：“那就像要求街头小贩去管理一家麦当劳特许经销店。”年轻点的在职工程师避开内部矛盾。对他们多数人来说，公司只不过是他们追求个人发展的一个平台。有些人有代表性地谈起渴望尽快创办自己的公司，其他人估计他们不久将到上海某家流光溢彩的新晶圆制造厂去。上华半导体成为首次公开募股公司的努力一再推迟（它后来在2004年8月的上市也让人失望），而持有认股权的员工队伍的士气日益下降，导致留住员工更加困难。

对那些有抱负的年轻员工来说，上华半导体主要是个训练场，而不是用来检验其胆识的环境。首先，其成功是建立在提供成熟技术的基础之上的：仍然占据70%的国内市场的用于消费电子产品的低端芯片。随着日本、台湾和美国生产商在追求更复杂的8英寸和12英寸晶圆工厂过程中，并逐步淘汰其6英寸晶圆制造厂。在这个已经成为全球最大的电子器材生产商的国家，上华半导体可以确保其长期供应商的位置。该公司主要通过从新泽西的杰尔（Agere）公司和新加坡的特许半导体（Chartere）等这些日渐脱离低端芯片业务的公司购买旧生产线来达到这个位置。

然而，公司热衷于折价采购只会让年轻些的工程师们加深这种印象，即让他们觉得自己并不处在技术前沿。该公司在扩建中的无锡新开发区建一个8英寸晶圆车间的计划会鼓励他们中部分人，但上海晶圆制造厂开始大规模招工后，无锡的人员更换率会上升。另外，当地也出现更有挑战性的选择。马萨诸塞州一家新开的公司美新半导体在新区建造了一家“半外包”车间，专门生产传感器芯片，而其设计部门仍然留在美国。这种岸内–离岸模式是风险资本家越来越多地追求的典型模式，尽管设计完全实施离岸只不过是时间问题。许多华晶以前的员工加入了美新半导华工程团队，而他们之间兄弟般的情谊是该公司团体精神的重要组成部分。一名离开华晶后曾受雇于日本和韩国芯片制造商的工程师承认，当今很少有机会与熟悉的同事重新取得联系：“工程师就像流动工人，”他挖苦地说。“他们也一样经常移动。在这里，我们更像是兄弟。”

另外，美新半导体的加速计芯片产品是一项新技术，因此与典型的消费型集成电路相比，他和他的同事对它的开发更感兴趣。鉴于这些因素，该公司的人员更换率较低，尤其是在这个未能逃脱困扰长江三角洲地区技术劳动力短缺冲击的城市。实际上，劳动和社会保障部表示，在2004年第二季度，数家无锡企业尽管公布了数百个空缺位置，却连一个合格的技术人员都没能招聘到。[21]

贸易规则与贸易战

20世纪80年代中期，当世界各地政府都在试图创建硅谷的翻版区时，中国国家领导人考虑了四个潜在的地点：上海、北京、深圳和无锡。电子工业部当时实际上更倾向于无锡，但最终确定四座城市都值得发展高科技产业。靠得更近的北京中关村科技园，在20世纪90年代中期吸引了大批著名的国外公司，成为区域科技发展动力，但最终走到前面的却是上海。

早在1980年，该城市的数家研究中心，比如冶金研究所和复旦大学微电子学研究所，被允许在上海无线电第14厂和第19厂以及第5配件厂开发高科技项目。1988年，上海南郊的漕河泾公园被指定为高科技开发区，用于飞利浦和ITT之类的跨国公司进行技术转让和开发。[22]然而直到1993年批准创建和发展包含在浦东计划内的现代化张江高科技园区后，实现先进技术生产的势头才开始上扬。拥有众多的一流大学和对高端风险的大量投资，上海证明是资金密集型微芯片生产的天然处所。到20世纪90年代末，中央政府宣布国家不再向集成电路工业直接投资，而是通过创造不容拒绝的条件来吸引海外投资者。[23]作为该项新政策的一部分，政府将对中国生产商在集成电路上征收的增值税从17%降低到6%，进一步的优惠（险些引发与美国的小规模贸易战）是对国内设计的设备再次让利3%。

上海高科技产业发展在享受中央政府强力支持的同时，它与北京的距离对微芯片业务是很直接的实惠。没有任何工业（甚至是毛泽东时代“大跃进时期”的炼钢业）能比它更紧密地与国家安全联系在一起，并因此更容易造成地缘政治紧张。先进集成电路技术被视为军民两用技术（发展武器的一种资源），因此中国大陆、中国台北地区和华盛顿之间紧张的三角关系凌驾于将三者联系在一起的日益强化的经济关系之上。

华盛顿已经在20世纪80年代遭遇过与日本的半导体贸易战，尽管它不直接依靠军事冲突来解决。自20世纪70年代中期以来，美国享有的巨大的半导体工业技术优势在与日本竞争的过程中遭到的严重削弱。到20世纪80年代中期，日本集成电路生产商已经在这个受快速革新支配并且能够快速穿越国境的行业处于领先地位。尽管与国家安全没有任何关系，华盛顿保护尖端工业基地的决心与夺回国际贸易规则控制权的愿望交织在一起，迫使其采取了行动。正如肯尼思·弗拉姆（Kenneth Flamm）所说：“芯片工业事实上包含了工业属性的方方面面，这些属性有可能改变以国际贸易和投资规则，而这些规则则是建立在教科书关于竞争市场假设上的。”[24]

向美国倾销并封堵日本市场准入的指控引发了一系列法律诉讼，并最终促成了 1986 年的美日半导体贸易协议。该双边协议规定了两个集成电路大国间的“有控制贸易”模式，随后 15 年，随着该行业发展进入真正的跨国规模阶段，这种模式才逐步消失。美国公司通过与韩国、台湾、马来西亚和新加坡等国家和地区建立工业“伙伴”国际网，彻底改造了他们的生产模式。上述每个“伙伴”都容纳了低成本制造业或小型生产中心，而美国人则保留产品设计和构造，并决定其他人必须使用的标准和平台。类似在美国和日本的情况，该行业在每个国家都享受大量的政府津贴和保护。到中国加入进来时，半导体公司赖以自由竞争的全球开放市场神话早已消失，仅残留在自由市场原教旨主义者那具有陈腐观念的大脑中。

然而，受到特别关注的是工业与先进武器系统的联系。华盛顿曾长期将其超级技术优势用作压制潜在敌人的军事发展的地缘政治工具。实际上，中国对美国批评中美贸易“失衡”的主要答复是，美国以可用于军事目的为由禁止转让美国先进技术。这种抱怨的背景非常复杂，揭示了双方的内在目的。

根据 1949 年美国及其冷战同盟成立的多边出口控制统筹委员会（其总部设在巴黎，简称为巴统）的规定，禁止向中华人民共和国出口被视为军民两用的商品。巴统控制对“敌对军事应用”的定义范围很广，被广泛用于阻碍共产主义阵营国家的工业发展。但从 20 世纪 80 年代初开始，作为利用中国来制衡苏联的战略的一部分，当时的里根政府逐渐放松了对中国的限定。[25]1980 年，官方对华技术转让类别从“Y”类（即被列为美国的敌对国家）改成允许出售特定军民两用技术的“P”类（即非敌对国家）；1983 年，从“P”类改成“V”类（即友好同盟国），意味着中国的多数特许申请被划入自动批准的绿色区。1989 年后，武器转让被冻结，高层军事会议被中断，但随后 10 年势头逐渐好转，反共强硬派对此感到很不满。随着冷战的结束，巴统于 1996 年被瓦圣纳协议取代，大大增强了其 33 个成员国控制敏感出口的自主权。这项更加松散的协议以及美国商业性高科技垄断的丧失表明，华盛顿已经无法根据其自身的敌对国清单有效控制技术封锁了。

同时，对华特许出口商业贸易急剧上升，到2003年，用于普通用途的微处理器的出口已经完全脱离控制。强硬派继续坚持认为对华转移先进技术应当控制在落后两代以上。另一方面，两党强大的商业派系强烈感觉到，中国已经在利用得到的国际技术和知识转让来启动自身的高科技产业，并且如果更严格的控制没有得到放宽，美国公司将丧失极其重要的机会。

强硬派很大程度上在做徒劳无益的努力。比如在2002年9月，以杰西·赫尔姆斯（Jesse Helms）为首的一帮鹰派共和党议员宣称，中国正在利用其合资企业和国外投资“开发先进系统，以期获得相当于或超过美国的军事实力”，并且正在继续“将军民两用技术转让给支持国际恐怖网络的国家”，特别是伊拉克。[26]给这种政府压力添油加醋的是持续不断的新保守派观点。传统基金会按下几个标明“国家偏执狂”的按钮，宣称“为了获得用于军事目的先进技术，中国现在正在逼迫国外公司，允许中国政府对国内半导体业务实施更高层次的监控。在有些领域，中国政府明显建造了这样的晶圆制造厂——表面上由台湾人控制而实际上是中国政府所有——并用擅口的先进芯片制造设备来装备它们，”以建设“没有经济需求”的工业。[27]

这种对中国欺诈行为的严重警告，得到长期以来具有种族色彩的怀疑的进一步强化。这种怀疑涉及在美国政府或军事实验室工作的从事间谍活动的华裔美国人。20世纪50年代的钱学森事件和90年代的李文和事件只是其中备受关注的事例，他们都被指控从事间谍活动（却没有任何证据）。[28] 在美国的台湾人也没有逃脱怀疑，其中许多人被假定为效忠于其国家而受到怀疑。2005年，美国外国投资委员会的调控者考虑过阻止联想集团收购IBM公司的PC部门，认为联想集团的员工可能被用来在美国从事工业间谍活动。[29] 如果华裔美国科学家和工程师在美国工作时都受到严格的安全监视，并被习惯性地受到无端怀疑，那么就更谈不上相信在中国本土运营的本地人了。[30]

因此，新保守派对北京国家建设策略的愤怒，也不断掩盖了东亚国家在它们的发展道路上采取的类似方法。日本用尽一切教课书上的贸易保护措施来启动它的技术工业，韩国实施进口关税并坚持从国外公司转让技术。就像在其他这些国家一样，台湾工业家经常在远远超出其“法律”限度采取相反的措施，因为他们直接处于华盛顿的冷战阵营，他们的错误做法是可以原谅的。

多数美国公司和国外投资者通常已经接受这种观点，即技术转让，即使是对他们自身知识产权的非法占有，也是在中国从事业务的代价之一。实际上，提供技术转让是美国公司寻求更好的投资条件或市场准入的一种常用手段。最近，准入的代价已经成为与中国的大学或研究所建立联合培训或研究与发展中心。通过展示其巨大国内市场的前景，中国已经吸引到经济升级所需要的技术和资源。

当中芯国际（可能是被传统基金会指责为“假洋鬼子”的公司之一）于 2001 年在上海开始 8 英寸晶圆生产，并随后宣布了在北京建造最先进的 12 英寸晶圆制造厂的计划，使美国关于“遏制”中国在技术阶梯上上升的辩论变得毫无实际意义。到 2004 年，集成电路制造业自夸拥有超过 35 个晶圆制造厂和 180 个组装和测试车间，有些正在组装最先进的芯片产品，如英特尔的上海车间。[31] 全国各地超过 400 家集成电路设计机构正处于酝棃阶段或已经建成工作室，预示着将快速出现拥有自主系统级知识产权的关键性高科技部门。[32] 类似海尔的一些国内巨头也已经成功生产自己的芯片，信息产业部正在全面推进专利申请，并在无线加密技术、3G 移动电话技术和增强型多媒体盘片系统（EVD）等诸多领域制定国家标准，以取得新兴技术的所有权。[33] 美国官员对此的反应是，承认无法有效阻止中国获得先进半导体机器，因此华盛顿的战略性政策努力已经转向纯经济领域，旨在提高美国公司的竞争优势。2004 年 3 月，布什政府滕次在世界贸易组织上正式控诉中国，指责中国针对在国内设计和生产的芯片提供降低 14% 增值税的特惠。[34] 在对关于即将引发贸易战的连珠炮般的激烈言辞作出反应时，中国同意于 7 月份放弃这项政策，但宣称将制订符合世界贸易组织要求的新政策来支持半导体研究与发展，使它达到其他发达国家制造商的水平。[35]

到2004年底，华盛顿已经屈从美国公司关于放松控制的呼声，协商达成了一份“最终用户视察”协议，并且对先进半导体制造装备的出口控制也放宽了。[36] 芯片生产商和装备制造商为此欢呼的同时，这一决定只是加重了台湾人的担忧。美国军民两用控制曾经帮助台湾地区芯片工业保持领先一步。人们普遍担心，考虑到在大陆能够获得更多的节约或利润，美国公司将放弃来之不易的对台湾地区合同生产商的忠诚。台湾地区的生产商没有太多的选择，只能将越来越多的业务移过海峡。

台湾：勾画“全球后勤中心”的蓝图

美国公司以前就“放弃”过台湾地区。20世纪60年代末的第一批国外投资者是美国电子制造商美国无线电公司（RCA）、菲力柯（Philco）和泽尼（Zenith）。它们受其供应商通用仪器公司的劝说，创办了组装工厂，以利用台湾地区的廉价劳动力和宽松的管理环境。曾被台湾当局誉为模范投资者的美国无线电公司于1992年将业务转移到新加坡，部分原因是为了避免根据台湾地区的有关规定运营25年后必须支付的员工养老金。该公司还留下了毒性很强的垃圾。1998年，台湾环境保护主管部门发现该公司非法挖井排放有毒垃圾以及三氯乙烯和四氯乙烯之类的有机溶剂后，将美国无线电公司以前的桃园车间认定为“永久污染”地。在这期间，以前的200余名员工死于癌症，并且在受污染饮用水影响的地区，有多达800余名工人和居民被诊断患有癌症。正如一名以前的员工所说：“怪不得所有那些国外经理都喝瓶装矿泉水！只有我们这些愚蠢的劳工每天在喝毒水！我们生活在车间，吃在车间，甚至还用毒水洗澡！”[37]

当然，从硅谷最初的半导体公司开始一路留下有毒足迹的公司中，美国无线电公司并非是唯一的。[38] 在工场工作的员工是在为这样的一个工业工作，在这里工业病的概率高出石油、造纸、煤矿、钢铁、塑料和橡胶等化学密集型制造工作的平均水平的三到四倍。新竹园区与高科技园紧邻的“篱笆墙”（Fenceline）群体几乎注定要生活在有害他们健康的高危化学泄漏环境中。[39] 在2000年的一次大事故中，负责处理新竹集成电路公司80%的有毒废物的注册公司胜利被发现向高平河排放溶剂，严重污染了台湾南部的两大水系。

在当地工人群体中，美国无线电公司事件勾起的是苦涩的回忆。据新竹园区投资经理说，美国公司给他们留下了很坏的印象。就连位于中国台北的美国商会主管也向我承认，这一事件给美国商业形象造成了影响。然而，在高科技商业界，美国无线电仍然享有声誉。首先，它曾经是来自美国公司（7微米集成电路技术）的特权技术转让，使得台湾地区首家芯片巨头联华电子1982年的独立易股变得可能。台湾人继续完善来自美国和日本跨国公司的特许成熟技术的再设计工艺，以推动他们岛内自己的竞争者。[40]

每一项赢利的诞生都是通过工业技术研究院促进的，这是一家成立于1973年的官方研究与发展组织，它直接向工业界传播其研究成果。工业技术研究院拥有许多技术学科的实验室与研究中心，距离新竹园区仅数分钟路程，有六千多名工程师。部分效仿日本和韩国同行，它作为台湾技术工业各部门的催化剂和温床发挥了重要作用。工业技术研究院在全球广泛搜罗可供吸收、改进和转移到国内公司的产品，它利用和传播技术的记录是其他任何国家所无法比拟的。先不说公共政策帮助形成台湾高科技王国的其他渠道——国家拨款、信贷津贴、免税和官方直接投资，仅工业技术研究院就是官方机构如何提供必要的技术能力以在全球生产系统中赢得高端位置的典型案例。[41]

官方持续参与的这些证据驳斥了工业分析家和新古典主义经济学家顽固坚持的主张。他们认为，世界银行在其著名的1993年报告所说的“东亚奇迹”主要是企业竞争和自由市场行为的结果，而国家仅通过很宽松和“有选择的干预”进行“指导”。[42] 另外，这种频繁的政府行为的结果使持续不断的保守设想变得更加复杂。他们认为，即使相对发达国家的发展，仍然对西方跨国公司的利益有吸引力。随着跨国公司将越来越多的业务转移到国外，韩国、新加坡、香港和台湾地区都发展成了新的区域核心。它们各自在中国、马来西亚、印度尼西亚和泰国建立了自己的低薪制造业外围领地，并且各自在全球生产链中确立了自己的位置。[43]

不像日本和韩国，这些国家与地区集中发展享受事实上的市场垄断的少数大公司（财团和家族企业），台湾地区则鼓励对新来者提供相对公平的环境。当半导体工业国际化正产生新的特殊部门时，这一点显得尤其重要。这些部门包括：芯片设计、装配、覆膜、焊接、测试、组装和包装。每过几年，这些部门都进一步细化，产生新的平行部门，而正在寻找生产空间的无数台湾地区的小型公司很快就会对其加以开发利用。另外，台湾地区工业也得益于与硅谷的密切关系。在加利福尼亚公司工作的大量台湾工程师搭建了硅谷与新竹园区之间的桥梁，使台湾地区工业紧跟尖端发展。随着时间的推移，由于台湾方面积极招聘留学人员在岛内转移知识和创办公司，对美国的人才流失被扭转过来了。[44]

直到2000年初，美国含蓄的支持和帮助确保了这种持续繁荣。戴尔、惠普、康柏、Gateway和IBM之类的大型美国计算机公司来到这里，将台湾地区视为原始装备制造的主要基地，两地领军技术公司的联系变得无比紧密。中国台北和华盛顿之间的良好关系甚至扩展到军民两用出口上。曾经通过慷慨的例外特许出口到台湾地区的受控美国原始技术，必须得到美国商业部的批准才能转移到大陆。这条规定甚至还适用于包含25%美国内容的国外制造装备。然而，随着台湾地区的公司匆忙涌向大陆进行投资并转移赖以收获短期利润的一切时，民用和军用两用技术之间已然模糊的界线得到进一步淡化。

随着转移的增加，工业技术研究院的位置开始发生变化。我在此采访的官员讲述了他们的工作是如何日益转向商业模式和管理战略的，以及他们传统专业领域之外的权利。由于投资者的目光锁定在中国大陆，他们向台湾地区工业注入新技术的任务现在已变得更加复杂。事实上，工业技术研究院已经拥有大量无法利用而只能将它们拍卖掉的技术和专利。在过去，工业技术研究院员工曾经具有非常明确的充当“技术桥梁”的使命。现在，他们已经进入更难以捕捉的“整体资产管理”领域。在此，市场定位商业艺术、知识产权保护和商标操作帮助公司，利用一切可用优势来保持他们的优势地位。这明确显示，台湾地区相对优势的未来将更多地存在于建立在为产品创造市场生存空间的基础之上的服务，而不是前端制造业。它明确地提醒人们，岛内高科技群体将面临边缘化，除非进一步上升。在跷跷板的另一端，中国大陆的国家技术转让中心已经在上海成立。该中心由上海硅酸盐研究所、上海技术物理研究所、上海光学精密机械研究所、上海天文台和上海有机化学研究所等研究机构组成，其对中国大陆技术工业的作用类似工业技术研究院对台湾地区的作用。[45]

新竹园区成立于1980年，建在台湾“清华大学”和交通大学附近的廉价土地上，并且邻近工业技术研究所实验室。这里的防范气氛也很浓。投资者仍然接踵而来，并且作为扩张计划的一部分，正在附近和南部的台南市建立卫星公园，因此新竹园区官员并不怎么担心。虽然如此，一位投资开发经理向我承认：“技术工人现在已面临风险，我们已经明确感觉到了他们的恐慌。”要留在岛内，她说：“投资者现在希望台湾当局像大陆一样提供额外津贴。他们也希望得到同样的效率待遇，而这是很难做到的。”因此，过去20年过度工作也留下了痛心的后遗症。“刚过40岁的商务人士，”她发现，“看起来却像有60岁。头发白了，皮肤也松弛了。”为了将来，园区正在确立目标，期待成为跨国公司和台湾地区公司的全球研究与发展和数字设计中心，它们的制造业在中国大陆，金融业在香港地区，而产品则销往美国或欧盟。这是一项与政府最近公布的将台湾地区建设成“全球后勤中心”的蓝图相吻合的计划。根据这一构想，台湾将利用其处在所有亚太地区大型港口的地理中心的战略位置，取代新加坡成为从海运到产品研究与发展等一切业务的区域中心。

这两项计划都有可能仅仅因为上海的复兴而无法实现。到 2004 年底，拥有众多港口的上海已经超过鹿特丹成为全球最繁忙的港口，并且这个亚洲最大的深海港口正在向黄海扩建 20 英里。它获得自身的全球研究与发展中心的速度也不慢，其中有数家来自于领军跨国公司。类似该地区的其他任何一个国家，台湾相关的“经济法规”正受到中国大陆竞争技术工作和资金密集型生产的努力的驱动。

中芯国际：国际化的芯片制造商

在实施转移的重大决定过程中，台积电曾经控告在上海冉冉上升的微芯片明星企业中芯国际，指控其窃取商业秘密和专利侵权行为。在其忙于拓展业务时，中芯国际涉嫌雇佣了 100 多名原台积电的员工，这些人带走或盗用了与台湾公司最新芯片制造程序密切相关的信息。中芯国际招聘的原台积电员工的书面陈述证实，这家上海公司复制了高达 90% 的微芯片制造系列步骤。该案件起初于 2003 年 12 月向旧金山法院提起，最后于 2005 年 1 月通过庭外调解结束。此时，台积电的上海车间也已经投产，并且这两家公司开始在同一城市直接较量。在这期间，中芯国际已经跃升为世界第三大晶圆制造厂，仅次于台积电和联华电子，在全球效益方面仅次于特许半导体（Chartered）。[46]

当跨国界的业务转移发生在企业内部外包范围之外时，台积电与中芯国际间谍案突出显示了这种知识转让的后果。当公司将其工作及其员工的知识转移到更廉价的地方时，它是一种合法的劳动套利交易。当员工自己为了改善他们的条件而转移，尤其是当他们跨越了政治和军事上的界线时，却被怀疑在作贼。这种综合症状在半导体领域 尤其明显，因为竞争直接与快速革新率挂钩。雇主将采取最严格的措施来保留其员工掌握的技术知识，胜于认为他们将得益于通过招聘对手的员工所获得的知识。

为打牢知识基础以准备在2001年底启动试生产，中芯国际从世界顶尖半导体公司招聘了近千名工程师，它们包括英特尔、IBM、德州仪器、台积电、联华电子、特许半导体和世大积体电路（WSMC）——中芯国际创始人张汝京的原始公司。张江园区的中芯国际大楼外飘扬着众多的旗帜，似乎在宣扬其国际化公司的声誉。其创始人（包括高盛、东芝和摩托罗拉）在国际上同样知名，并且它利用了通过在开曼群岛上注册所带来的减免所得税的合法手段，但它只是一个有名无实的中国公司。不管其最初的意向和目的是什么，中国政府仍然将该公司当成其微芯片开端来加以推动，尽管更确切地说它是许多失败之后的新开端，包括模范企业华虹NEC（得到了电子产业部和上海市政府的大力资助，在1996~2000年的“九五规划”期间共计投资12亿美元）在内的数家新创办的芯片合资企业业绩不佳。中芯国际的发起是中国集成电路政策转向非政府直接支持的副产品。中芯国际在张江园区的邻居和主要对手上

张江高科技园区的中芯国际公司

海宏力半导体是这种政策调整下的另一个例子，它的创始是人台湾塑胶工业股份有限公司企业大亨王永庆的儿子王文洋。到2004年，数项由台湾老兵酝酿和出资的其他半导体公司被宣布启动。[47]

北京在外资问题上的灵活性最明显的迹象也许表现在中芯国际大楼附近的一个建筑工地上。

张汝京来自退台国民党家庭，是一名在美国受过教育的台湾人，他对国际宗教舆论更加开明。他是这样描述公司是如何同等享受上帝和中国政府的支持的："我们作为一名工程师来到大陆帮助建立这一工业，"他宣称，"而政府支持我们享受周日礼拜服务，这是我们通过工作获得的上帝的爱。"他暗示，神的指示实际上已经控制了公司发展的时间，更不说其利润。[48] 实际上，在晶圆制造厂于2001年启动后不久，张汝京发现，"感谢神的厚爱，我们下一年的订单已经非常非常充足了。"[49]

高技术与宗教福音传道的结合远不是什么新鲜事。实际上，技术乌托邦主义的历史与基督教千年盛世说有着广泛深入的联系。[50] 但请考虑一下背景：不仅仅是在中国，而且还是在中国最重要的科技园，那里的大街以著名科学家的名字命名，其中的雕塑公园摆着牛顿、爱因斯坦、达尔文以及众多中国科学家的半身像。国外投资者已经习惯政府官员给予的各种额外补贴，但这种让步显得超乎常规，并且在其所在的位置显得异乎寻常。

实际上中芯国际的一切都在吸引媒体的关注。2004年4月它在香港恒生交易上的首次公开募股颇显弱势被解释为中国股市繁荣的终结；当它在北京增加一个12英寸晶圆厂时、在天津建造另一个8英寸车间（以补充它在上海的三家）并且在成都建造一个测试和组装厂时，该公司被认为过度扩展。虽然如此，其收益仅在4年内就上升到10亿美元，使它成为在无论何地方都称得上是有史以来发展最快的公司之一。即使不对外宣传，其特立独行的名声也广为人知。"它与其他公司有一点区别，"负责安排我的访问的一位公关经理解释说。"它更是一个你能真正相信

张江高科技园区的爱因斯坦、牛顿、居里夫人的雕像

的群体，并且希望成为这个独特的工程的一部分。”她自己渴望相信这种信念是基于一种对安全的更为刻板的迷恋，而媒体的广泛关注则无疑是推波助澜。她坚持要坐在旁边听我所有的采访，甚至在我指出她的存在可能会让员工感到很不舒服之后。在我参观过的所有在中国大陆和台湾地区的公司中，中芯国际是唯一坚持这种要求的，并且只有和舰这家它在苏州类似联华电子的对手比它更谨慎地接待我。

中芯国际的安全文化对那些在职的人来说是普遍渗透的，尤其是对信息敏感的人来说。任何工程师都不得携带便携式电脑、软盘驱动器或光盘记录机，并且所有他们的电子信件都登记在案。因此，他们花在工作现场的时间远多于他们该花的时间，因为他们的工作实际上是不能带回家的。幸运的是，他们多数人的家都在附近。该公司占地 35 英亩，内设 9 个晶圆制造厂，建了大量住宅区，包括操作员宿舍、技术员工公寓以及高级工程师、经理等其他管理层的别墅。在步行距离内还建有双语国际学校，它模仿德克萨斯州课程，并与达拉斯浸信大学有联系。

即使没有保密规定，员工也不大可能常见到他们的家人。尽管公司投产已经有 3 年，长时间和超负荷工作的创业期文化仍然很浓厚。姜云温（音）是一名河南籍的生产线主管，他这样介绍他典型的工作流程："我 7 点钟到这里，然后参加一系列生产会议以制订当天的时间表并确定生产目标。我们讨论维修故障问题，以及如何提高生产线的生产率。下午，我必须参加生产控制会议，并检查生产线报告并发放时间表。5 点 30 分后，我们休息并就餐。"我几乎以为他要介绍在业余时间怎么消遣了，但他的工作叙述持续到深夜："我通常于晚上 11 点回家。我星期六仅工作 8 个小时，而星期日则空闲。我的老板让我去放松放松，但通常是在一厂和二厂之间踢场足球赛。"给我留下的印象是，如果星期天不是规定的基督徒休息日的话，他可能每周要工作 7 天。

姜说他的经理经常拿他的工作效率与国外同行相比，以达到预期效果："如果我们工作非常努力，"他坚持认为，"我们将比其他国家做得更好。"但总的说来他对芯片制造部门的评价不高。"它是低附加值的，"他轻蔑地说。"即使是美国也轻视这些类型的晶圆厂，因为它们是带有污染的行业。"像许多上海年轻工程师一样，他也想获得工商管理硕士学位和一流管理职位。

员工和经理对中芯国际的内部事务却有更多的话要说。从数家不同的公司招募工程师知识是集成电路公司的常用战略，但员工同时也带来他们原有的企业文化。造成的摩擦不仅涉及文化冲突。每位工程师被训练成以不同的方式来考虑如何运作晶圆厂。那些曾经为一体化制造商（制造芯片供公司内部使用）工作的员工习惯于批量生产高产量的产品。受过台积电培训的那些员工习惯一元化文化和具有明确定义的任务系统的一般工艺流程。两类员工都竭力融入中芯国际的多元文化员工队伍及其高度定制化的晶圆制造业务现实，不断适应其众多不同客户的工艺流程。

尽管中芯国际带有多种国际化特点，官方也极力主张中芯国际是中国大陆的成功事例，但其大陆员工（就像无锡上华半导体的员工一样）仍然将它视为来自台湾地区的公司。正如有个人所说："你可以说它是台湾人的，因为每个人都在抱怨工资和福利。”在工厂门口，一位供应商提供了补充证据来支持这种典型看法。“他们要求太多而付钱太少，”他说。“他们是我们客户中要求最多,并且总是推迟付款。”他说,他对台湾人“从官方得到如此巨额的贷款来投资这家公司”感到气愤。在无锡，上华半导体的员工也谈到他们雇主的“小气”，他们把这种“小气”与台湾式的管理联系在一起。“台湾人的公司一点也不重视培训，”一位新近招聘的员工说。“这里都靠自学。我想这是他们的文化，他们想少花钱，并让你早作贡献。但台湾是中国的一部分，”他补充说，说出了最常见的大陆人的观点，“并且我们都是中国人，但在目前，他们处在利用我们的位置上。他们是我们的老师。为了国家统一，我们必须学习才能强大起来。”

如果他公司里的台湾人是级别低于经理的员工，情况也许不同。大陆人通常只接触那些更有资本的台湾人（毫无疑问，这种感觉帮助台湾经理树立了对工人的权威）。在多数中国人眼里，那些到大陆旅游或寻找亲人的台湾农民行为举止像个乡下人，但他们仍然被认为享有更高的身价。如果这条规则还有什么例外的话，就是那些有名的自以为是的上海人。虽然他们自己也是移民的后代，但在他们的眼里，所有外来人都比不上他们。

在世纪之交，许多台湾人都觉得他们没有太多的选择，要么为了拯救他们的小型企业，要么去寻找工作机会，而岛内的机会已日渐减少。微芯片工厂的到来（台资工厂占 70%）是蛋糕上的糖衣，正在吸引或耗尽 20 世纪 70 年代到 90 年代繁荣时期曾经的台湾英雄人物。到 2004 年，“上海热”已经吸引了相当数量的台商，这是台湾岛内对他们的称谓，而台湾某些媒体则将他们一成不变地斥为“卖国贼”。这个部分处于困境之中的移民团体人数约 50 万，并且只统计了那些受过良好教育、文化素质高的专业人员、企业家和退休人员，而早期投资潮则主要由那些鞋帽、玩具和卡拉 OK 设备等行业的三流投资商组成。[51]这些新来者的资源或薪资足以支撑相对奢侈的生活方式，包括高档住宅或公寓，外加为他们服务的保姆。2004 年台湾“大选 ”后，上海住宅销售明显增加，表明台湾的“独立”政策迫使台商考虑在这里永久居住下去。

2005年春节期间，暂时解除了长达56年的两岸直航禁令。开通上海与台北之间的空中航线，不仅正式承认了这两个城市之间的大量流通需求，也是关系走向正常化、并可能最终实现两岸统一的最明显举措。在过去20年的多数时间，非正式并且通常是地下的商业人士关系网一直在维持着两岸的联系。现在，经济需要正促使他们进行公开交流。

雇主眼中的台湾员工与大陆员工

在我为本书到工厂进行实地采访过程中，我只有一次机会采访那些在中国做着与其他国家员工基本相同的工作的员工。尽管我并没有制订进行此类直接比较的目标，整理后发现它似乎成为行程最后一段。当苏州工业园某工厂的经理同意介绍我去参观台湾一家类似的工厂车间时，我终于有了这个机会。这种比较便于验证我关于不同国家或地区的劳动市场的员工是如何被迫相互竞争的一些观点。

比如，我发现即使是在我的采访中，大陆人和台湾人都乐于表达各自不同的观点。这通常是大陆员工描述遭受台湾经理残酷对待，或者是那些经理描述中国大陆员如何低能的便利方式。但在其他时候，经理们却会更狡猾地利用两地的文化差异，来提高生产率和压制员工的期望值。事实证明，我通过对同一家公司两个车间的采访得到了关于上述后一种行为的有力证据。

这家公司名叫友达光电，是光电子行业繁荣部门的市场领军企业，生产LCD（液晶显示）技术产品。在所有高科技领域，液晶面板近年发展是最快的。友达光电有1.55万名员工，自2001年成立以来发展迅猛，已经成为全球第三大薄膜液晶显示器（TFT-LCD）制造商，仅在台湾就有10个制造厂。其中国工厂占地32万平方米，员工人数超过7 000个，是苏州工业园最大的工厂之一，并于2002年开始试产。

像苏州工业园车间通常雇用非技术劳动力一样，友达光电大多数操作员都是来自农村的姑娘。我听说到20岁左右，她们所有人“都会循环出去”，她们要么结婚，要么“寻找更好的工作。”然而几乎可以断定的是她们签订的劳动合同促使她们不断离开。公司可能会重新雇佣一些接近四十、过了生儿育女年龄的妇女担任工厂监督员，但二三十岁的妇女却被视为不合适的工人。我被告知她们的工作，要求灵巧的双手和良好的视力，而且明显只有十几岁的女孩才具备这些条件。当我向一位经理提出要参观设施时，他说“只要你不介意气味就行。”我耸了耸肩膀说，“别担心，我知道工厂有时会有些难闻的气味。”“不，你不明白，”他回答，“我指的是工人身上的气味。”

相反，对友达光电二十几岁的女性工程师评价较高，实际上她们比其男同事提升更快。给我的理由是她们比男性对公司更忠诚、更守纪律。考虑到苏州工业园的人员更换率，这点看起来似乎很有道理。类似其他苏州工业园的雇主，友达光电的大陆经理很难留住技术工人。来自台湾地区南部的业务经理约翰尼·张更倾向于招聘来自东北的员工。“他们比内地的南方人更硬，”他指出，“并且他们像台湾人一样也是海盗的后裔。”他同时还招聘来自蒙古和新疆的工程师以压低薪资。但不管他们来自大陆哪个地区，在他看来，他们的整体生产率还有待大幅度提高：

即使你培训他们后，70名大陆工程师的成绩仍比不上30名台湾工程师。如果中国大陆员工要发展，必须改变这种工作姿态。适当的管理压力在短期内能提高中国工程师的生产效率。但刚开始他们拒绝这样做，随后他们将学到更能解决问题的技能。但在业绩和潜能之间还有巨大的差距。台湾工程师更能承担责任。在这里，他们实际上只能发现问题，却不能解决它。

当然，较低的生产率完全可以由薪资节约来弥补。张进行了计算："目前，台湾工程师对美国工程师的成本比率是1比5或1比6，而大陆工程师对台湾工程师的比率是1比4，因此中国大陆工程师是比美国工程师便宜24倍，但比我们的人便宜不了多少，并且在上海这种比率更小。"

张还提到，在台湾，友达光电能够招聘到院校毕业工程师来从事工厂里的基础维护工作，并且在台积电、联华电子之类拥有强势股票的公司里，有学历的员工很愿意从事操作员工作，只是为了能够参股。"在这里，你永远得不到愿意做这些工作的工程师，"他向我保证。这是我第一次但却不是最后一次听到这样评价台湾工程师的。不久后，在苏州工业园新近成立的类似联华电子的和舰微芯片公司，我从一位台湾人力资源经理那里听到了类似的说法。为了组建和舰的首批员工队伍，她招聘了许多院校毕业生担任操作员，但很快发现他们不愿意从事重复工作。在经历大规模人员更换后，这项措施被废弃。在台湾地区，她和她的同事曾听说大陆人为了合理的薪资什么事都愿意做，但她发现大陆员工"完全不像我们期望的那样积极。""他们大谈工作与生活的平衡，"她说，似乎对这种现象感到困惑，"而台湾员工工作到深夜，并知道如何面对压力。在这里，他们认为应当为额外压力得到补偿。"在努力启动和实现持平的过程中，公司发现它不得不过度依赖那些从台湾地区带过来启动生产的200名台湾工程师——他们已经习惯承受高度压力。

在台湾地区，我发现关于院校毕业生担当操作员的说法被认为是一种错觉。我在那里采访的每个工程师都说，根据劳动市场的任何一条标准规定，这实际上都是不可能的。我在从台北开出的汽车上碰到的台积电员工吴小林（音）说，他听说过这种谣传，但他却没有看到任何证据。这种说法最有可能产生于员工参股权还是相对比较新鲜的事物时，或衰退特别严重时。因为它是经理在招聘员工时顺手拈来的谎言而流传下来。由于它的这种作用，这种谎言越过了海峡，在那里用起来也许更加得心应手。前来启动和舰的台湾人显然认为它可以用作人力资源策略。

苏州友达光电的大陆工程师也听他们的经理说过这种事。尽管他们无法证实，他们知道它可能是用来影响他们的工作心理。“得知台湾人承担如此之大的压力，我似乎应该为拥有这份工作而感到很幸运，”一位仅在工作 6 个月后就得到提升的四川籍产品工程师承认，“但我知道在别的地方我能做得更好并且挣得更多，因此它对我影响不大。”她和她的同事被提醒，尽管她们在参加 12 小时轮班后才能与操作员一起乘坐公司的班车回家，她们在台湾的同事工作时间更长，到晚上 10 点或 11 点才下班。她很清楚其中的暗示，但不予理睬。“12 个小时已经够长了，”她断然地对我说，“台湾人的管理风格太苛刻。他们期望太多。”

在台湾的公司车间里，更长的工作日被视为台湾工程师工作文化中可接受的一部分。“在集成电路设计室工作的工程师工作时间最长，我们所做的几乎与集成电路生产商一样，”马歇尔·程解释说。“我上午 8 点上班，但要到差 10 分半夜 12 点才能离开。在宿舍洗完澡后，我要阅读电子学书籍以跟上行业的发展，然后才能睡上五六个小时。”为了补足睡眠，他周末大部分时间都在睡觉。“操作员只需要工作 12 个小时，”他发现，“但我们承担的责任更多。”尽管我在为撰写本书进行采访的过程中听到过许多类似的情况，但听到员工们讲述如此残酷的长时间的工作日时，我仍然感到非常吃惊。工程师的合同通常不规定工作时数，但这种半自愿的超时工作很清楚地被视为是从事这种工作预料之中的事。根据台湾“劳动法”，如果季度性生产需要，或者如果员工或工会同意，加班时男性职员最多可延长到每月 46 个小时，女性职员 24 个小时。在大陆，国家劳动法是男女平等的，规定每月不得超过 36 个小时。但外来投资者知道，为了合理的价格，当地政府官员在执行这项法规时将抱着“睁一只眼、闭一只眼”的态度。[52]

由于累人的长时工作日——高达 16 个小时——在台湾地区被视为公司标准，友达光电工程师只需工作 12 个小时的更短的苏州工作日，被视为需要加以解释的反常现象。毕竟台湾人普遍认为大陆人总体上都愿意工作更长的时间。程和他在台湾的同事曾被告知，苏州同行必须更早搭乘公司班车，要么就在车间留宿。另外，两个地方的经理都说通常三个在苏州的工程师的产出才能抵得上一个在台湾的工程师。这种评估被用于不同用途。在苏州方面，它暗示大陆员工没有全力以赴。在台湾方面，这种不平衡被解释为给予苏州工程师的是那些很少需要解决问题的日常任务。

类似苏州工厂，位于新竹北部约半小时车程的龙潭科技园内的车间，负责生产模块，因此严格地说，它是一种低端业务，低于台湾方面对大陆出口的技术下限。尽管这意味着它很容易转移，有些产品仍在龙潭工厂试制，因此，它的级别目前仍然比苏州工厂稍高。员工不仅知道这种微弱优势，他们还经常受到提醒。“我们必须保持我们这里的优势，”程认为。“我们必须比他们想得更多或做得更好，否则我们将丧失我们的竞争优势。我的经理每天都告诉我们，如果我们不更加努力工作，这家工厂将被转移到大陆。”程并不相信台湾当局对高技术的出口控制将持续很长时间。中国毕竟可以轻易地从韩国全球领先的薄膜液晶显示器制造商三星公司那里，获得新一代光电子学技术，或者从其某个日本竞争者那里得到它。“我认识的每个人都非常担心丧失他们的工作，”他叹息道。另一个部门的一名经理证实了这种普遍的担忧：“我们能感觉到我们的工程师的担心，他们知道他们更高的生产率是将工作留在这里的唯一原因。”

程和他的同事知道，他们已陷入与其苏州同行的竞争之中。从我这里得知一些类似的管理策略也在苏州被用来加快大陆人的工作节奏时，他们感到很吃惊。这两群工程师定期甚至有时每天都有联系，以讨论技术操作，但他们即使有过也很少谈到工作环境、薪资水平或工场压力等问题。只有那些曾经到过苏州进行转移知识的人有机会这么做，而他们的报告主要介绍食品质量（更差）和生活环境（孤独）。尽管他们中的许多人不是“统一”派，并且对大陆的政治和文化评价不高，但他们承认在不久的将来，他们将没有太多的选择，只有跟着工作到大陆去。就算他们曾经意识到必须与他们的大陆同行共同努力抵制苛刻的管理，也没有采取任何行动。如程所说："我们目前的沟通还不足以进行如此坦率的交流。"他措辞的微妙大大揭示了两个群体之间的鸿沟。维持了很长时间的跨越台湾海峡的"封锁"正在快速崩溃，投资者正在收获所带来的好处。但贸易与投资坚冰的融化使另一种新障碍又突显出来：互不信任正阻碍着两岸工人之间的有效沟通。

结 语

台湾与中国大陆因为历史原因而被分离。但我在苏州和台湾的龙潭采访的公司员工更像是被一分两半的同一枚硬币——有共同的文化传统、共同的语言和紧密相连的经济命运。但他们无法通过任何有意义的途径来相互探讨这种命运，真是一种悲剧，然而他们的悲剧也是全球经济中的工人共同面临的一种困境。而他们共同的雇主却没有此类障碍，并正处在利用他们之间缺乏沟通的位置。实际上，他们为之效劳的公司直接得益于员工面临的不安全感，这种不安全感来源于岸内和离岸工厂之间的差异。

公司驱动的全球化倡导者希望继续保持那种状态。他们中最重要的是那些能够通过利用最弱势和最孤立的工人之间的位置上的差异而直接得益的全球公司。他们必须学会像商人一样熟练地玩转劳动套利游戏，像这些商人一样能够预测短期跨国界的财务状况，在风险不断变化的过程中，惊险地操纵他们的投资。当然，对工厂、办公室乃至人员的投资都远不如全球金融赌场上对期货下注一样变幻莫测。但目标明显在尽可能快、并且尽可能深入地朝着这个方向转移。公司在尽可能避免冲突的情况下，转移他们的物质和金融资产的技术是这样做的关键，而自由贸易规则已经形成条文以推动这一进程。

知识转移无论多么隐秘，不过是这种过程的高级版。它不要求转移人员，而仅仅转移他们头脑中的主意和思维过程，即现在通常在法律上被定义为其雇主的知识产权的东西。从这个角度来看，最近的技术外包爆炸既不是一种商业潮流，也不是一种适应经济全球化的临时调整计划。它正快速成为一种生活方式——一种社会和经济习惯。尽管在短期内有利于一些投资者，但从长远看，它将威胁每个人的利益。如果听之任之，它将剥夺国家和团体保护生活标准的权利，腐蚀员工对雇主和组织的保有的持久的忠诚感，并将不可避免地减少所有员工在今日来、明日去的赌博中获胜的机会。那些没有意识到这一点并且将潜在的自由贸易原则当成自然力量的国家决策人和政府官员，也是犯这种历史性错误的当事人。

中国和印度对国外投资的开放曾经是推动海外转移的最大的单一行动。这些国家贸易壁垒的消除，给全球资本主义市场带来了最大和最廉价的技术以及非技术劳动力。尽管这两个国家劳动力之间的套利交易仍然处于初始阶段，但我努力撰写的关于中印 IT 外包的内容表明，它已经开始形成全球工作和工作分配。但特别是中国的兴起——其强有力的国家操控、大量的剩余劳动力、发达的基础设施和巨大市场的前景，吸引着投资者热切追求带有恰当的权威色彩的资本主义香格里拉。

中国官方已经给予商务人士各种自由和优惠条件，而对员工，除劳动法规定的抽象义务外基本上没有给予别的东西。而且即使是这些义务，官方工会联盟也很少履行，更不用说雇主。除了常见的交易缺陷外，资本持有人在中国从事商业活动所面临的障碍越来越少，包括外国人在内的企业家甚至可以成为共产党员或担任党内领导职务。但对经济和社会公平倡导者来说，情况完全不同，他们将面临审查、剥夺权利和监禁。除极少数情况之外，中国是全球沟通网络中的一个薄弱之地。大量工会组织、非政府组织和运动积极分子正是通过这一沟通网络努力促成跨越国界的劳动和环境标准合作。这些个人和组织的国际倡议和行动已经成为全球化进程中一道亮丽的风景线。因此，可持续发展选择摆在了桌面上。公司和世界贸易组织和国际货币基金组织不请自来的声音不再是全球扩张游戏中仅有的玩家，他们随意操作的权力也不再无所顾忌了。但事实上这都不适用于中国。从另类全球化运动的角度看，中国仍然将其拒之门外。

即使缺乏与国际公平倡导的联系，中国也并非那些缺乏社会良知的普通投资者的天堂。首先，利润仍然不是唾手可得，国内市场已经受到过度生产的困扰。如我的采访显示，中国人强烈的爱国意识和对自强的渴望也许与外来投资者的短期利益相一致，但这些特点同时也确确实实限制了员工们对外国公司的忠诚度。劳动市场也没有投资开发者所说的那么可靠。工人抗议很普遍，他们多数没有组织并倾向于逃避压力，同时他们也证明难以驾驭的好斗精神仍然存在，并渗透到了中国转型经济中。始料未及的劳动力短缺已经出现，即使是在那些非技术流动工人中间。本书部分内容集中在国外经理面临的一个更大的难题：严重缺乏具备必不可少的工作姿态和经验丰富的技术工人和专业人员。实际上，我发现薪资膨胀、高人员更换率和员工中普遍存在的自私自利正在延缓有附加值的外包步伐。有规律的跳槽倾向和很少对雇主怀有忠诚度正给投资者带来不安。就在昨天，中国人的生计有铁饭碗加以保证。今天，跳槽已经成为全国性的，这对有些想连夜转移的投资者来说是有利的，但对那些期待在他们自己停留时期保留一支稳定的劳动力的多数雇主来说是一种折磨。

很难判断这些倾向究竟是通向理想之处道路上的小波折，还是部分因为伴随自由贸易而来的无常气候所造成的长期不稳定症状。但在进行本书的研究过程中，我反复看到了它们的冲击的迹象，并且我试图通过日常工作场所，尤其是中国员工和国外经理接触过程中浮现出的错误交流和矛盾冲突来阐述其结果。我的结论是，这些冲突不能仅仅归结为文化差异方面的问题，无法仅靠适当的人员培训来加以解决。它们还应当被视为正在进行的关于协商工作规则的对话的一部分。中国出人意料地跨入领先经济集团的事实几乎称不上是教课书上的“受邀工业化”的典型事例。中国政府远不是心怀感激、卑躬屈膝的受邀者，它在谨慎地保留自己的自主权和议价权。我称之为新一代的受过教育的工人，并没有丧失这种不屈的立场，他们正在发觉自身对自我定向的需求。

在不断使他们确信自己正在这个世界上开创自己的道路上，本书提到的工程师和其他人却并不是全新的角色。一方面，他们继承了20世纪初期掌握了有益的西方强国思想的知识分子（始于“五四运动”）的传统；另一方面，他们已经在全球工业链中占得了一席之地，他们的作用取决于他们的技术才干、他们的劳动力价格、以及对跨国商业惯例的适应性。他们如何在保留他们新的自我促进感的同时，平衡这两者的关系，是那些掌握高科技资金的投资者极其关心的事，但它也是政府和全世界人民利益攸关的大事。

由于各种原因，这些员工受到国外的关注，有时还受到不公正的指责，指责他们夺走了工作。这种指责在很大程度上找错了对象。在大多数方面，不公平行为的真实根源在于离岸环境，而这种环境是在自由贸易的庇护下和在中国官方的热心参与下，通过全球公司为其自身创造的。像其他任何地方一样——主要通过外资刺激增长的地方，轻易得到的金钱给母国造成了严重的生态损坏。就中国而言，快速增长要求全球资源所难以支撑的消耗率。在广义上，中国的增长实际上是一种威胁，但不是因为鹰派批评家所宣称的地缘政治原因——害怕军事工业扩张。这种危险在于其在整体上掌控全球经济行为标准的巨大能力。

在上海及其周围地区的一年间，我发现我自己也在审查公司版的自由贸易的日常现实，并验证对其声明。鉴于中国给予国外投资者的大量恩惠——免税期、折价土地、电力、水资源、快速审批以及劳动和环境义务的宽松规定等，谈论自由贸易明显是用词不当。实际上，更准确地说，类似其他离岸国家，中国是在从事向公司购买短期就业的交易。国外直接投资相应流入，但这种资金注入并没有凭空创造新职位。当国外资本到来时，作为换取新资金的部分条件，大量公共财产被出售，数千万国营部门工作被替换。

对岸内国家来说，其资产负债表也好不到哪里去，尽管目前人们对这种情况已经更加熟悉了。随着外包以及资金流失进一步沿着价值链攀升，本土员工的工作机会急剧减少，自由贸易献身者已难以把它解释为一种双赢局面了。但他们有时仍然能够成功地把他们的反对者描述成狭隘的保护贸易论者。保护贸易论者原则上并没有错。人们当然有权通过任何必要的法律手段来保证他们的生计，并且有几项流传中的我认为合理并值得在此一提的建议。

以流失税形式对资金流动实行更加严格的政府控制，似乎是一种可行的措施。负责任的下一步是对保持不动的公司给予标准化的奖励，随后对明显已经落后的公司税务法进行改革。现行的联邦税务法对国外税收抵免过于仁慈，明确地鼓励离岸意向。它允许公司推迟缴纳由国外所得征收的税款，并且公司一贯通过伪造账目来隐瞒在海外避风港的所得利润，因此这种安排意味着许多公司能逃避缴纳任何国内或国外税款。（美国公司的海外未纳税利润累计高达约 5 000 亿美元。）因此，目前向失业工人提供的贸易调整援助与那些因为贸易错位而丧失业务的雇主享受的大量税务救济比起来，也显得微乎其微。最后，我认为更广泛的社会保险计划系统（包括公开保证的健康与养老金福利）也应该得到资助，部分资金来源于对离岸公司的税收增加。此类措施能满足重视公民和居民的社会的最低标准。

但此类改革建议并不是关于外包和公司流失的所产生的唯一争论。这种狂热同时还孕育了它自身的一种故步自封的沙文主义情绪，并受到关于封锁边境和限制贸易的丑陋的反动呼吁的推波助澜。让我们重温一下，以国家为基础的抵抗在回应全球化造成的通常是残酷的变化时，既不是唯一也不是最佳的途径。确实存在取代公司型自由贸易的更富创新性的选择。在范围上它们同样是全球性的，并且它们都以公平贸易、可持续经济和有社会意识的投资为原则，而不是以短期利润和掠夺为原则。

对那些赞成这些选择的人来说，相对于它曾被跨国公司视为寻求轻松获利的机会而言，中国是一个不同的而且在许多方面是更大的挑战。在努力控制美元影响的过程中，中国政府正在积极有效地将一些阻碍发展的成分剔除出去。但不管这种挑战有多么令人生畏，却无法加以回避。没有中国，任何关于全球化的未来形式的讨论都是不全面的，因为不仅是外包，而且中国自身也与我们所有人的生活息息相关。

注　释

前言

① Melinda Moore，"R&D in the PRC"，Am Chat：*The Journal of the American Chamber of Commerce in Shanghai*，2004 年 11 月，第 12–15 页。

② 是指扩展到海外的外包，其形式主要有外包、创建全资子公司或与当地企业创办合资公司。

③ 托马斯·弗里德曼，*The World Is Flat:A Brief History of the Twenty-First Century*（纽约：Farrar，Straus and Giroux，2005）。

④ 是指某种产品或劳务在市场上出现供给大于需求的市场状况，在此情况下供给者之间的竞争是全面的、深刻的。

⑤ 中美工商委员会目录：*A Guide to Nearly 400 Companies Interested in Developing Trade Between China and the U.S.A*（纽约，1946）。

⑥ 根据劳工部的一份摘要，2003 年，失去工作的制造业工人仅有 26% 找到薪资与以前相当或比以前更高的职位。引述自 Sarah Anderson 和 John Cavanagh 以及 Thea Lee 在 *Field Guide to the Global Economy*（纽约：The New Press，2005），第 43 页。

⑦ 尽管中央计划努力减缓增长，仍然达到了这种消耗水平。Yu Bin，"The Fault Lines That Could Shake Asia"，《亚洲时报》，2005 年 1 月 6 日。

⑧ Paul Krugman，"The Chinese Connection"，《纽约时报》，2005 年 5 月 20 日。

⑨ Lou Dobbs，*Exporting America:Why Corporate Greed Is Shipping American Jobs Overseas*（纽约：Warner Books，2004），第 22 页。同时参阅 Ron Hira 和 Anil Hira 撰写的 *Outsourcing America:What's Behind Our National Crisis and How We Can Reclaim American Jobs*（纽约：AMACOM Books，2005）。

⑩ Patrick J. Buchanan，*Where the Right Went Wrong:How Neoconservatives Subverted the Reagan Revolution and Hijacked the Bush Presidency*（纽约：St. Martins，2004）；*The Great Betrayal:How American Sovereignty and Social Justice*

Are Being Sacrificed to the Gods of the Global Economy（波士顿：Little Brown，1998）。

⑪ Dana Frank 在他的书中深刻地分析了历史原因：*Buy American:The Untold Story of Economic Nationalism*（波士顿：Beacon Press，1999）。

⑫ 据 Conference Board（与中国国家统计局联合）进行的一次调查估计，1995 年至 2002 年间，中国整体损失了 1 500 万份制造业工作，而美国则为 200 万份。其中损失最大的是纺织品制造、钢铁加工、机械和非金属矿产品等行业。在同一时期，中国工业劳动生产率年增长率猛增至 17%。Conference Board 第 R-1352-04-RR 号报告，*China's Experience with Productivity and Jobs:Benefits and Costs of Change*。国有资产监督管理委员会于 2003 年宣布，它将集中精力保持和重组不到 200 家国有大型企业。随后，就开始实施向私人投资者拍卖 19 万家国有企业的计划。Allen Cheng，Labor Unrest Is Growing in China，《国际先驱论坛报》，2004 年 10 月 27 日。至于过去 10 年间从农业劳动中解放出来的农民人数，估计高到 1.5 亿。根据世界贸易组织的规定要求，消除农产品补贴并向国外进口开放国内市场后，这一数字可能将进一步增加。

⑬ 从规模和水平上看，我访问的公司小到刚成立的公司，大到知名跨国公司。我采访了诸如通用汽车、通用电气、朗讯（Lucent）、Lilly、IBM、杜邦（DuPont)、诺基亚、飞利浦、迈拓（Maxtor）、Hewitt、毕博、AMD、Cadence、摩托罗拉、福陆（Fluor）、库利索法（Kulicke & Soffa）、国家半导体（National Semiconductor) 和仙童（Fairchild) 等全球公司，以及当地和外资的私营的小型公司。我在长江三角洲采访的 3 个主要地点是 IT 和软件服务公司较集中的上海浦东软件园区；微芯片制造厂和研究发展中心所在地张江高科技园区；苏州工业园区，这是全中国对外资最具吸引力的地方，集中了许多高技术和精密制造厂。另外，我还在无锡工业园区和重庆、四川等西部地区进行了采访。在台湾，我访问了新竹科学园和高新技术区。在上海，我采访了美国商会成员；在选定服务行业公司，主要针对外资企业。

⑭ 美独立战争时期的叛将。

⑮ Dorothy Solinger，"Workers of China Unite in a Paradox for Communism"，《海峡时报》，2005 年 2 月 14 日。Ching Kwan Lee，"Pathways of Labor Insurgency"，编入 Elizabeth Perry 与 Mark Selden 编辑的 "*Chinese Society:Change，Conflict and Resistance*"（纽约：Routledge，2000），第 41-61 页。Howard French，"Land of 74 000 Protests"，《纽约时报》，2005 年 8 月 24 日。

⑯ Liu Weifeng，“Labour Shortage Puzzles Experts”，《中国日报》，2004 年 8 月 25 日；“Migrant Worker Shortage Affects Enterprises as Well as Society”，《工人日报》，2004 年 9 月 14 日；Chua Chin Hon，“Some Chinese Cities Run Short of Migrant Workers”，《海峡时报》，2004 年 8 月 6 日；Yao Yuan，“China，Land of1.3 Billion，Is Short of Labor”，《亚洲时报》，2004 年 8 月 16 日；“China’s Factories Face Labour Shortage”，《海峡时报》，2004 年 9 月；Fan Ren，“Drought of Migrant Labour”，《北京周报》，2004 年 8 月 5 日；Tim Johnson，“Chinese Factory Workers Begin Protesting Low Wages，Poor Conditions”，*Monterey Herald*，2004 年 9 月 7 日。

⑰ 由于针对城乡收入差距的抗议活动日渐增多，政府于 2003 年开始采取措施，减轻农村税收负担，并于 2006 年停止征收农业税。据国家统计局报告，农民人均收入 2004 年增加了 12%，达到 2 936 元人民币，扣除通货膨胀因素后，实际增长 6.8%。农民承受的税务负担降低了 44.3%。“Farmers’ Per Capita Income Stands at 2 936 Yuan”，《中国日报》，2005 年 2 月 2 日。

⑱ 该地区许多城市政府提高了他们的最低工资水平。广东省（中山市）小榄镇政府官员利用这次机会，表示只欢迎那些愿意支付 600 元人民币以上工薪的投资者，远高于最低工资的 450 元人民币。Alexandra Harney，“Guangzhou and Shanghai Slug It Out”，《金融时报》，2004 年 12 月 7 日，第 5 页。

⑲ “Migrant Workers Learn to Say “No” to the Market” *Sina.com*，2004 年 9 月 21 日。2003 年，对中国 1 亿移民工人拖欠的工薪总计高达 417 亿元人民币。“Rules Mapped Out to Protect Workers’ Rights”，http://china.org.cn/english/2004/Dec/113778.htm.

⑳ 欲了解对工人日益使用合法渠道的分析，请参阅 Mary Gallagher 撰写的“‘Use the Law as Your Weapon!’ Institutional Change and Legal Mobilization in China”，编入 Neil Diamant, Stanley Lubman 和 Kevin O’Brien 编辑的“*Engaging the Law in China*”（斯坦福，加利福尼亚：斯坦福大学出版社，2005）。

㉑ 为缓解这种短缺，在春节后，政府撤销了长达 10 年的在广东招聘新的民工的禁令。但 2005 年这一数量再次下降。安徽铁路部门发现，向广东的客流量减少了 20%，而向劳动条件较好的长江三角洲的客流量则增加了 30%。Olivia Chung，“Guangdong Labor Lures Not Working”，*The Standard*，2005 年 2 月 25 日；“South China Feels Acute Labor Short-age”，新华社，2005 年 3 月 3 日。

㉒ Dexter Roberts，“Is China Running Out of Workers?”《商业周刊》，2004 年 10

月 25 日。Jim Yardley and David Barboza，“Help Wanted:China Finds Itself with a Labor Shortage”，《纽约时报》，2005 年 4 月 3 日；Thomas Fuller，“China Feels a Labor Pinch”，《国际先驱论坛报》，2005 年 4 月 20 日。

㉓ Dali L. Dali L. Yang，“China’s Looming Labor Shortage”，《远东经济评论》，第 2 期（2005 年 2 月）：第 19–24 页。

㉔ Ulrich Beck 在 *The Brave New World of Work* 的一书中深刻分析了这种模式，（英国牛津：Polity Press，2000），认为即将到来的工作生活更类似女性的经历而不是男性的——半日工作与偶尔的全日工作相结合。

㉕ Alan Tonelson，*The Race to the Bottom:Why a Worldwide Worker Surplus and Uncontrolled Free Trade Are Sinking American Living Standards*（科罗拉多州博尔德：West–view Press，2000）。

㉖ Ralph Nader 等人，*The Case Against“Free Trade”:GATT，NAFTA，and the Globalization of Corporate Power*（旧金山：Earth Island Press，1993）；Andrew Ross，*Low Pay，High Profile:The Global Push for Fair Labor*（纽约：The New Press，2004）。

㉗ 欲了解最新的、广为讨论的关于中国的不足的预测，请参阅 Gordon G. Chang 的 *The Coming Collapse of China*（纽约：Random House，2001）。

一、走向上海

① 参阅 Gus Tyler 的 *Look for the Union Label:A History of the International Ladies' Garment Workers' Union*（Armonk, N.Y.：M. E. Sharpe，1995）。

② 1989 年经济学家约翰·威廉姆针对拉美国家面临的经济困难而提出的指导性主张，以便推动拉美经济改革，此主张有广泛的社会影响。

③ 关于另类全球化运动的日益增多的书籍包括：John Cavanagh 等人，*Alternatives to Economic Globalization:A Better World Is Possible*（旧金山：Berrett-Koehler，2002）；Kevin Danaher 和 Roger Burbach 编辑的（缅因州门罗市：Common Courage Press，2000）；Jeremy Brecher，Tim Costello 和 Brendan Smith，*Globalization from Below*（马萨诸塞州剑桥市：South End Press，2000）；Naomi Klein，*Fences and Windows:Dispatches from the Front Lines of the Globalization Debate*（纽约：Picador，2002）；Sarah Anderson 和 John Cavanagh 以及

Thea Lee，*The Field Guide to the Global Economy*（纽约：The New Press，2000）；Amory Starr，*Naming the Enemy: Anti-Corporate Movements Confront Globalization*（伦敦：Zed Books，2000）；Richard Falk，*Predatory Globalization:A Critique*（英国剑桥：Polity Press，1999）；Lori Wallach 和 Michelle Sforza，*The WTO:Five Years of Reasons to Resist Corporate Globalization*（纽约：Seven Stories，2000）；Tom Mertes 编辑的 *A Movement of Movements:Is Another World Possible?*（纽约：Verso，2004）；Notes from Nowhere，*We Are Every where: The Irresistible Rise of Global Anti-Capitalism*（纽约：Verso，2003）；Alexan-der Cockburn，Jeffrey St. Clair 和 Allan Sekula，*Five Days That Shook the World:*Verso，2001）；Mike Prokosch 和 Laura Raymond 合编的 *The Global Activist's Manual: Local Ways to Change the World*（纽约：Thunder's Mouth Press，2002）；Andy Opel 和 Donnalyn Pompper 合编的 *Representing Resistance:Media，Civil Disobedience，and the Global Justice Movement*（康涅狄格州韦斯特波特：Praeger，2003）；B. Gills 编辑的 *Globalization and the Politics of Resistance*（纽约：St. Martin's，2000）；Walden Bello，*Deglobalization:Ideas for a New World Economy*（伦敦：Zed Books，2002）。

④ 反对永久正常贸易关系的反自由贸易联盟拉拢了一些奇怪的伙伴：劳联产联的官僚作风、美洲第一类似 Pat Buchanan 右翼民族主义者以及其业主无力从事对华高利润转移的中小型企业。该联盟在 1992 年通过北美自由贸易协定之后逐渐成熟，并有规律地抛出一些自由贸易问题，在国会有一些支持者。John Mac Arthur 在下书中介绍了这一联盟的组成：*The Selling of"Free Trade": NAFTA，Washington，and the Subversion of American Democracy*》（纽约：Hill and Wang，2000）。

⑤ Kate Bronfenbrenner，"*Impact of U.S.-China Trade Relations on Workers，Wages，and Employment:A Pilot Study Report*"（中美经济与安全审议委员会，2001 年 6 月），第 4 页。

⑥ 同上。

⑦ Kate Bronfenbrenner 和 Stephanie Luce，"*The Changing Nature of Corporate Global Restructuring:The Impact of Production Shifts on Jobs in the U.S.，China，and Around the Globe*"（中美经济与安全审议委员会，2004）。

⑧ Robert Scott，"*U.S.China Trade，1989–2003:Impact on Jobs and Industries，Nationally and State-by-State*"（经济政策研究所工作底稿第 270 号，2005 年 1 月）。

⑨ 副主席 Richard D' Amato 在圣地亚哥听证会上的讲话，"China as an Emerging

Regional and Technology Power:Implications for U.S. Economic and Security Interests”（中美经济安全与审议委员会，2004 年 2 月 12–13 日），第 3 页。

⑩ 经济政策研究所，*Economic Snapshot*，2003 年 12 月 17 日。

⑪ Henry Farber，“Job Loss in the United States”，1981–2001，国家经济研究局第 471 号工作底稿（普林斯顿大学，2003 年 5 月）。

⑫ 这些“长期被取代的工人”（劳工部所说的那些因工厂关闭或岗位消失等各种原因失业三年以上的人）比在 1981–1982 年以来的任何低迷时期更容易丧失职业，并且那些找到工薪大幅度下降的新工作的人——平均下降 18.7%——也比以前任何时候更容易丧失工作。实际上，受打击最严重的是那些年龄在 45–64 岁之间的工人。Floyd Norris，“Job Picture Looks Good Now But Recession Left Fears That Endure”，《纽约时报》，2004 年 8 月 6 日。

⑬ 有时，某位著名经济学家会发表不同的见解，如 Paul Samuelson 曾经发表评论，抨击外包将给美国经济带来长远利益的观点。“Where Ricardo and Mill Rebut and Confirm Arguments of Mainstream Economists Supporting Globalization”，《经济展望杂志》，第 3 期（2004 年夏季）。

⑭ Christopher Koch，“Backlash”，*CIO Magazine*，2003 年 9 月 1 日。

⑮ Ashok Bardham 和 Cynthia Kroll，“The New Wave of Outsourcing”，第 1103 号报告（伯克利：加利福尼亚大学费舍尔房地产和城市经济学中心，2003 年）。

⑯ Paul McDougall，“Big IT Outsourcing Deals on the Rise”，*Information Week*，2004 年 7 月 20 日。

⑰ Eduardo Porter，“Outsourcing Is Becoming a Hard Sell in the U.S.”，《纽约时报》，2004 年 3 月 6 日。

⑱ Ariadan Bhattacharya 等人，波士顿顾问公司，*Capturing Global Advantage:How Leading Industrial Companies Are Transforming Their Industries by Sourcing and Selling in China, India, and Other Low-Cost Countries*（波士顿，2004 年 4 月）。

⑲ Kathleen Walsh，“*Foreign High-Tech R&D in China:Risks, Rewards, and Implications for U.S.-China Relations*”（华盛顿特区：Henry L. Stimson Center，2003）。

⑳ Spencer Ante 和 Robert Hof，“Look Who’s Going Offshore”，《商业周刊》，2004 年 5 月 17 日。

㉑ Ralph Gomory、William Baumol 和 Edward Wolff 供稿，“*Global Trade and Conflicting National Interests*”（马萨诸塞州剑桥市：MIT Press，2000）。

㉒ 劳资法联盟的调查报告（“America at Work”）通过下列网址找到：http://fm. employmentlawalliance.com/ela/FMPro?-DB=ela_articles.fp5&-Format=article.html&-RecID=33239&-Find.

㉓ Jennifer Bjorhus，“Survey:Most Investors Oppose Outsourcing”，《西雅图时报》，2004 年 4 月 29 日。

㉔ Steven Greenhouse，“IBM Explores Shift of Some Jobs Overseas”，《纽约时报》，2003 年 7 月 22 日。

㉕ David Beckman，“IBM Plans to Accelerate Offshore Outsourcing”，*Wash-Tech News*，2003 年 7 月 22 日。

㉖ William Bulkeley，“IBM Documents Give Rare Look at Sensitive Plans on ‘Off-shoring’”，《华尔街日报》，2004 年 1 月 19 日。

㉗ David Beckman 在他的书中进行了引用，即“AT&T Wireless Exporting Tech Jobs to India”，*Tech Worker News*，2003 年 11 月 19 日。

㉘ John Cook，“AT&T Wireless Outsourcing Jobs Overseas”，*Seattle Post-Intelligencer*，2003 年 11 月 20 日。

㉙ 劳动统计局的这些数字表明了最近 20 年来的历史新纪录。Steve Lohr 和 Matt Richtel 在“Lingering Job Insecurity of Silicon Valley”中引述了这些数字，《纽约时报》，2004 年 3 月 9 日；另请参阅 Steve Lohr 的“High-End Technology Work Not Immune to Outsourcing”，《纽约时报》，2004 年 6 月 16 日。

㉚ 经济政策研究所，“Offshoring Issue Guide”。伊利诺伊州一所大学为华盛顿技术工人联合会所做的一份研究报告显示，在衰退后的几年间，IT 工业遭受外包职位损失的冲击仍然大于其他工业部门。Snighda Srivastava 和 Nik Theodore，“Americas High-Tech Bust”（芝加哥：城市经济发展中心，2004）。

㉛ 数字来源于《商业周刊》的 2003 年度首席执行官工薪年度调查（2004 年 4 月 19 日）。参阅 http:// www.faireconomy.org/press/2004/CEOPayRatio_pr.html 网站上公平经济联盟（United for a Fair Economy）的分析。

㉜ 根据 Paul Krug-man 在其书中引用的预算和优先政策中心的观点，“The Oblivious Right”，《纽约时报》，2005 年 4 月 25 日。

㉝ Andrew Sum 等人，“The Unprecedented Rising Tide of Corporate Profits and the Simultaneous Ebbing of Labor Compensation:Gainers and Losers from the National Economic Recovery of 2002 and 2003”（波士顿：东北大学劳动市场研究中心，2004）。

㉞ Sarah Anderson，John Cavanagh，Chris Hartman，Scott Klinger 和 Stacey Chan，*Executive Excess 2004:Campaign Contributions，Outsourcing，Unexpensed Stock Options and Rising CEO Pay*，第 11 届首席执行官津贴调查（华盛顿特区：政策研究院；波士顿：公平经济联盟，2004）

㉟ "New Face for the Old Bund"，《上海日报》，2003 年 3 月 3 日。

㊱ 欲了解对海外华人投资者"血脉相连关系"的分析，请参阅 Aihwa Ong 的 *Flexible Citizenship:The Cultural Logics of Transnationality*（北卡罗来纳州达勒姆：杜克大学出版社，1999）。

㊲ 欲了解对该主题的不同观点，请参阅 Andrew Walder 编辑的 *China's Transitional Economy*（纽约：牛津大学出版社，1999）。其他相关经济分析包括 Nicholas Lardy 的 *Foreign Trade and Economic Reform in China，1978–1990*（英国剑桥：剑桥大学出版社，1992）；*China in the World Economy*（华盛顿特区：国际经济研究所，1994）；*Integrating China into the Global Economy*（华盛顿特区：布鲁金斯研究院出版社，2002）；Barry Naughton，*Growing out of the Plan:Chinese Economic Reform，1978–1993*（英国剑桥：剑桥大学出版社，1995）；Susan Shirk，*The Political Logic of Economic Reform in China*（伯克利：加利福尼亚大学出版社，1993）。

㊳ 2002 年前后，中国国家级国有企业利润快速增长。受巨大的能源和电力市场需求的刺激，189 家大型国有企业，其中主要是运输、冶金、石化和电力企业，2003 年创利达 362 亿，仅 2004 年上半年的总利润就达 272 亿，全年预计总利润为 459 亿。Sun Min，"Sharp Profit Rise Expected for Central SOEs"，《中国日报》，2004 年 8 月 14 日。到 2004 年，国有公司的平均工资尽管远低于同等外资企业，但也在快速增长。据顶级人力资源网站智联招聘网的一份调查，2004 年国有企业平均月薪为 2 789 元人民币——比 2003 年增长 19%，而外资公司员工的工资增长了 16%，平均达到 3 820 元人民币。国内私营部门从 2 714 元人民币增加到 2 916 元人民币，而公务员仅增长了 3%，达到 2 552 元人民币。Rachel Yan，"Wages at State Firms Rise Swiftly"，《上海日报》，2004 年 12 月 8 日。

㊴ 参阅 Joseph Stiglitz 的乐观看法，*Globalization and Its Discontents*（纽约：W. W. Norton，2002）。

㊵ Lynn T. White III，*Unstately Power:Local Causes of China's Economic Reform*（Armonk, N.Y.：M. E. Sharpe，1998）。

㊶ Lynn White 和 Cheng Li，"Politics and Government"，收录于 Brian Hook 编

辑的 *Shanghai and the Yangtze Delta:A City Reborn*（香港：牛津大学出版社，1998），第 53 页。

㊷ 2003 年，外资出口占该城市出口总额的 63.6%，并且增长速度达 60.8%，比国内公司更快。中国私营公司仅占据 3.7%。“Shanghai Economy Booming，Thanks to Foreign-Invested Companies”，美国商会，2004 年 3 月，第 9 页。

㊸ Barry Naughton 在圣地亚哥听证会上的证词，题为“China as an Emerging Regional and Technology Power”（中美经济与安全审议委员会，2004 年 2 月 12–13 日），第 23 页。

㊹ Michelle Zhang，“More Find Work in Foreign Firms”，《上海日报》，2004 年 10 月 18 日。

㊺ 经济学家对中国的整体看法差别很大。在 2003 年 10 月举行的一次美国商会会议上，UBS Investment Research 的经济学家 Jonathan Andersen 宣布了他的估计。他说，国外直接投资产值占据中国国民生产总值的比率高达 45%（Charles Twanmoh，China:Boom or Bust，*AmChat*，2003 年 12 月）。而在 2004 年 10 月举行的一次会议上，麦肯锡的 Jonathan Woetzel 却认为，国外直接投资对中国国民生产总值的贡献仅有 3%–4%，国民生产总值的增长动力主要来源于全国的高储蓄率和高生产率。根据商业部 2004 年的统计数字，中国有 2.5 亿城市员工，其中有 2 500 万员工就职于外资公司。有 8 000 万中国人的工作与对外贸易直接相关。欲了解关于这一话题的详尽论述，请参加 Yasheng Huang 的 *Selling China:Foreign Direct Investment During the Reform Era*（英国剑桥 ：剑桥大学出版社，2003）。

㊻ *2004 Business Guide to Shanghai and the Yangtze River Delta*（香港：China Briefing，2004 年），第 148 页。

㊼ Jan Kot，“China’s Most Wanted”，《中国国际商务》（2003 年 11 月），第 22–26 页。

㊽ Gary Bowerman，“More Opportunity—But Less Money”，*AmChat*，2005 年 1 月 7 日。

㊾ Nicholas Clifford，*Spoilt Children of Empire:Westerners in Shanghai and the Chinese Revolution of the1920s*（佛蒙特州汉诺威市：米德布里学院出版社，1991）。

㊿ 当代商业圣经是 Kathy Butler 编辑的 *The Life and Death of a Joint Venture in China* 第二版（香港：亚洲法律与实践，1996）。想了解更具学术性的分析，请参阅 Margaret Pearson 的 *Joint Ventures in the People’s Republic of China:The*

Control of Foreign Direct Investment Under Socialism（新泽西州普林斯顿市：普林斯顿大学出版社，1991）。

51 这些数字还来源于 Mercer Human Resource Consulting 对公司移居国外者生活成本的全球调查报告。

52 参阅 Ching Kwan Lee 关于两家香港业主的服装厂的研究报告，一家在香港，另一家在广东省。*Gender and the South China Miracle:Two Worlds of Factory Women*（伯克利：加利福尼亚大学出版社，1998）。

53 引自 You-tien Hsing，*Making Capitalism in China:The Taiwan Connection*（英国牛津市：牛津大学出版社，1998），第 83 页。

54 Anthony Bianco 和 Wendy Zellner，"Is Wal-Mart Too Powerful?"《商业周刊》，2003 年 10 月 6 日。

55 Studwell 在 *The China Dream* 一书中分析了这段历史的原因。

56 Leon Hellerman 和 Alan Stein 在他们合编的一书中进行了引用，*China:Readings on the Middle Kingdom*（纽约：Simon & Schuster，1971），第 145 页。

57 根据一名香港助理地方长官 Mitchell 向香港总督呈送的一份有影响的报告，1844 年至 1850 年间，出口下降了 75 万英镑。Mitchell 总结说，中国国内经济的自给自足特征将始终阻止充满期待的国外商人。Frances Wood，*No Dogs and Not Too Many Chinese:Treaty Port Life in China*，*1843–1943*（伦敦：John Murray，1998），第 58 页。

58 John King Fairbank，*The United States and China*（马萨诸塞州剑桥市：哈佛大学出版社，1979），第 171 页。

59 Nathan Pelcovits 在他的书中讲述了 1839 年至 1906 年间的贸易外交冲突，*Old China Hands and the Foreign Office*（纽约：King' s Crown Press，1948）。

60 Paul Varg，"The Myth of the China Market:1890–1914"，*American Historical Review*73，第 3 期（1968 年 2 月）。

61 Carl Crow，*Four Hundred Million Customers*（纽约：Harper & Brothers，1937 年），第 304 页。

62 Studwell，*The China Dream*，第 274 页。

63 商会成员的调查显示，在中国运营的美国公司有 75% 在 2002 年有利润，但只有 38% 声称在中国的利润空间大于全球平均数。2003 年，数字几乎相同，利润很好的公司数量稍多（16%）。*White Paper:American Business in China*（北京：中华人民共和国上海美国商会，2003 和 2004 年版）。《上海日报》报道，上海的国外投资者 2004 年的情况好得多。3.5 万家外资公司在前 3 个季度的投资回报增加了 57%，回报最大的是高科技和房地产行业。Chen Liying，"Investment Returns Rise"，《上海日报》，2004 年 10 月 27 日。

64 美国公司在中国的总体收益从 1999 年的 190 亿美元增加到 2003 年底的 44 亿美元（加上服务和特许收入总计 82 亿美元），但与墨西哥和韩国相比收入仍然较少。Richard McGregor，"China Not as Profitable an Investment Market as Smaller Ones"，《金融时报》，2004 年 12 月 6 日；Joe Studwell，"China's Market Is Not So Lucrative"，《金融时报》，2004 年 12 月 5 月，第 3 页。

65 James Kynge，"Trade in Yangtze Far Outstrips the Pearl"，《金融时报》，2004 年 5 月 11 日。

66 记载旧上海时期国外侨民的生活与时代的最流行的书籍包括：Harriet Sergeant，*Shanghai:Collision Point of Cultures*，*1918–1939*（纽约：Crown，1990）；Stella Dong，*Shanghai:The Rise and Fall of a Decadent City*，*1842–1949*（纽约：Morrow，2000）；Noël Barber，*The Fall of Shanghai*（纽约：Coward，McCann & Geoghegan，1979）；Leo Ou-fan Lee，*Shanghai Modern:The Flowering of a New Urban Culture in China*，*1930–1945*）（马萨诸塞州剑桥市：哈佛大学出版社，1999）。Wang Jinhai，*The Ugly Old Shanghai*（上海，2002）是一本双语出版物，最初由上海社会科学院出版，它揭示了旧上海的丑恶现象，讲述了与这个进出口港口半殖民生活有关的一切恶习和剥削行径。本书描述的更无耻的人物包括"肥料霸王"、"码头暴君"、"儿童贩子"、"第一人们"、"狡猾的家伙"、"步行虫"（房地产投机商）、绿帮以及形形色色的骗子和妓女。

67 Gang Tian，*Shanghai's Role in the Economic Development of China:Reform of Foreign Trade and Investment*（康涅狄格州韦斯特波特市：Praeger，1996），第 32 页。

68 同上，第 27。在中国，人口控制一直是一种社会控制形式，因此从上海迁出大量移民曾被用做控制城市规模及其社会稳定的一种途径。请参阅编入 Y M. Yeung 和 Sung Yun-wing 合编书籍内的 Lynn White 的，*Shanghai:Transformation and Modernization Under China's Open Policy*（香港：中文大学出版社，1996）。

69 Christopher Howe 编辑的，*Shanghai:Revolution and Development in an Asian Metropolis*（英国剑桥市：剑桥大学出版社，1981）。

70 White，*Unstately Power*，第 79 页。

⑦① Wong Siu-lin，“The Entrepreneurial Spirit”，编入 Yeung 和 Sung 合编的书籍，*Shanghai:Transformation and Modernization Under China's Open Policy*，39。

⑦② 甚至官方媒体也引用了“接近国际警告水平的 0.4”这个数字。Xin Zhigang，“Dissecting China’s‘Middle Class’”，《中国日报》，2004 年 10 月 27 日。

⑦③ 欲了解将上海的“国有企业精神”视为制约其经济发展的主要障碍的观点，请参阅 Pamela Yatsko 的 *New Shanghai:The Rocky Rebirth of China's Legendary City*（纽约：John Wiley，2001）。

⑦④ Dorothy Solinger，*Contesting Citizenship in Urban China:Peasant Migrants，the State，and the Logic of the Market*（伯克利：加利福尼亚大学出版社，1999）；Li Zhang，*Strangers in the City:Reconfigurations of Space，Power，and Social Networks Within China's Floating Population*（加利福尼亚州帕洛阿尔托市：斯坦福大学出版社，2001）。

⑦⑤ 欲了解毛泽东时代的工作单位的介绍和分析，请参阅 Xiaobo Lü 和 Elizabeth Perry 合编的 *Danwei:The Changing Chinese Workplace in Historical and Comparative Perspective*（Armoak, N.Y.：M. E. Sharpe，1997；Andrew Walder，*Communist Neo-Traditionalism:Work and Authority in Chinese Industry*（伯克利：加利福尼亚大学出版社，1986）。

⑦⑥ Michele Chen，“The Jobless:Victims of Chinas Economic Success”，《亚洲时报》，2004 年 3 月 31 日。

⑦⑦ He Qinglian，*China's Pitfal*（香港：明镜出版社，1998）尖锐分析了拍卖时期的腐败和渎职现象。

⑦⑧ 到 2004 年，仍在每年迁出或重新安置 10 万户家庭。Shen Yanfei，“Poor May Still Find Door Shut”，《上海日报》，2004 年 4 月 12 日。

⑦⑨ 23% 的估计数字来源于兰德公司的研究。Charles Wolf，“Chinas Rising Unemployment Challenge”，《亚洲华尔街日报》，2004 年 7 月 7 日。

⑧⓪ 据上海劳动与社会保障局称，共有 16 万年轻的失业人员，占登记失业总人数的 62.2%。“Unemployment Hits Youth in Shanghai”，中国商业信息中心，2004 年 3 月 15 日。

二、暗战上海——游走在中美之间的美国商会

① 这个最新的联盟当然不是永久性的。全美制造商协会最终与公平货币联盟结盟，

以促使重新评估人民币价值。该联盟考虑根据 1974 年《贸易法》第 301 条款提起诉讼。劳联产联追随自身着眼工作损失问题的道路，于 2004 年春季提起了自己的 301 条款诉讼。布什政府拒绝了后者，并在前者进入正式程序之前将其扼杀。

② “Foreign Funded Firms Bigger Winner of China’s Trade Surplus”，《人民日报》，2005 年 4 月 30 日。

③ 2002 年，计算机和电子产品行业的美国跨国公司的回报率估计为 21.2%，而美国对华直接投资的总体回报率为 14%。K. C. Fung，Lawrence J. Lau 和 Joseph S. Lee，*U.S. Direct Investment in China*（华盛顿特区：AEI Press，2004）。

④ Patrick Cranley，“China and the Six o’Clock News”，*AmChat*，2003 年 8 月 29 日。实际上，在 1994 年恢复更新中国贸易最惠国待遇的斗争中，美国商会任命了一位媒体专业官员，负责录制有效的 15 秒选举插播讲话。

⑤ Richard Pearson 在其文章中进行了引用，“Inside Washington:How US Businesses in China Can Get Their Messages to DC”，*AmChat*，2004 年 4 月，第 12 页。

⑥ Arthur Ransome，*The Chinese Puzzle*（伦敦和波士顿：Houghton Mifflin，1927）。

⑦ Nicholas Clifford，*Spoilt Children of Empire:Westerners in Shanghai and the Chinese Revolution of the1920s*（佛蒙特州汉诺威市：米德布里学院出版社，1991 年）。

⑧ William Crane Johnstone，*The Shanghai Problem*（加利福尼亚州斯坦福市：斯坦福大学出版社；伦敦：H. Milford，牛津大学出版社，1937），第 37 页。

⑨ Paul Varg，*Missionaries，Chinese，and Diplomats:The American Protestant Missionary Movement in China，1890–1952*（新泽西州普林斯顿市：普林斯顿大学出版社，1958），第 4 页。

⑩ 同上，第 303 页。

⑪ Noël Barber，*The Fall of Shanghai*（纽约：Coward，McCann & Geoghe-gan，1979 年），第 164 页。

⑫ Jonathan Spence，*To Change China:Western Advisors in China，1620–1960*（波士顿：Little，Brown，1969）。

⑬ 欲了解反压榨劳力运动，请参阅 Andrew Ross 的 *Low Pay，High Profile:The Global Push for Fair Labor*（纽约：The New Press，2004）；Liza Feath-erstone 和 USAS，*Students Against Sweatshops*（纽约：Verso，2002；Andrew Ross 编辑的 *No Sweat:Fashion，Free Trade，and the Rights of Garment Workers*（纽约：

Verso，1997）；Edna Bonacich 等人编辑的 *Global Production:The Apparel Industry in the Pacific Rim*（费城：坦布尔大学出版社，1994）；Pamela Varley 编辑的 *The Sweatshop Quandary:Corporate Responsibility on the Global Frontier*（华盛顿特区：投资者责任研究中心，1998）；Ellen Israel Rosen，*Making Sweatshops: The Globalization of the U.S. Apparel Industry*（伯克利：加利福尼亚大学出版社，2002）；Robert Ross，*Slaves to Fashion:Poverty and Abuse in the New Sweatshops*（安阿伯：密歇根大学出版社，2004）；Naila Kabeer，*The Power to Choose: Bangladeshi Women and Labour Market Decisions in London and Dhaka*（伦敦：Verso，2000）；Daniel Bender 和 Richard Greenwald 编辑的 *Sweatshop USA:The American Sweatshop in Historical and Global Perspective*（纽约：Routledge，2003）；Archon Fung，Dara O' Rourke 和 Charles Sabel，*Can We Put an End to Sweatshops?*（波士顿：Beacon Press，2001）；Daniel Bender，*Sweated Work, Weak Bodies:Anti-Sweatshop Campaigns and Languages of Labor*（新泽西州新布伦兹维克市：罗格斯大学出版社，2004）；与中国背景有关的，Anita Chan，*China's Workers Under Assault: The Exploitation of Labor in a Globalizing Economy*（Armork, N.Y.：M. E. Sharpe，2001 年）；Pun Ngai，*Made in China:* Women Factory Workers in a Global Workplace（北卡罗来纳州达勒姆市：杜克大学出版社，2005）。读者还可参考全国劳工委员会的下列报告：*Paying to Lose Our Jobs:Free Trade's Hidden Secrets:Why We Are Losing Our Shirts*（1993）；*Haiti After the Coup:Sweatshop or Real Development?*（1993）；*The U.S. in Haiti: How to Get Rich on II¢ per Hour*（1996）；*Wal-Mart's Shirts of Misery: Bangladesh Factory Conditions*（1999）；*Behind the Label:Made in China*（1998）；*Made in China:The Role of U.S. Companies in Denying Human Rights*（2000）；*Propping up the Dictators in Burma*（2001）；*"Made in the USA?":American Samoa and Indentured Servitude*（2001）；*Bangladesh:The Struggle to End the Race to the Bottom*（2001）。也请参阅亚洲监视资源中心的 *We in the Zone:Women Workers in Asia's Export Processing Zones*（香港，1998）；亚太地区劳动法评论的 *Workers' Rights for the New Century*（香港：2003）；*Smashing the Iron Pot: Workers and Unions Under China's Market Socialism*（香港，1988）；香港基督教工业委员会的 *How Hasbro, Mattel, McDonald's and Disney Manufacture Their Toys*（香港，2001）；亚洲监视资源中心的 *Working Conditions in Sports Shoe Factories in China:Making Shoes for Nike and Reebok*（香港，1997）。

⑭ 国际劳工组织法律专家 Mark Barenberg 向民主党议员证实，在中国的大型美国跨国公司经理曾告诉他，他们有 80% 的承包商藐视劳动法。Barenberg 引述经理的话说，这些承包商“拥有两三本账本”来隐瞒他们未支付最低工资或加班费并触犯中国最高工作时限的法律规定的事实。“然而，在他们的正式声明中，相同的这些公司经理表示，他们支付了最低工资，并且媒体和智囊机构研究人员经常按账面价值拟定官方声明。”“US Companies Accused of Condoning Workers’ Rights Abuses in China”，《亚洲新闻频道》，2004 年 3 月 30 日。

⑮ 欲了解这段历史的一些解释，请参阅 Anita Chan 的“Chinese Trade Unions and Workplace Relations in State-Owned and Joint-Venture Enterprises”，编入 Malcolm Warner 编辑的 *Changing Workplace Relations in the Chinese Economy*（纽约：St. Martin’s，2000），第 34–56 页。

⑯ 一位当地工会成员向我解释工会官员是如何根据“三个代表”理论来解释他们的作用的。“他们应当促进工人的利益，”他说，“但不能阻碍公司发展，”因为根据这一理论，除了工人和农民的利益之外，国家还有义务代表企业家或“先进生产力”的利益。

⑰ “Some Transnational Go Seriously Against Trade Union Law”，《人民日报》，2004 年 10 月 27 日。中华全国总工会的统计显示，在中国的 40 万家外国公司中，仅有 1/5 建立了任何类似工会的组织。Unions Fight for More Recog-nition，《中国日报》，2004 年 9 月 24 日。

⑱ 在许多其供应商被指控鼓励虐待性劳动条件的美国公司中，沃尔玛只是其中之一。欲了解零售巨头的签约血汗工厂的内幕，请参阅 Dexter Roberts 和 Aaron Bernstein 撰写的“A Life of Beatings and Fines”，《商业周刊》，2002 年 10 月 2 日。

⑲ “Wal-Mart Concedes China Can Make Union”，美联社，2004 年 11 月 23 日。

⑳ “China’s Industrial Investment and Exchange Rate Policies: Impact on the United States”，中美经济与安全审议委员会听证会上的证词，2003 年 9 月 25 日，第 9 页。Schumer-Graham-Bunning 提案（S.1586) 旨在征收 27.5% 的关税（人民币价值低估 15%–40% 的一半），如果中国拒绝重新评估人民币价值。

㉑ Dana Milbank，“Bush Distances Himself from Job-Loss Comment”，《西雅图时报》，2004 年 2 月 18 日。

㉒ Martin Crutsinger，“Treasury Chief’s Remark Refuels Fight over Loss of U.S. Jobs”，《西雅图时报》，2004 年 3 月 31 日。

㉓ 经济政策研究所,"Final Grade on the Bush Tax Cuts",*JobWatch*,2005年1月7日。

㉔ "Bush Pick Bows Out After Dem Criticism",《休斯敦纪事报》,2004 年 3 月 12 日。

㉕ "Bush Campaign Ran from Noida Call Centre",《印度斯坦时报》,2004 年 5 月 16 日。

㉖ Louis Uchitelle,"In Business,Washington Pursues Two China Policies",《国际先驱论坛报》,2003 年 12 月 11 日。

㉗ 弗里德曼的来自班加罗尔的《纽约时报》专栏是:"Meet the Zippies",2004 年 2 月 22 日;"What Goes Around",2004 年 2 月 26 日;"Globalization3.0:From Small to Tiny",2004 年 3 月 3 日。他的专著是 *The World Is Flat:A Brief History of the Twenty-first Century*(纽约:Far-rar,Straus and Giroux,2005 年)。

㉘ Tom Tomorrow weblog,2004 年 3 月 9 日。Tomorrow 还建议读者查阅《印度时报》上发表的一篇文章,这篇文章也许是这里提到的弗里德曼所写文章的资料来源。这篇文章报道了反外包斗士 Scott Kirwin 的到处宣扬的事业。在他威胁印度临时雇员后,被从软件程序员岗位上解雇。他随后创立的美国信息科技专业人员协会成了最著名的反外包网站之一。这篇印度人的文章总结的观点与弗里德曼的观点不同:这位美国人被解雇后找到了更有利可图的职业。Kirwin 注意到了这个谣言,他说他通过销售他自己的 T 恤衫得到了 60 美元:"我的职位已经转移到了印度,而我得到的一切就是这张毫无价值的解雇通知单。"

㉙ "China' s Industrial Investment and Exchange Rate Policies:Impact on the United States"(中美经济与安全审议委员会听证会证词,2003 年 9 月 25 日)。

㉚ 同上,第 174 页。

㉛ "U.S.-China Trade and Investment:Impact on Key Manufacturing and Industrial Sectors:Field Hearing in Akron,Ohio"(中美经济与安全审议委员会,2004 年 9 月 23 日)。

㉜ C. Xikang,L. Cheng,K. C. Fung 和 L. J. Lau 的估计是每美元 30 美分,至于对美国的出口,只有 20 美分,参阅 "The Estima-tion of GDP and Employment Induced by Exports:An Application to Chinese Exports to the United States"(加利福尼亚大学,Santa Cruz;斯坦福大学,2001 年 12 月修订)。Gordon Hanson 和 Robert Feenstra 估计每美元 36 美分,参阅 "Ownership and Control in Outsourcing to China:Estimating the Property Rights Theory of the Firm",国家经济研究局,第 10198 号工作底稿(马萨诸塞州剑桥市,2003)。

㉝ Vivek Agrawal 和 Diana Farrell，“Who Wins in Offshoring?”《麦肯锡季刊》特辑：Global Directions，2003 年，第 36–41 页。

㉞ Paul Krugman 进行了引用，“Bush’ s Own Goal”，《纽约时报》，2004 年 8 月 13 日。

㉟ Anderson 和 Cavanagh，“*The Field Guide to the Global Economy*”，56。

㊱ Robert McIntyre 和 Coo Nguyen，“Corporate Income Tax in the Bush Years”（寻求税务公平的公民和税务与经济政策研究所，2004 年 9 月）。

㊲ 比如，商业部长艾文斯在 2003 年 10 月举行的美国商会北京会谈中一边挥舞着白皮书，一边叫嚣“中国现行贸易行为正在利用我们的公开市场，并在创造损害美国工人的不公平优势”。Chow Chung-yan，“China Will Take More Imports from U.S.”，《南华早报》，2003 年 10 月 20 日。

㊳ 驻中华人民共和国美国商会和驻上海美国商会，*White Paper:American Business in China*（北京和上海，2003）。

㊴ 2003 年 12 月，北京官员组织了一支庞大的购物考察团前往美国以示合作。这支考察团成员包括 100 余家公司和部级代表，寻求采购航空、电信、航天和化学等方面的技术。“Shopping Spree to Aid Trade”，《上海日报》，2003 年 10 月 30 日。

㊵ Barbara Koh，“Brave New World”，美国商会，2004 年 7 月，第 10–15 页。

㊶ Robert Tanner，“Outsourcing Bans Considered in35States”，*Myrtle Beach Sun*，2004 年 4 月 25 日。

㊷ 另外，那些预计将重新评估货币价值而向中国投资了数十亿美元“短期流动资金”的投机商已经开始得到回报。

三、上海的新一代

① Yan Zhen，“Locals Better Paid in Yangtze Delta”，《上海日报》，2004 年 3 月 23 日。

② “Graduates’ Hopes Dampened by Salary Fall”，《中国日报》，2004 年 6 月 15 日。

③ 这些为跨国公司提供的数字来源于 Hewitt 的上海办公室。2004 年，上海院校应届毕业生达到 10 万人，比去年增加了两万人。由于毕业生人数过多，许多毕业生不得不到外地谋职。“Graduates Find Work but Many Leave the City”，《上海日报》，2004 年 6 月 7 日。

④ Peter Marsh，“World’s Manufacturers March into China”，《金融时报》，2004年6月22日。

⑤ 对上海的人力资源调查显示，在2003年和2004年，外资企业专业人员工薪资年均增长7%，在热门行业的增长率为11%，如IT、市场营销、商业开发和中高层管理等。Barbara Koh，“China’s Labor Shortage”，*Amchat*，2004年10月，第22–23页。

⑥ 欲了解关于传统工作单位的演变的评论，请参阅Mal-colm Warner编辑的*Changing Workplace Relations in the Chinese Economy*（伦敦：Macmillan，2000）。

⑦ 此外，微软、惠普和爱立信已经在这座城市设立全球软件研究与发展中心。Chen Liying，“City Rises as Hub for Software”，《上海日报》，2003年9月20–21日。

⑧ 驻在美国的市场研究机构IDC撰写的一份报告显示，2/3的中国外包销售来自于日本客户，17.8%来自于美国客户，但随着市场的膨胀，来自美国的份额预计将会增加。Liu Baijia，“Firms Keen on Software Outsourcing”，《中国日报》，2004年5月12日，第10页。

⑨ 请参阅Aihwa Ong 的“Re-engineering the‘Chinese Soul’in Shanghai”，*Re-Engineering Citizenship*第14章（北卡罗来纳州达勒姆：杜克大学出版社）。人际关系之类的中国社会习惯的文化根源是一个学术性很强的话题。请参阅Thomas Gold，Doug Guthrie和David Wank编辑的*Social Connections in China: Institutions，Culture，and the Changing Nature of Guanxi*（纽约：剑桥大学出版社，2002）。

⑩ Laurence Brahm，*When Yes Means No!(or Yes or Maybe):How to Negotiate a Deal in China*（香港：Tuttle，2003年）。

⑪ 数家上海公司（上海企业管理咨询、专业之路和讯达专业服务）正在开发专门针对中国劳动市场的人力资源软件或个人测试软件。

⑫ 来源于Shen Rong撰写的一篇短文，该短文想像中国共产党决定扣除“下乡一代”每个人十年时间：“Ten Years Deducted”，*The Time Is Not Ripe:Contemporary China's Best Writers and Their Stories*（北京：外文出版社，1991），第193–216页。

⑬ 参阅Stuart Schram研讨：“Mao Tse-Tung’s Thought from 1949 to 1976”，编入Merle Goldman和Leo Ou-fan Lee合编的*An Intellectual History of Modern China*（剑桥：剑桥大学出版社，2002），第395–498页。

⑭ Samuel Ho 和 Ralph Huenemann 分析了这一过程的步骤，*The Quest for Foreign Technology and Capital*（温哥华：英国不列颠哥伦比亚大学出版社，1984 年）。

⑮ 欲了解中国民族主义，请参阅 C. X. George Wei 和 Xiaoyuan Liu 合编的 *Exploring Nationalisms of China:Themes and Conflicts*（康涅狄格州韦斯特波特市：Greenwood Press，2002）；Peter Hays Gries，*China's New Nationalism:Pride, Politics, and Diplomacy*（伯克利：加利福尼亚大学出版社，2004）；Jonathan Unger 编辑的 *Chinese Nationalism*（Armonk, N.Y.：M. E. Sharpe，1996）。

⑯ Dimitri Kessler 在下列文章中分析了中国工程师的主义精神："National-ism, Theft and Management Strategies in the Information Industries of Mainland China"，编入 Ching Kwan Lee 编辑的 *Working in China:Ethnographies of Labor and Workplace Transformation*（伦敦：RoutledgeCurzon，2006）。

⑰ 当月晚些时间，政府宣布移民工人可以申请热切盼望的上海居民证（据此可以享受社会保障计划和公共教育），以前只适用于非上海籍专业技术人员。

⑱ Thomas Fuller 在他的文章中进行了引用，"China Feels a Labor Pinch"，《国际先驱论坛报》，2005 年 4 月 20 日。

⑲ "China Badly Needs 'Gray-Collars' for Manufacturing"，《中国日报》，2004 年 3 月 21 日。

⑳ "Bright Prospects Ahead for Technicians"，《中国日报》，2004 年 4 月 2 日。

㉑ Norman Matloff 的作品在揭示 IT 工人短缺问题的神话方面非常有影响。参阅 http://heather.cs.ucdavis.edu/wel.html。

㉒ "疯狂英语"创始人李阳的学习激情使他自己也成为一名语言的传道士，他要求他的听众在公共场所大声说出短句。李阳煽动群众学英语的技巧是张元的纪录片《疯狂英语》（1999 年）的主题。

㉓ 欲了解与此相关的主要观点，请参阅 Xie Kechang 的"English Equa-tion Unbalanced"，《中国日报》，2004 年 3 月 18 日；"Students Shun Native Tongue"，《中国日报》，2005 年 11 月 11 日。

㉔ "Koreans Spare No Effort in Bid to Grasp English"，《上海日报》，2004 年 1 月 3 日。

㉕ James Farrer，*Opening Up:Youth, Sex Culture, and Market Reform in Shanghai*（芝加哥：芝加哥大学出版社，2002 年）。为形象刻画"上海白领"，Farrer 描述了一个年轻女性穿着短上衣和短裙子拿着手机打电话的著名雕像。该雕像现在已经被盗。为利用它的名气，爱立信电话公司在其永嘉路办公室外竖起了一座复

制品。2004 年，上海市城市规划局在淮海路和茂名路交汇处它的原址上重建了一个两米高的雕像。原始雕像“很可能被民工偷去当废品给卖了”。Zhang Jun，“Famous Stolen Street Statue to Be Replaced”，《上海日报》，2003 年 5 月 1 日。

㉖ Office Workers Want a Raise，《上海日报》，2004 年 12 月 11–12 日。

四、塔塔先生进城——进入上海的印度企业

① Balaji Reddy，“India and China Joint Military Exercise Precursor to Strong Asian Defense Alliance”，《印度日报》，2005 年 5 月 26 日。

② 甘特的预估被证明显然太早了。麦肯锡 2005 年 1 月的报告显示，中国 IT 服务收入仅有印度 127 亿美元年收入的一半，并且它们的增长动力来自于国内中小型公司的需求。

③ Raju Chellam，“China Can Become Software Superpower”，《商业时报》，2003 年 4 月 18 日；“China Software Exports to See Robust Growth”，《人民日报》，2002 年 9 月 23 日。

④ 欲了解这些比较的事例，请参阅 G. P. Deshpande 和 Alka Acharya 编辑的 *Crossing a Bridge of Dreams:50 Years of India-China*（新德里：Tulika，2001 年）。

⑤ Marcus Franda，*China and India Online:The Politics of Information Technology in the World's Largest Nations*（纽约：Rowan and Littlefield，2002 年）。

⑥ 有些类似面向商业的《上海日报》之类机关报，出于当地的需要会鼓励这种仿真陈述。因此 2003 年 9 月 20 日的一份关于软件繁荣的头版标题报道（“City Rises as Hub for Software”）称，公司支付给印度工程师的工薪是 3 000–4 000 美元，而对中国工程师仅支付 2 000–3 000 美元。

⑦ 其中，瓦杰帕伊签署的双边声明是一个互不侵略协定，并且印度据此首次正式承认西藏是中国的一个自治区。

⑧ F. R. Harris，*Jamsetji Nusserwanji Tata:A Chronicle of His Life*（伦敦：牛津大学出版社，1925），第 6 页。

⑨ Kejia Yan，“Parsis in the Opium Trade in China”，上海社会科学院。

⑩ Harriet Sargent，*Shanghai:Collision Point of Cultures*，*1918–1939*（纽约：Crown，1990），第 313 页。

⑪ 沙逊将多达 3 000 万美元的资金从孟买带到了上海。Nicholas Clifford，*Spoilt Children of Empire:Westerners in Shanghai and the Chinese Revolutions of the1920s*（佛蒙特州汉诺威市：米德布里学院出版社，1991）。

⑫ Stanley Jackson，*The sassoons*（纽约：E. P. Dutton，1968 年）。

⑬ 1919 年的一份调查估计，有 18 万名工厂工人和 11.6 万名运输行业从业者。到 1928 年，工厂工人达到 22.4 万，运输业人数则超过 12 万。S. A. Smith，*Like Cattle and Horses:Nationalism and Labor in Shanghai*，*1895–1927*（北卡罗来纳州达勒姆市：杜克大学出版社，2002）。

⑭ Elizabeth Perry，*Shanghai on Strike:The Politics of Chinese Labor*（加利福尼亚州帕洛阿尔托市：斯坦福大学出版社，1993）。

⑮ N. Sivakumar，*Dude*，*Did I Steal Your Job?:Debugging Indian Computer Programmers*（新泽西州布里奇沃特市：Divine Tree，2004）。

⑯ "IT R&D BPO Market to Touch $9.1 billion"，《经济时报》，2004 年 4 月 26 日。

⑰ "India to Ride Knowledge BPO Wave"，*Rediff.com*，2004 年 7 月 13 日。该估计来源于商业研究公司 Evalueserve。

⑱ Babu Ramesh，"'Cyber-Coolies' in BPO:Insecurities and Vulnerabilities in Non-Standard Work"，*Economic andPolitical Weekly*，第 5 期（2004 年 1 月 31 日 –2 月 6 日：第 492–504 页。

⑲ Thomas Babington Macaulay，"Minute of 2 February1835on Indian Educa-tion"，编入 *Macaulay*，*Prose and Poetry*，G. M. Young 摘录（马萨诸塞州剑桥：哈佛大学出版社，1957），第 729 页。

⑳ Arundhati Roy，*Power Politics*（波士顿：South End Press，2001），第 83–85 页。

㉑ Arlie Hochschild，*The Managed Heart:Commercialization of Human Feeling*（伯克利：加利福尼亚大学出版社，1983）。

㉒ Anders Riel Müller 和 Raj Patel，"Shining India?Economic Liberalization and Rural Poverty in the1990s"（旧金山：食品第一 / 食品与发展政策研究所，2004 年 5 月）。

㉓ N. Vidyasagear，"Feeling Good，But Where Are the Jobs?"《印度时报》，2004 年 1 月 18 日，第 17 页。

㉔ 请参阅 S. S. Gill 的"*Information Revolution and India—A Critique*"（新德里：Rupa，2004）。

㉕ Saritha Rai，"Indian Voters Turn a Cold Shoulder to High Technology"，《纽约时报》，2004 年 5 月 12 日。

㉖ Amy Waldman，"Low-Tech or High，Jobs Are Scarce in India' s Boom"，《纽约

时报》，2004年5月6日。

㉗ Marcus Franda，“*China and India Online*”（马里兰州 Lanham：Rowman & Little-field，2002），第29–30页。

㉘ Chidanand Rajghatta 在他的文章中引用美国信息科技协会的估计，“US Makes a Mountain out of a BPO Molehill”，《印度时报》，2004年1月18日。

㉙ “Outsourcing Ban Isn't Fair: Vajpayee”，《印度时报》，2004年1月29日。

㉚ 比如，《中国日报》社论认为，华盛顿长期以来利用自己对中国“非市场经济”的定义，对某些出口定价视为“倾销”。Double Standards of US Trade Policy Exposed，2004年3月12日。

㉛ Rashmee Ahmed，“UK Union Chief Mouths Litany of Indian BPO Woes”，《印度时报》，2004年1月21日。

㉜ “More Stealth as Outsourcing Picks Up Speed”，路透社，2003年12月29日。

㉝ Bhupesh Bhandari 和 Bipin Chandran，“Anti-BPO Drive Gives Indian Firms $89Million Free Publicity”，*Rediff.com*，2004年6月7日。有越来越多的IT外包公司为了应付这种反冲，寻求将接受海外公司的主要是IT或人力资源等非核心业务整个部门，这种行动被称之为“全部过程外包”。这就要求至少在初期保留客户现有的人员。Anil Sasi，“Now，IT' s Entire Process Outsourc-ing”，*The Hindu*，2004年11月25日。

㉞ 下一个最新趋势，“公司掌控的失败”，只吸引了微不足道的14%的选票。Lisa DiCarlo，“Readers Comment on the Most Significant Trend”，《财富》，2003年12月23日。

㉟ “The Great Hollowing-Out Myth”，《经济学人》，2004年2月19日；Douglas A. Irwin，“'Outsourcing' Is Good for America”，《华尔街日报》，2004年1月28日；Manjeet Kripalani，Pete Engardio 以及 Steve Hamm，“The Rise of India”，《商业周刊》，2003年12月8日。George Will 和其他保守派专栏作家也在赶时髦：“'Ideal Economy' Has Its Tradeoffs”，*Sacramento Bee*，2004年2月19日。

㊱ N. Vidyasagar，“Now，Outsourcing of Media，Publishing Work”，《印度时报》，2004年8月26日；Randeep Ramesh，“Reuters Is Covering US Corporate Reporting”，《卫报》，2004年10月7日。

㊲ 美国的罗马天主教堂也开始外包服务，如为了特别目的作弥撒。Saritha Rai，“U.S. Outsourcing Prayers to India”，《纽约时报》，2004年7月14日。

㊳ Bill Magee，“India' s Call Centres Losing Attraction”，《苏格兰人报》，2004年

8 月 17 日。

㊴ Noam Scheiber，“As a Center for Outsourcing，India Could Be Losing Its Edge”，《纽约时报》，2004 年 5 月 9 日。

㊵ John Ribeiro，“India’s BPO Market Likely to Lose Market Share”，*InfoWorld Media*，2004 年 8 月 30 日。

㊶ 欲了解土地使用比较研究，请参阅 Tapati Mukhopadhyay 的“*Shanghai and Mumbai:Sustainability of Development in a Globalizing World*”（新德里：Samskriti，2001 年）。

㊷ Naresh Fernandes，“Reaching for the Sky:Bombay Is in a Shanghai State of Mind”，*Oriental Express*，2003 年 12 月 19 日。

㊸ Anupama Katakam，“A Blueprint for Mumbai”，*Frontline* 20，第 24 期（2003 年 11 月 22 日 –12 月 5 日）。

㊹ 欲了解世界社会论坛的各种讨论，请参阅 Jai Sen，Anita Anand、Arturo Escobar 和 Peter Waterman 编辑的 *World Social Forum:Challenging Empires*（新德里：Viveka Foundation，2004）； William F. Fisher 和 Thomas Ponniah 编辑的 *Another World Is Possible:Popular Alternatives to Globalization at the World Social Forum*（伦敦：Zed Books，2003）。

㊺ Yasheng Huang 和 Tarun Khanna，“Can India Overtake China?”《外交政策》，2003 年 7–8 月。首次用中文发表在《经济新闻》上，2004 年 2 月。

㊻ “Will China Be Replaced by India?”《人民日报》，2004 年 3 月 13 日。

㊼ Rebecca Buckman 在“Indian Software Firms Tap China”一文中引用了 Infosys 的估计，《亚洲华尔街日报》，2004 年 12 月 23–27 日。

㊽ Danyll Wills，“Japan Embraces China’s Skills”，《南华早报》，2004 年 4 月 13 日。

㊾ 欲了解商务顾问对在印度面临的文化差异的观点，请参阅 Mark Kobayashi-Hillary 的 *Outsourcing to India:The Offshore Advantage*（柏林：Springer Verlag，2004）。

㊿ 在美国商会委员会组织的一次“软件卓越”（2002 年 4 月）会议上，技术工业招聘解决方案总裁 Frank Mulligan 说：“西方人倾向于采取顺序方法——从 A 到 B、C 再到 D——而中国人则更倾向同步进行，即使聚焦某一主题时也更加灵活。”可以从对传闻轶事的分析中找到证据：“你在中国任何一家银行都可以看到这一点。某职员在为你提供服务的中途看到别人进来后可能会转向他们。灵活性是

这种方法的关键。”据 Mulligan 认为，非同步文化是软件开发中最成功的。

五、聚焦苏州

① “Yangtze River Delta Offers One Third of China’s Foreign Trade”，《人民日报》，2004 年 5 月 6 日。

② Helen Sun，“Yangtze Delta Boom Queried”，《上海日报》，2004 年 11 月 8 日。

③ 这些和随后的数据来源于 Liu Tao 的“Suzhou’s Investment Situation”（苏州贸易与经济合作局，2003 年 3 月）。

④ Florence Chan，“Lies，Damn Lies and Chinese Statistics”，《亚洲时报》，2004 年 10 月 23 日。

⑤ 广泛认为，北京正在推动绿色发展，反对纯粹的国民生产总值增长，作为放缓过热经济发展的可接受途径，这种过热经济正在因为过度生产和过度消耗全球石油、电力、铝、铜、煤和钢而陷入困境。“Plan for Green GDP Reflects New Reality”，《中国日报》，2004 年 3 月 10 日；“Linking Prosperity to Environmental Harmony”，《中国日报》，2004 年 3 月 12 日；“Zhejiang Sets Out for Balanced Development”，《中国日报》，2004 年 5 月 12 日；“GDP Worship Declining in Green Growth Drive”，浙江在线，2004 年 4 月 28 日（http://www.zjol.com.cn/gb/ node2/node138665/node139012/node139014/userobject15ai2561444.html）。

⑥ Linda Baker，“Through the Smoke:China Embraces Sustainability—One City at a Time”，*E Magazine*，第 3 期（2004 年 5–6 月）。

⑦ 由人力资源顾问 Watson Wyatt 进行的调查的结论（中国员工工作调查：在中国履行职责的关键）在美国商会苏州员工招聘和保留人力资源委员会举行的一次会议上被提出（2004 年 9 月 22 日）。关于中国的数字（13.1%）是亚太地区最高的，泰国处于第二名，为 11.8%；马来西亚最后，人员更换率为 5.5%。

⑧ Andre Gunder Frank，*ReOrient:Global Economy in the Asian Age*（伯克利：加利福尼亚大学出版社，1998）。

⑨ 数据来源于 IT 研究公司 iSuppli 的业务通讯，*Market Watch China*，2002 年 9 月。

⑩ Lee Kuan Yew，*From Third World to First:The Singapore Story，1965–2000*（纽约：HarperCollins，2000），第 650 页。

⑪ 同上，第 653 页。

⑫ “State Set to Clamp Down on Land Abuses”,《人民日报》，2004 年 2 月 20 日。

⑬ Ben Dolven，“The New Frontier”,《远东经济评论》，2001 年 12 月 6 日。

⑭ 这些数字来源于上海对外服务有限公司提供的服务细目分类。这是一家为在中国的外资代表办公室、合资企业、国有企业和私营企业提供人力资源服务的公司。它多少类似于在浦东的展示窗口张江高科技园区的公司所必须遵守的细目分类。

⑮ Margaret Crawford，“*Building the Workingman's Paradise:The Design of American Company Towns*”（纽约：Verso，1995）。

⑯ You Nov，“Nation Hungry for Skilled Workers”,《中国日报》，2005 年 5 月 6 日。

⑰ Dimitri Kessler，“What Are You Doing for China?:The Nationalism of Engi-neers in the Greater China Area”，编入 Ching Kwan Lee 编辑的“*Working in China: Ethnographies of Labor and Workplace Transformation*”（伦敦：RoutledgeCurzon，2006）。

⑱ Peter Hays Gries，“*China's New Nationalism:Pride, Politics, and Diplomacy*”（伯克利：加利福尼亚大学出版社，2004）。

⑲ 欲了解这一观点的两种理由，请参阅 William Hinton 的“*China:An Unfinished Battle:Essays on Cultural Revolution and the Further Developments in China*”（印度卡拉克普尔：Cornerstone Publications，2002 年）；Maurice Meisner 下列书中的第 12 章，“*Mao's China and After:A History of the People's Republic*”（纽约：Free Press，1999）。

六、走向西部

① 劳联产联申诉的全文可在 http://www.aflcio .org/issuespolitics/globaleconomy/upload/china_petition.pdf 里找到。欲了解媒体的评论，请参阅 Aaron Bernstein 的“Labors Savvy Charge on China Trade”,《商业周刊》，2004 年 3 月 19 日；Steven Greenhouse 和 Elizabeth Becker，“A.F.L.–C.I.O. to Press Bush for Penalties Against China”,《纽约时报》，2004 年 3 月 16 日；Harold Meyer-son，“Chinas Workers”,《美国瞭望》，2004 年 3 月 22 日。

② 劳联产联的反永久正常贸易关系运动诉讼案通过 Mark Levinson 和 Thea Lee 的“Why Labor Made the Right Decision”进行辩论，反驳文章是 Kent Wong 和 Elaine Bernard 的“Labor' s Mistaken Anti-China Campaign”，两篇文章都在《新劳工论坛》（2000 年秋 – 冬期）。欲了解批判反永久正常贸易关系联盟的其

他文章，请参阅 Walden Bello 和 Anuradha Mittal 的“Dangerous Liaisons:Progressives，the Right，and the Anti-China Trade Campaign”，食品与发展政策研究所（2000 年 5 月）；Sze Pang Cheung，“We Have Met the Enemy:Fighting China or the WTO?”《逆流》，第 87 期，2000 年 6–7 月；Anuradha Mittal 和 Peter Rosset，“The Real Enemy Is the WTO，Not China”，*PeaceWorks*，2000 年 3 月 1 日；Robin Hahnel，“Once Again，China and the WTO”，*Zmagazine*，2000 年 4 月 13 日。

③ Elizabeth Becker，“Bush Rejects Labors Call to Punish China”，《纽约时报》，2004 年 4 月 29 日；2004 年 6 月，作为劳工部长赵小兰访华的一部分，两国签署了数份旨在改善大陆工作安全和工人权利的谅解备忘录，其中一份协议包含了矿业事故的应急措施。另一份寻求唤起公众对工薪和工作时间法的关注。针对这些问题，北京承诺回顾其作为一个“非市场经济”的贸易状况。

④ Alexander Saxton，*The Indispensable Enemy:Labor and the Anti-Chinese Movement in California*（伯克利：加利福尼亚大学出版社，1971）。

⑤ Kent Wong，“Blaming It All on China”，*New Labor Forum*，第 3 期（2004 年 9 月）。欲了解后续情况，请参阅 Wong 与 the AFL-CIO’s Barbara Shailor 之间的对话，*New Labor Forum*，第 1 期（2005 年春）。

⑥ 参阅 Gregory Mantsios 的“Tea for Two:Chinese and U.S. Labor:A Report from China”，*New Labor Forum* 11（2002 年秋–冬期）。它的其中一名批评者认为，中国工会联盟（是世界上最大的，成员超过 1 亿人）与政府的关系过于紧密。但其他国家也一样，包括马来西亚、新加坡、墨西哥、南非和津巴布韦。尽管中国工会没有脱离政府控制，他们还是经常努力争取确保工人关注的问题不会受到政府的忽视，因此，从这一方面来说，它是中国唯一亲工人的官僚机构。欲了解相关情况，请参阅 Anita Chan 关于如何与中华全国总工会打交道的观点，“Labor in Waiting:The International Trade Union Movement and China”，*New Labor Forum*（2002 年秋–冬期）。

⑦ 介绍西部发展政策的官方网站是 http://www.chinawest.gov.cn/english。

⑧ 三部介绍和分析“西进政策”的书籍是：Ding Lu 和 William Neilson 编辑的 *China's West Region Development:Domestic Strategies and Global Implications*（新加坡：World Scientific，2004）；Y. M. Yeung 和 Shen Jianfa 编辑的 *Developing China's West:A Critical Path to Balanced National Development*（香港：中文大学出版社，2004）；Hu Angang 编辑的 *New Strategies for Western Development*（北

京：2001）。

⑨ 欲了解一个典型事例，请参阅 Robert Marquand 的“Go West:China Looks to Transform Its Frontier”，《基督教科学箴言报》，2003 年 9 月 26 日。

⑩ “Western Areas Get More Funds”，《上海日报》，2004 年 10 月 15 日。

⑪ ”China’s‘Go West’Program Attractive to College Graduates”，《人民日报》，2003 年 6 月 26 日。

⑫ Wen Mei，“Marketization Versus Foreign Direct Investment”，编入 Ding 和 Neilson 的 *China's West Region Development*，第 557 页。

⑬ Agence France-Presse，“China’s‘Go West’Plan Fails to Close Investment Gap”，《台北时报》，2004 年 10 月 9 日，12。

⑭ “Foreigners Encouraged to Invest in West”，《中国日报》，2004 年 7 月 28 日。

⑮ “‘Go West’Drive Focuses on Sustainability”，《中国日报》，2004 年 11 月 19 日。

⑯ 重庆经济技术开发区，《投资指南》（2003 年）。

⑰ Gang Tian，*Shanghai's Role in the Economic Development of China:Reform of Foreign Trade and Investment*（康涅狄格州韦斯特波特市：Praeger，1996 年）。

⑱ New Grads Taste Bitter Reality，新华社，2004 年 6 月 16 日。

⑲ Chen Yue，Chen Caiti 和 Lin Hui 的“Chong Qing”，编入 Yeung 和 Shen 合著的“*Developing China's West*”。

⑳ 2004 年 3 月，胡锦涛主席宣布将大规模减轻中国 8 亿农民的税务负担。“Agricultural Tax to Be Phased Out in Five Years”，《中国日报》，2004 年 9 月 11 日。

㉑ James Kynge，“Migrant Chinese Workers Transform the Fortunes of Their Home Towns”，《金融时报》，2003 年 11 月 10 日，10。

㉒ Shi Yulong 和 Du Ping，“On the Urban-Rural Relationship in Western Region Development Program”，编入 Ding 和 Neilson 合著的“*China's West Region Development*”。

㉓ 成都市信息化办公室，“Analysis of Environment for Chengdu’s Software Industry Development”（2003 年）。

㉔ 科技部指定 47 家中国公司来支持软件外包。Mure Dickie，“China Eyes Outsourced Software Market”，《金融时报》，2004 年 4 月 10 日。

㉕ Reuters，“China’s Manufacturers Sing Pearl River Delta Blues”，《台北时报》，2004 年 6 月 16 日。

㉖ Zhu Qiwen，Unified Tax Offers Level Playing Field，《中国日报》，2005 年 1 月

27 日。50 余家跨国公司联合游说国务院提供 5–10 年的过渡期。Fons Tuinstra，“Multinationals Join Forces Against New Tax Law”，中国商务网，2005 年 1 月 14 日。

七、从台湾流向大陆

① 这是台积电短暂的复苏。2004 年公布创记录利润后，客户开始削减订单，2005 年第一季度的订单数量比上一年度同期下降了 10%。

② 到 2004 年，在中国运营的 57 家微芯片工厂中，有 9 家在生产 8 英寸晶片。Grace、中芯国际、上海贝岭和华虹 NEC 等公司在上海，和舰在苏州。另外，台积电、海尔集团和上海新进等正分别在上海、青岛和常州建造新的 8 英寸晶片厂。

③ Macabe Keliher，“China Set to Flood the World with Chips”，《亚洲时报》，2004 年 2 月 3 日。

④ 第一阶段的投资已经于上一年度 2 月份得到批准，第二阶段的批准将视公司实现在台湾的 12 英寸晶片厂批量生产的进展情况而定。

⑤ Amber Chung，“FSC Fines UMC’s Tsao NT$3m”，《台北时报》，2005 年 4 月 21 日。

⑥ Mike Clendenin，“Chinas Drive for IC Foundry Market Unnerves Taiwan”，*EE Times*，2001 年 10 月 4 日。

⑦ 请参阅 Anita Chan 的理由：*China's Workers Under Assault*（Armonk, N.Y.：M. E. Sharpe，2001）；You-tien Hsing 一书的第 3 章，*Making Capitalism in China:* The Taiwan Connec-tion（纽约：牛津大学出版社，1998）。

⑧ Chin Chung，“Division of Labor Across the Taiwan Strait”，编入 Barry Naughton 编辑的 *The China Circle:Economics and Electronics in the PRC*，*Taiwan*，*and Hong Kong*（华盛顿特区：Brookings Institution Press，1997），第 173 页。

⑨ “Chinese Mainland to Greet Another High Tide of Taiwan Investment”，《人民日报》，2005 年 2 月 2 日。

⑩ 这场双管齐下的游戏是北京在 2004 年选举后提出来的。当时，台湾事务办公室宣布，它将不欢迎公开支持民进党主权行动的台湾投资者。奇美集团——在中国的化工和电子产业投入了大量资金——立场鲜明的创造人 Hsu Wen-Lung 因为向民进党提供资金而受到了《人民日报》社论的批评。“‘Green’ Taiwan

Businessmen Not Welcomed:Official”,《人民日报》, 2004 年 6 月 15 日；Jessie Ho，“Chi Mei Boss Holds Good China Cards”,《台北时报》, 2004 年 6 月 8 日。

⑪ 《台北时报台湾年鉴》, 2004 年。

⑫ Jason Dedrick 和 Kenneth Kraemer，“*Asia's Computer Challenge:Threat or Opportunity for the United States and the World?*”（纽约：牛津大学出版社，1998）。

⑬ MacWilliam Bishop，“Taiwan High Tech Jobs to China:Fact vs. Fiction”,《亚洲时报》, 2004 年 8 月 10 日。

⑭ Chin Chung，“Division of Labor”，第 190 页。

⑮ Qiwen Lu，*China's Leap into the Information Age:Innovation and Organization in the Computer Industry*（纽约：牛津大学出版社，2000），第 6–9 页。

⑯ Denis Fred Simon 和 Detlef Rehn，*Technological Innovation in China:The Case of the Shanghai Semiconductor Industry*（马萨诸塞州剑桥市：Ballinger, 1988），第 1–19 页。

⑰ Jonathan Spence, *To Change China:Western Advisers in China, 1620–1960*（纽约：Penguin，1980）。

⑱ Kenneth Flamm，*Mismanaged Trade?Strategic Policy and the Semiconductor Industry*（华盛顿特区：Brookings Institution Press，1996），第 36–37 页。

⑲ Lu 在他的书中详细叙述了这些公司的历史，*China's Leap into the Information Age*。

⑳ Jean-François Huchet，“The China Circle and Technological Development in the Chinese Electronics Industry”，编入 Naughton 编辑的 *The China Circle*，第 277 页。

㉑ Helen Sun，“Yangtze Delta Boom Queried”,《上海日报》, 2004 年 11 月 8 日。

㉒ Simon 和 Rehn，*Technological Innovation in China*。

㉓ 引述江泽民的讲话："国家已经向国有企业投入了大量资金，但结果却没有我们预期的好。因此，我们不再向这一行业进行直接投资。相反，我们将提供更好的政策、法律和基础设施，为国内和海外投资努力创造更好的环境。" Clendenin, “China’s Drive for IC Foundry Market Unnerves Taiwan”。欲了解关于有必要在全国发展微芯片产业的典型的官方评论，请参阅 “China Must Accelerate Construction of the Important Chip Industry”,《人民日报》, 2004 年 6 月 25 日。

㉔ Flamm，*Mismanaged Trade?*，第 17 页。

㉕ 负责工业与安全的商业部次长 Kenneth Juster 在美国与台湾商业协会和无晶圆半导体协会会议上发表的题为 “Taiwan and China Semiconductor Industry Outlook，2003” 的主题演讲，加利福尼亚州圣何塞市，2003 年 9 月 15 日。

㉖ 这次游说是关于重新认可《出口管理法案》(1979 年)的激烈辩论的一部分，这是一部管理军民两用批准程序的立法。该游说努力受到新保守派的 “新美国世纪”(New American Century)的重大项目支持。

㉗ John J. Tkacik Jr.，“The U.S. Must Face Up to China’s Trade Challenges”，传统基金会第 1698 次记者招待会，2003 年 10 月 23 日。另请参阅 Seth Cropsey 的 *Safeguarding Defense Technology*，*Enabling Commerce:A New Balance in the New Economy*（华盛顿特区：美国企业研究所出版社，2002）。

㉘ Iris Chang 在他的书中介绍了 20 世纪 90 年代的间谍事件，*The Chinese in America:A Narrative History*（纽约：Viking，2003）。另请参阅李文和与 Helen Zia 的 *My Country Versus Me:The First-Hand Account by the Los Alamos Scientist Who Was Falsely Accused of Being a Spy*（纽约：Hyperion，2001）；Dan Stober，Ian Hoffman，*A Convenient Spy:Wen Ho Lee and the Politics of Nuclear Espionage*（纽约：Simon & Schuster，2004）。

㉙ “US Sees a Spy in China’s Lenovo”，《亚洲时报》，2005 年 1 月 25 日。

㉚ 欲了解对这种根深蒂固的美洲偏执狂和华盛顿使用出口控制的半官方中国反应，请参阅 Cai Yumin 的 “US，Don’t Be Doubtful of Everything:A Commentary”，《人民日报》，2003 年 10 月 12 日。

㉛ Li Heng，“Intel to Assemble and Test Pentium4 Microprocessor in China”，《人民日报》，2002 年 5 月 10 日。

㉜ 显然多数这些集成电路机构将耗尽他们的启动资金。Mark LaPedus，“China’s IC Design Houses Struggling for Survival”，*EE Times*，2004 年 5 月 25 日。

㉝ Kathy Chen 和 Evan Ramsted，“China Sees a New Way to Steer Tech Market”，《亚洲华尔街日报》，2004 年 4 月 23 日。

㉞ Elizabeth Becker，“U.S. Files a Complaint Against China at the WTO”，《纽约时报》，2004 年 3 月 19 日。

㉟ Edward Alden，“China and US Resolve Dispute over Chip Taxes”，《金融时报》，2004 年 7 月 8 日；“China Changes Tack on Incentives for Chipmakers”，《金融时报》，2004 年 7 月 9 日。2004 年 11 月，国家税务总局还将电子产品出口税减免从 13% 增加到 17%。

㊱ George Leopold，“U.S.，China Agree on Technology Export Inspections”，*EE Times*，2004 年 4 月 28 日。

㊲ 到今天，公司一直在逃避，而以前的员工进行的集体诉讼案件进展极其缓慢。台湾职业伤害受害人协会，“RCA in Taiwan”。

㊳ 硅谷有毒物质联盟（www.svtc.org）已经全面搜集了关于该工业致命的生态足迹的文件。Nautilus Institute 的加利福尼亚全球公司责任工程包括了一项台湾案件研究，*Dodging Dilemmas?:Environmental and Social Accountability in the Global Operations of California-Based High-Tech Companies*（2002 年 5 月）。介绍微芯片制造业的有毒软区的书籍包括：Dennis Hayes，*Behind the Silicon Curtain:The Seductions of Work in a Lonely Era*（波士顿：South End Press，1989）；Chris Carlsson 和 Mark Leger 编辑的 *Bad Attitude:The Processed World Anthology*（纽约：Verso，1990）；Robert Howard，*Brave New Workplaces*（纽约：Viking，1985）；Elizabeth Grossman，*High Tech Trash:Digital Devices，Hidden Toxins，and Human Health*（华盛顿特区：Island Press，2005）；Lenny Siegel 和 John Markoff 的 *The High Cost of High Tech:The Dark Side of the Chip*（纽约：Harper & Row，1985）。另请参阅 Sandra Steingraber 的 *Living Downstream:An Ecologist Looks at Cancer and the Environment*（马萨诸塞州里丁市：Addison-Wesley，1997）。

㊴ Leslie Byster 和 Ted Smith，“From Silicon Valley to Green Silicon Island:Taiwan's Pollution and Promise in the Era of High-Tech Globalization”，硅谷有毒物质联盟、负责任技术国际运动和台湾环境行动网的报告，2001 年。

㊵ 以下是几个重要事件：台湾首家集成电路设计公司 Syntec 于 1982 年进入市场，台积电于 1987 年通过与菲律宾的一份技术协议正式创立，台湾光罩公司一年后成立，从而完成了集成电路价值链。

㊶ Alice H. Amsden 和 Wan-wen Chu，*Beyond Late Development:Taiwan's Upgrading Policies*（马萨诸塞州剑桥市：MIT Press，2003）。

㊷ 世界银行集团，*The East Asian Miracle:Economic Growth and Public Policy* 世界银行政策研究报告（纽约：牛津大学出版社，1993）。

㊸ Jeffrey Henderson，“*The Globalisation of High Technology Production:Society, Space and Semiconductors in the Restructuring of the Modern World*”（伦敦：Routledge，1989）。

㊹ AnnaLee Saxenian，“The Silicon Valley–Hsinchu Connection:Technical Communities and Industrial Upgrading”, *Industrial and Corporate Change* 10，第 4 期（2001 年）。Saxenian 认为，硅谷的中国工程师和大陆的集成电路工业也在形成类似的关系。*Local and Global Networks of Immigrant Professionals in Silicon Valley*（旧金山：加利福尼亚公共政策研究所，2002 年 4 月）。另请参阅 Jinn-yuh Hsu 和 Alan Smart 的 “The Chinese Diaspora，Foreign Investment，and Economic Development in China”，《国际事务评论》第 3 页，第 4 期（2004 年夏）。

㊺ “Shanghai Sets Up State Technology Transfer Center”，《人民日报》，2003 年 5 月 27 日。

㊻ Xue Wen，“SMIC to Work with Chip Design Company”，《上海日报》，2004 年 12 月 10 日。

㊼ 2004 年 3 月，一群工业老兵，其中多数来自台湾地区，宣布了几项支持微型半导体制造公司（Nano Semiconductor Manufacturing Corp.）的计划，以向一家将于 2005 年 9 月在宁波投产的芯片制造企业筹集 6 亿美元资金。“Taiwan-Backed Co. to Invest $600m in China Chip Plant”，路透社，2004 年 3 月 19 日。2003 年 2 月，一个由国际支持者联盟投资的一项生产 6 英寸和 8 英寸晶片的大型半导体工程又在南京奠基。“Semiconductor Production to Expand”，《中国日报》，2003 年 2 月 25 日。

㊽ Richard Read，“China Makes Room for Religion”，《盐湖论坛报》，2003 年 2 月 15 日。

㊾ “Chinas First Chip Foundry Chock Full of Orders”，2001 年 12 月 6 日。

㊿ David Noble 在他大范围的历史记录中调查了各种关系，*The Religion of Technology:The Divinity of Man and the Spirit of Invention*（纽约：Knopf，1997）。

51 Horng-luen Wang，“What’s It Like to Be Shanghaied?”（未发表的手稿）。

52 You-tien Hsing，*Making Capitalism in China*，第 132 页。